本书为2014年度教育部人文社会科学研究西部与边疆
"整合技术的藏汉双语理解性教学研究"（14XJC88000

Research in Chinese Teaching by
Promoting Understanding:

A Case Study of Chinese Teaching for Tibetan Students

促进理解的汉语教学研究：
以藏族学生汉语教学为例

王妍莉◎著

科学出版社
北 京

内 容 简 介

本书在充分考虑少数民族多元文化差异性的基础上，分析了藏族学生汉语学习过程中理解的表征和特殊性，采用内容分析、结构化观察、准实验等研究方法，深入探究了小学高年级藏族学生汉语学习理解困难的体现及成因，并基于此，从实证研究的角度，提出了有效的、具有可操作性的教学策略，完整地设计出了信息化环境下促进藏族学生汉语学习理解效果的解决方案。

本书可供民族教育研究者，教育学、民族学、教育技术学专业硕士研究生，以及民族地区大、中、小学任教的一线教师阅读和参考。

图书在版编目(CIP)数据

促进理解的汉语教学研究：以藏族学生汉语教学为例/王妍莉著.—北京：科学出版社，2016.3

 ISBN 978-7-03-047775-0

Ⅰ.①促… Ⅱ.①王… Ⅲ.①藏族–汉语–少数民族教育–教学研究 Ⅳ.①H193

中国版本图书馆 CIP 数据核字（2016）第053037号

责任编辑：付 艳 苏利德 / 责任校对：桂伟利
责任印制：徐晓晨 / 封面设计：楠竹文化
编辑部电话：010-64033934
E-mail：fuyan@mail.sciencep.com

科 学 出 版 社 出版
北京东黄城根北街16号
邮政编码：100717
http://www.sciencep.com

北京中石油彩色印刷有限责任公司 印刷
科学出版社发行 各地新华书店经销

*

2016年3月第 一 版 开本：720×1000 B5
2016年3月第一次印刷 印张：17
字数：326 000
定价：**79.00元**
（如有印装质量问题，我社负责调换）

序 言
■Preface

    党的十八大以来，中央多次强调实现"两个一百年"奋斗目标，实现中华民族伟大复兴的中国梦，必须依靠56个民族的团结和力量。2014年中央民族工作会议和2015年《国务院关于加快发展民族教育的决定》都强调，在民族教育中要"坚定不移推行国家通用语言文字教育，确保少数民族学生基本掌握和使用国家通用语言文字"，要"尊重和保障少数民族使用本民族语言文字接受教育的权利，不断提高少数民族语言文字教育水平"，从而实现双语教育的最终目标——社会和文化融合，这也是"加强各民族交往、交流、交融，尊重差异、包容多样，创造各族群众共居、共学、共事、共乐的社会条件"的基础。由此可见，我国民族地区双语教育模式正处在一个变革时期，即从"以民族语言文字为主要教学用语"的模式转向"以国家通用语言文字为主要教学用语"的模式。这种重心的转移在有的民族地区已经基本形成，在有的民族地区正在路上，有的民族地区还处在探索阶段。

    双语教育研究重点在于解决双语教育实践中的问题。在研究视域上要关注双语教育所面临的基础性问题，学生双语符号系统获得与双文化系统学习关系研究，促进学生有效双语学习的教学方法和教学设计研究；在研究的路径上，要关注双语教育现实中的问题，要深入到学校和课堂中，研究教师的教学和学生的学习过程。研究要聚焦于具体语言的双语教学，而不是抽象的双语教育，比如藏语和汉语、维吾尔语和汉语等等；总结、提炼和推广学校在不同语言生态环境中双语教学改革的经验。王妍莉博士主持的教育部人文社会科学研究西部和边疆地区青年基金项目"整合技术的藏汉双语理解性教学研究"从目前藏族儿童学习汉语过程中最大的困难——理解问题，为突破口进行深入研究，其成果对提高民族学生国家通用语言文字水平教学将具有一定的指导意义。

    21世纪，高效学习成为教育变革所追求的目标，而理解性教学的理念成为实现高效学习的重要思想源泉之一。无论是早期布卢姆等人所提出的广为人知的教育目标分类学中所提到的"理解"层级，还是1993年美国哈佛大学教育学院大卫·帕金斯教授提出的"理解性教学"，"理解"这个概念一直都是影响教学质量的关键内容，针对"理解性教学"的探讨也是当今世界教学理论研究的核心问题。

该著作正是秉承了"顶天立地"的学术精神，从藏区教育中的真实问题入手，通过大量的课堂观察，厘清"藏汉双语"教育中关键的问题在于语言理解困难！而这一理解困难的现象，尤其是在初始接触到第二语言的小学阶段更为严重。这一问题的明确，也与业内许多专家的认识完全一致，尤其得到民族地区一线任教教师的一致认可，作为学术研究，一个好的选题是研究工作成功的一半。作者结合国际先进的教育理念"理解性教学"理论指导，聚焦于汉语非母语的藏族学生的汉语学习，凝练了促进理解的汉语教学模型，通过反复的实践验证，提出了一些能解决藏族学生汉语学习中理解困难的有效策略方案。这本专著是很难得的实证类的探索研究，有理有据，扎根基层实际问题，应用国际教学理念，丰富了"藏汉双语"教育的理论和实践。研究内容、理论分析、研究方法上都具有较高的学术理论价值、较强的开拓性和重要的现实意义，研究的深度在国内"藏汉双语"教育研究领域尚属前沿，具有很好的推广借鉴价值，对整个中国少数民族双语教育的研究也有一定的贡献。

作者王妍莉博士是我的学生，也是我和南国农先生所招收的第一位藏族博士，她的家乡就在甘南藏族自治州，在当地接受了整个义务教育阶段的学习，自身对少数民族怀有很深的情感和兴趣。她积极向上，师从我和南先生的门下，作为西北师范大学教育技术学博士研究生中不多的几位应届硕博连读的学生，她结合学校区域特色和个人优势，从硕士期间开始就关注藏族教育方面的问题，持续性地在民族教育信息化领域不断探索，这些年来跟随我作了大量的民族教育信息化相关课题，开发了藏汉数字化教学资源，阅读了民族教育文献，深入藏族地区进行多次调研，甚至长期驻扎学校蹲点实践，这些工作的积累，都为这本专著的完成奠定了夯实的基础。

王妍莉博士具有非常认真的专业态度和较高的学术素养，在校期间学术科研成果丰硕，成绩突出，基于民族教育相关的研究成果荣获了2012年度博士研究生国家奖学金，此外系列相关的博士论文也在当年荣获学校的优秀博士论文荣誉称号。参加工作以来，喜闻她在完成平时教学工作的同时，并未停止求学阶段的研究，而是进行进一步的深入和拓展，申报并获得了学校和教育部的科研项目，能够在民族院校就民族教育问题继续进行持续性的探究，非常可贵且有意义。该书几易其稿，现今终于得以出版，作为她的导师，我深感欣慰，并在此衷心祝愿妍莉博士在今后的学术研究工作中取得更好的成就。

西北师范大学 博士生导师
2015年10月1日

前言
◼Foreword

　　理解性教学（teaching for understanding）是指为了促进学生的理解而进行的教学，倾向于从"表现观"的视角评价学生的理解效果，在国际教育研究中得到了越来越广泛的关注。对于我国汉语为非母语的藏族学生而言，调研得知"理解困难"是小学高年级藏族学生汉语学习过程中的主要障碍，那么如何解决这一问题？需要深入分析理解困难的表现、成因，以及相应的解决方案，而本书就是对于如何促进藏族学生汉语理解性教学的研究探索阶段性成果。

　　本书在系统梳理了理解性教学及第二语言教学相关研究的基础上，采用内容分析、结构化观察、准实验等研究方法，深入探究了小学高年级藏族学生汉语学习过程中的理解表征和特殊性，构建了藏族学生汉语理解性教学模型和策略，有效地促进了小学高年级藏族学生汉语学习的理解效果。

　　本书基于实证的研究整理而成，全书框架主要包含七章内容，对于研究的过程和研究结果进行了完整呈现，具体如下：

　　第一章，概述。从信息时代少数民族教育的发展、汉语课堂审思等方面整体介绍了研究的背景，以及研究的设计框架、研究方法和核心概念。

　　第二章，多领域视角下审视理解的基本内涵。主要从教育学、语言学、文化学的角度对于本书的核心概念，做了全面的综述分析，旨在为后续研究中框架的界定奠定基础。

　　第三章，调研了小学高年级藏族学生在学习中汉语理解的现状和特殊性。该部分属于本书的核心章节之一，基于扎根理论的研究方法，构建了藏族学生汉语学习理解现状的调研框架，从藏语三大方言区之一的安多藏语区，选择了甘肃省甘南藏族自治州和青海省海南藏族自治州部分小学高年级学生作为调研对象，从理解内容、理解层级、理解影响因素三个维度进行了调研分析，结果表明：学生认为句子语法内容最难理解；学生在篇章阅读过程中辨析整合层级理解效果最低；低语境的语言环境、母语负迁移是造成学生汉语学习理解困难的主要影响因素。

第四章，构建了促进理解的汉语教学模型。该部分属于本书和核心章节之一，在上部分研究的基础上，针对小学高年级藏族学生汉语理解的特征，结合已有的理解性教学等理论依据，构建了促进理解的汉语教学模型。该模型包括七个要素，分别为会话、问题、情境、教学环节、学习者、文化背景和技术。其中，会话、问题和情境属于显性要素，是理解性教学过程中所必备的要素，反映了理解性教学模型的特殊性；学习者是核心要素；教学环节要素反映了理解性教学的四个步骤；文化背景要素和技术要素隐性存在于该模型中，技术支持贯穿于教学过程始终，以硬件技术和智能技术的形式支持理解性教学过程。

第五章，提出了促进理解的汉语教学策略。本书的研究选择甘肃省甘南藏族自治州部分学校，在汉语理解性教学模型的指导下，深入分析了课堂教学过程中存在的典型问题，并基于此提出了三种核心的理解性教学策略，分别为表达有声化策略、问题可视化策略以及知识情境化策略。每个策略又各自从理解内容的字词层级、句子语法层级和篇章层级细分为三个子策略。例如，表达有声化策略包括语音再认策略、口诵心惟策略以及教学会话策略；问题可视化策略包括部件强化策略、主题组织策略和故事语法建模策略；知识情境化策略包括词义深化策略、语境感知策略和互惠教学策略，策略体系的构建将理论模型与实际教学有效结合起来。

第六章，验证了促进理解的汉语教学策略的有效性。这部分以小学六年级藏族学生为研究对象，选择了有代表性的教学内容，分别通过准实验研究和行动研究的方法进行了策略应用效果的验证，通过实证研究表明：①理解性教学策略可以有效促进藏族学生的汉语理解效果。②在理解效果表现方面，理解性教学策略有效促进了藏族学生的课堂主动参与度，学生的课堂回答问题频率和质量都有所提升；有效促进了藏族学生记叙文结构梳理能力；有效促进了藏族学生对词汇理解和句子语法理解的效果；逐步促进了藏族学生对篇章阅读理解中辨析整合层级的理解效果。③研究表明，策略需要针对不同的教学内容有效整合应用，例如，以表达有声化策略为主的整合策略有助于古诗词类教学内容的理解；以问题可视化策略为主的整合策略有助于结构化和系统化内容的理解；以知识情境化策略为主的整合策略有助于汉语言应用语境的理解。

第七章，总结和建议，将本书研究过程中的结论进行凝练总结，并基于此提出针对藏族学生汉语教学过程中可操作性的策略建议。

在研究和写作的过程中，得到了西北民族大学教育科学与技术学院、西北师范大学教育技术学院专家的大力支持，同时还要感谢西北民族大学教育技术学院的沙景荣院长，我的恩师西北师范大学的南国农先生、杨改学教授，以及郭绍青教授、王鉴教授、郭炯教授、俞树煜教授等各位领导和专家的鼎力相助，使得书稿的撰写和课题研究获益匪浅；还要感谢甘肃省甘南藏族自治州教育局的兰木杰馆长，合作市藏族小学的才让校长、辛王鹏老师、宁良芬老师，青海省祁连县默勒镇中心小学的满拉主任，西海民族寄宿制学校的才让东珠老师等，正是他们开明的思想和热情的帮助，课题研究实践才得以顺利进行。本书是在参阅借鉴相关文献的基础上完成的，限于篇幅，所有文献未能一一罗列，谨此向所有涉及的作者表示谢意。

本书适用于中小学民汉双语教师、双语教育管理者和研究者。可以作为少数民族地区中小学教师汉语教学的参考用书，有助于帮助一线教师深入了解汉语非母语的学生汉语学习过程中的主要问题；同时也适用于关注少数民族教育教学的研究者，可以为其提供基于实证的研究成果和研究思路，借此抛砖引玉，期望为我国少数民族教育发展贡献绵薄之力。

鉴于作者时间和精力的限制，本书中实证研究的案例大多采集于甘肃省内部的民族地区。此外，鉴于汉语理解性教学尚处于研究和探索阶段，本书内容和案例必存在各种不足，敬请专家、同行和读者批评指正。

王妍莉

2015年9月10日

目 录
Contents

第一章 概　述

> 如果你不能把它简单地解释出来，
> 那说明你还没有很好地理解它。
>
> ——阿尔伯特·爱因斯坦

第一节　信息时代少数民族教育的发展

我国是一个多民族聚居的国家，人口分布不均匀，地域发展不平衡。幅员辽阔的西部地区，人口只占全国人口的 27.0%，然而地域面积却占全国国土面积的 71.4%。目前，在我国 55 个少数民族中，有将近 50 个世居在今天的西部地区。① 西部地区整体经济欠发达，人口居住分散。就教育领域而言，西部农村地区，尤其是西部少数民族地区的教育质量发展影响着我国教育质量的整体效果。关注西部地区的教育教学质量，有效缩短中西部地区的教育资源差距，促进教育公平，是值得关注的重要领域。

新中国成立以来，我国民族教育事业取得了举世瞩目的成就。进入 21 世纪以来，我国民族教育政策正在从"优惠性"向"特殊性"转移。即一方面加大力度解决民族地区的校舍改造、办学条件改善、义务教育经费保障、教师队伍数量提升、现代远程教育工程等方面遗留的问题；另一方面在教师队伍培训、双语教学、地方课程与校本课程开发等方面开始出台涉及民族语言与文化传承的特殊性政策。

2002 年 11 月召开的中国共产党第十六次代表大会提出了"城乡统筹"的城乡发展观，认为"统筹城乡经济社会发展，建设现代农业，发展农村经济，增

---

① 西部包括内蒙古、广西、重庆、四川、贵州、云南、西藏、陕西、甘肃、青海、宁夏、新疆 12 个省（自治区、直辖市）。国家统计局［EB/OL］. http://www. stats. gov. cn/ztjc/ztfx/kxfzcjhh/201208/t20120817_72839. html，2012–08–17.

1

加农民收入，是全面建设小康社会的重大任务"。至此开始从政策角度探讨"教育均衡发展"。①2006 年 9 月 1 日起开始实施新的《中华人民共和国义务教育法》，使得教育经费配置城乡不断均衡，师资水平不断提升，通过法律的手段有效地保障了义务教育发展不断趋于均衡。② 2008 年 10 月，十七届三中全会又一次提出"城乡统筹发展"，指出"城乡基本公共服务均等化明显推进"是六项基本目标之一。③2010 年所颁布的《国家中长期教育改革和发展规划纲要（2010—2020 年）》再次强调把促进公平作为国家基本教育政策，重点是促进义务教育均衡发展和扶持困难群体，根本措施是合理配置教育资源，向农村地区、边远贫困地区和民族地区倾斜，加快缩小教育差距。④2012 年 11 月 8 日，在中国共产党第十八次全国代表大会上，胡锦涛同志在近 3 万字的十八大报告中，20 次提及"公平"，其中更是明确表示要"大力促进教育公平，合理配置教育资源，重点向农村、边远、贫困、民族地区倾斜"⑤。从各类国家政策的梳理中我们可以看出，对于教育均衡需求的关注持续强烈，这也引导着教育领域需要更多地关注少数民族地区的教育均衡问题。

在少数民族地区的教育问题中，汉语非母语的少数民族双语教学是核心重点之一，我国少数民族的双语教学是指对少数民族学生进行民族语文和汉语文教育的教学方式，包括对少数民族学生进行汉语教学时用母语辅助的教学方式。⑥双语教育的发展首先需要良好的社会环境，我国对于少数民族双语教育长期秉承"培养民汉兼通的少数民族一代新人"的态度，要求"少数民族学生应该重视学习和使用民族语言文字，也应该加强对国家通用语言文字的学习和使用，具体包含表达交流和识字阅读在内的多方面基本能力"⑦。2002 年颁布《国务院

---

① 人民网.中国共产党历次代表大会数据库［EB/OL］.htt://cpc.people.com.cn/GB/64162/64168/64569/index.html［2011-11-10］.

② 新华网.中华人民共和国义务教育法［EB/OL］.http://news.xinhuanet.com/edu/2006-06/30/content_4769537.html［2011-11-10］.

③ 人民网.中国共产党第十七届中央委员会第三次全体会议公报［EB/OL］.http://politics.people.com.cn/GB/1026/8160610.html［2011-11-10］.

④ 教育部.中共中央印发国家中长期教育改革和发展规划纲要（2010—2020年）［EB/OL］.http://www.gov.cn/jrzg/2010-07/29/content_1667143.htm［2011-11-10］.

⑤ 中国共产党第十八大报告［EB/OL］.http://www.gov.cn/［2012-12-10］.

⑥ 中国少数民族双语教学研究会.中国少数民族双语使用和双语教学备忘录［J］.中国民族,2002,（10）：9-13.

⑦ 汉语课程标准研制组编.全日制民族中小学汉语课程标准（试行）［M］.北京：人民教育出版社，2007：8.

关于深化改革加快发展民族教育的决定》，提出深化教育改革，增强办学活力，加快"两基"步伐，促进各级各类教育的协调发展，进一步增强对民族教育的扶持力度，加大对民族教育的投入，进一步加强对民族教育的支援工作等发展民族教育的政策措施。[①]2004 年印发《民族语言文字规范标准建设与信息化课题指南》，对于少数民族文字的字符集及其平台建设、民族语言文字规范标准建设、民族语言文字资源库建设等方面进行全国建设，保护和规范了少数民族语言文字。[②]2007 年印发了《少数民族事业"十一五"规划》，提出 2010 年少数民族文字出版物种数比 2005 年增长 20%，少数民族文字出版物印数比 2005 年增长 25%，少数民族各类人才占在业人口比例比 2005 年提高 0.5%，基本接近少数民族人口占全国总人口的比例等预期指标。[③]2010 年所颁布的《国家中长期教育改革和发展规划纲要（2010—2020 年）》第九章提出：重视和支持民族教育事业，全面提高少数民族和民族地区教育发展水平，大力推进双语教学，公共教育资源要向民族地区倾斜，中央和地方政府要进一步加大对民族教育的支持力度。[④]从国家政策文件的发展可以看出，对于民族地区教育的倾斜支援从未间断，并且越加具体化、深入。近年来，对于双语教育的关注，表现为对民族教育特殊性的关注。只有从多元文化视野去看待民族教育问题，认可少数民族的特殊性、文化的差异性、多元性，才可以有效地提高民族地区的教育教学质量。

第二节 少数民族汉语课堂教学的审思

一、教师访谈反映藏族学生汉语教学中存在理解困难

笔者在少数民族地区调研的过程中，与教师访谈交流时经常会听到不少教

① 教育部.国务院关于深化改革加快发展民族教育的决定（国发〔2002〕14号）［EB/OL］.http://www.edu.cn/20041126/3122334.shtml［2011-11-10］.
② 教育部.关于印发《民族语言文字规范标准建设与信息化课题指南》的通知（国办发〔2007〕14号）［EB/OL］.］http://www.law-lib.com/law/law_view.asp?id=106436［2011-11-10］.
③ 国务院.国务院办公厅关于印发少数民族事业"十一五"规划的通知（教民〔2006〕5号）［EB/OL］.http://www.gov.cn/xxgk/pub/govpublic/mrlm/200803/t20080328_32547.html［2011-11-10］.
④ 教育部.国家中长期教育改革和发展规划纲要（2010—2020年）［EB/OL］.http://www.gov.cn/jrzg/2010-07/29/content_1667143.htm［2011-11-10］.

师也在访谈中抱怨，"藏族学生背诵能力很强，但是他们的汉语教学很费劲，因为学生很难'理解'"，部分访谈摘录如下，在问及教学过程中的主要障碍时，大多数教师都认为学生存在"理解"障碍：

甘肃省甘南藏族自治州合作市藏族小学四年级的汉语老师 CRC 是藏族教师，她在教学过程中很多用汉语解释不清楚的问题会通过藏语来翻译，有时效果不错，"比如在讲'屏障'啊，'连绵'啊，这些词语意思的时候，用汉语说不清楚，我就用藏语来翻译，效果会好一点"，"我觉得课文里的修辞他们很难理解，因为我们藏语和汉语的句子是倒着的，所以什么'把字句'，我们藏语里就没有，讲起来要费劲一点，他们也很难懂"。

碌曲县藏族小学六年级的汉语老师 ZXQ 认为，藏语类的汉语文教材内容结构不合理，并且她认为古诗类的内容是最难讲解的："教材太简单了，从一年级到六年级都是一个模型，对话内容我觉得完全没有必要，你看都是'扎西、卓玛'的对话（形式），但里边（内容）又说什么大峡谷之类的，我们讲深也不是，讲浅也不是；还有，他们又有语法的内容，这个在汉语文课文中也都不怎么强调的。""其实藏族学生的理解力是没有问题的，而且比起汉族学生他们更能背东西，背诵能力特别强，我们现在讲古诗词的时候，学生就说'老师，你把每一句的意思写出来，我们背下来'，但是他们就不理解是什么意思。"

那吾乡藏族小学六年级的汉语老师 LY 认为，对于藏语类学生来说最难理解的是情感类的文章，例如散文、诗歌等，而纪实类的文章因为没有见识过的原因对汉藏学生都有难度。"我觉得散文、诗歌、情感类的课文最难讲，他们（藏族学生）也最难理解，你看，像这个'母亲啊……'我们读起来觉得很感动，但是他们就体会不了，我也不知道该怎么讲了。""汉语类的学生我觉得最难讲的是纪实类的课文，比如说故宫的柱子金碧辉煌，这个他们没有看见过，说起来就很费力，这个问题藏语类的学生也是一样的。"
……

二、课堂观察发现藏族学生汉语学习理解效果不佳

何为理解困难？在具体教学中如何体现？笔者关注于普适意义上的"理解"现象，笔者深入课堂进行了实地观察，对当前藏族学生的汉语教学课堂进行深度扫描，发现教师访谈中所重复提及的"理解"问题，在课堂教学中主要体现在学生无法对于教师引导做出顺畅的反馈回应，部分观察实录如下：

📷 **镜头一**

藏族小学六年级第二学期《青稞情》汉语课堂：

师："大家看第一自然段，红军第一方面军经过夹金山时，达维一带的青稞才抽穗，这个抽穗是什么意思？"

生：……（沉默）

师："青稞是一种农作物，抽穗就是在农作物生长期间会发生一种现象，同学们不懂的话可以记下来。"

生：（笔记）

师："就像我们的花，刚开始是花骨朵，长的过程中会开花结果，这些都是自然发展的现象，就跟抽穗一样。"

生：……（沉默）

分析：

青稞本是高原地区生长的农作物，也是藏族地区的主要农作物，绝大多数的藏族学生都会对此十分熟悉，然而教师在讲解"抽穗"的意思时，显然没有恰当引导，并且举例也不适宜，造成学生表现出沉默，没有表现出"理解"的状态，这样只是机械地记忆了教材中的词语解释而已。

📷 **镜头二**

藏族中学高中一年级第二学期《回忆鲁迅先生》汉语课堂：

师："鲁迅先生会评论别人的衣着，如果上衣是什么颜色，下装就应该搭配什么颜色，从他品评衣着可以看出他是一个怎样的人？"

生：……（沉默）

师："通过文章的阅读，文章这部分重点描述了鲁迅先生对于衣服的搭配有自己的见解，这个可以看出鲁迅先生平时是个怎样的人？"（提问）

生1：……喜欢看书的人……

师："通过品评衣着可以看出鲁迅先生是个喜欢看书的人吗？"

生：不能。

生2：……艰苦朴素的人……

分析：

从学生对描写语句的分析可以看出，学生并没有进行正确的逻辑推理，错误的答案是对于课文内容的误解，虽然在后续的讲解中，教师通过提示概括了正确的理解答案，但可以看出学生并非通过个人主动来"理解"课文内容。

📷 **镜头三**

藏族小学六年级第一学期《滁州西涧》汉语课堂：

师："这首古诗我们已经讲完了，谁能想象描述一下这首诗描述的环境是什么样子？"

生：……（沉默）

师："大家可以发挥自己的想象，用自己的话来描述一下古诗中介绍了哪些景物？"

生：……（提问的学生也基本是复述之前讲过的主要内容）

分析：

在对于古诗进行了字词的翻译，并概括了每一句的大意之后，学生对于诗词意境仍然很难想象，只是对教师概括内容的复述，无法进行个人语言的转换，可以看出学生对于之前内容的识记只停留在机械的背诵阶段，并没有"理解"诗词的真正含义。

三、小结："理解困难"是小学高年级藏族学生汉语学习过程中的主要障碍

通过前期调研可以看出，藏族学生在汉语的学习过程中存在"理解困难"现象，并且"理解困难"是小学高年级汉语教学过程中的主要障碍。这里所提出的"理解困难"，并不是指学生个人的理解能力问题，而是指教学过程中的理解效果。从课堂观察和师生访谈中可以清晰地感受到，小学高年级藏族学生普遍存在对汉语学习理解困难的现象。

实践调研中所发现的问题，并非个案或偶然，理解是与学习联系在一起的，理解是学习的基本问题，也是学习的核心问题，判断一个人的学习效果和学习质量主要看对所学知识的理解程度是否达到目标。[①]此外，尤其是在第二教学领域，许多研究者建议早期的语言学习应该以理解为主，基础的语言课程应该尽可能地使学习者理解和解释语言。[②]

综上分析，可以初步得出"理解困难"是小学高年级藏族学生汉语教学过

---

① 〔美〕Bill VanPatten著，王建勤导读. 从输入到输出：第二语言习得教师手册（*From Input to Output: A Teacher's Guide to Second Language Acquisition*）〔M〕. 北京：世界图书出版公司，2007：140.

② 朱建国，张怡，吴为民主编. 培养学生理解力的课堂教学实践与研究[M]. 上海：华东师范大学出版社，2010：3.

程中存在的主要障碍。那么基于此，如何有效解决小学高年级藏族学生汉语教学过程中的理解困难，便成为本书要解决的核心问题。

第三节　基于问题解决的研究设计

一、核心概念界定

（一）整合技术

从技术哲学的角度分析，技术的本质是人的活动方式，是"怎样做"，是人们"做"的方法和策略。[①]

技术要有效地支持教育改革或改善学习成效，必须有机地整合硬件技术和智能技术。其中，硬件技术是指解决实际问题或完成现实任务中使用的工具和设备；智能技术是指解决实际问题或完成现实任务中使用的应用软件及相关知识、策略、方法和技巧。[②] 在本书中，整合技术是指将多种技术以最优化的方式结合，并应用到教学中的过程，目的在于解决教学中的问题。

（二）理解

从词源的角度进行分析，"理解"被认为是一种理性认识活动，是认识借助概念，通过分析、比较、概括以及联想、直觉等逻辑或非逻辑的思维方式，领会和把握事物的内部联系、本质及其规律的思维过程，是人类特有的并与感性相区别的一种理性认识能力，是思维的具体过程之一。[③]

"理解"概念在教育教学过程中被广泛应用，然而却尚未达成统一的概念界定，不同的关注视角却对于"理解"有不同的定义。本书倾向于在一个更宏观的视角下去分析理解，对于理解的界定认同理解性教学概念的提出者美国哈佛大学教育学院的大卫·珀金斯（David Perkins）教授等人，从"表现视角"（也称为"实作观视角"）的角度阐述理解的概念，这种表现视角认为，理解某个学

---

① 李芒. 技术与学习——论信息化学习方式[M]. 北京：科学出版社，2007：126.

② 〔美〕全美教师教育学院协会创新与技术委员会主编. 整合技术的学科教学知识：教育者的手册 [*Handbook of Technological Pedagogical Content Knowledge（TPCK）for Educators*]〔M〕. 任友群，詹艺主译. 北京：教育科学出版社，2011：3.

③ 冯契，尹大贻，朱立元等主编. 哲学大辞典分类修订本（上）〔EB/OL〕. 中国工具书网络出版总库. http：//epub. cnki. net/kns/brief/default_result. aspx〔2012-1-20〕.

习主题即是就这一主题展开一系列思考的活动，如解释、寻找例证、举例、概括、概念运用、类推、用新的方式叙说等。引用珀金斯教授对于理解的界定：理解即意味着就某个主题展开多种活动的表现，在关于某情境的理解，可以在另一情境中运用它。这样的行为表现我们称为"理解性表现"或"为理解的表现"①。

（三）理解性教学

理解性教学正是基于对理解重要性的认识而提出，此概念最早在 1993 年由珀金斯教授明确提出，此后，国内外众多知名学者积极响应，"为理解而教""为理解而学"已逐渐成为学界共识。

在本书中所提出的理解性教学，同样是指为促进学习的理解而进行的教学过程，包括教学设计以理解为主要目标，以学生的主动参与为核心，强调学生的积极思考，并基于理解"表现观"的视角持续性评价学生的教学活动。

二、汉语理解性教学研究的意义

整合技术的藏族学生汉语理解性教学研究，具有以下意义。

1. 有效提升藏族学生双语能力

在调研中笔者了解到，藏族学生对汉语文能力的掌握程度不佳，这主要体现在能够识记字词音译，却无法理解文字背后所表达的深层含义以及情感。语言符号是文化的载体，培养新一代的民汉双语人才，不仅是对知识的识记，也不是强化学生的应试能力，而应该重视对多元文化的理解，基于理解的学习才有利于促进藏族学生双语能力的提升。

2. 丰富信息化教学理论

随着信息化的发展和国家政策的大力支持，少数民族地区也逐步实现了信息化教学环境的普及，然而大量的信息技术设备闲置仍然是不争的事实，正如杨改学教授曾指出的，"农远工程"的实施转变了人们的思想观念与需求观念，但仍存在着重拥有、轻应用的问题，许多地区的多媒体教学并没有真正发挥多媒体的优势。②本书关注信息化环境下的教学现状，提出有效运用信息技术的理论指导和方法策略，旨在促进少数民族地区信息技术的有效应用。信息技术在教育教学中的应用价值已经得到了一致的认可，信息化教学在我国绝大多数地区都得到了足够的重视和广泛的应用，信息化教学理论也日趋成熟。然而，就

---

① Perkins D. Teaching for understanding ［J］. *American Educator*: *the Professional Journal of the American Federation of Teachers*, 1993, 17（3）：28–35.

② 杨改学. 农村中小学现代远程教育在西部实施后的思考［J］. 中国电化教育，2008，（7）：45–47.

少数民族教学领域而言，信息化发展的水平较为薄弱，信息化应用能力较低，而少数民族地区由于自身语言地域等因素的影响，具有自身的特殊性，因此信息化教学理论在少数民族地区的指导和践行是相对薄弱的空白点。本书从关注民族教育特殊性的角度出发，探讨整合技术的理解性教学，能够进一步拓展信息化教学的实践领域，丰富信息化教学理论的发展。

3. 完善少数民族课堂教学理论

较之于我国英语作为第二语言的教学以及汉语作为母语的教学，少数民族的汉语教学有可以参考和借鉴的理念，但更多是具有自身的特殊性。然而通过文献分析可以得出，对于少数民族课堂教学的理论研究较少。如何有效地促进少数民族教学效果，提升教学质量，是值得关注的问题，本书从教育技术学的角度出发，深入藏民族小学教学课堂，期望可以解决现实问题，从而有效地促进少数民族教学效果，完善少数民族课堂教学理论。

三、汉语理解性教学研究内容框架

本书的目的是希望在充分考虑少数民族多元文化差异性的基础上，分析藏族学生汉语教学中造成理解困难的主要因素，提出以促进藏族学生汉语理解效果的解决方案。所以，本书首先需要分析藏族学生汉语学习理解的表征和特殊性，从中总结出藏族学生汉语理解困难的体现及成因，并基于此，提出有效、具有可操作性的教学策略，最终有效地弥补藏族学生汉语教学的理解困难现象。本书主要内容如下。

（一）藏族学生汉语教学特殊性分析

充分考虑藏民族学生的特殊性，分析藏族学生汉语学习过程中理解困难的具体体现。在藏族学生的汉语教学过程，其主要的特殊性更多的是体现为学习者的不同，学习者与学习内容、与大多数教师之间存在语言差异和文化差异。从学习者的角度出发，深入分析藏族学生汉语学习过程中理解困难的主要体现和理解障碍的主要因素，是本书关注的重点之一。

这一阶段中主要通过内容分析法和扎根理论研究方法进行：①确定研究概念。②查阅国内外相关文献，了解研究现状。③调研框架的整理等，并基于调查研究法进行数据的收集。内容分析法通过对文献的定量分析、统计描述来实现对事实的科学认识。[①] 其主要特征表现在明显、客观、系统、量化等四个方面。扎根理论研究方法是由芝加哥大学的巴尼·格拉索（Barney Glaser）和哥伦比亚

---

① 风笑天. 社会性研究方法 [M]. 北京：中国人民大学出版社，2009：235.

大学的安塞姆·斯特劳斯（Anselm Strauss）两位学者共同探索发展出来的一种质性研究方法，其主要的操作程序如下：①对资料进行逐级登录，从资料中产生概念；②不断地对资料和概念进行比较，系统地询问与概念有关的生成性理论问题；③发展理论性概念，建立概念之间的联系；④理论性抽样，系统地对资料进行编码；⑤建构理论，力求获得理论概念的密度、变异度和高度的整合性。① 调查研究法是有目的、有计划、有系统地搜集有关研究对象的现实状况或历史状况的材料，借以发现问题、探索规律、开展研究的一种方法。按照调查对象的性质和调查工作的方式，调查又可以分为访问调查、问卷调查、个案调查和文献调查等方法。② 在本书中主要采用问卷调查和访问调查的方式收集藏族学生汉语学习理解表征和特殊性分析的数据。

（二）有效整合信息化教学优势

充分发挥信息化教学的优势，合理论证技术对理解障碍因素的弥补及其促进作用，并创建有效地整合技术的理解性教学模型。在实践调研过程中我们同样得出，从2003年开始启动"农村中小学现代远程教育工程"以来，少数民族地区信息化教学设备日益普及，信息化教学成为主要的发展趋势，然而这种信息技术环境教学并未充分融入教师的日常教学中，无论是硬件技术的使用，还是软件技术策略的设计，技术并没有发挥其应有的作用，并未解决理解障碍的问题。因此，本书聚焦于小学高年级藏族学生汉语教学过程中的理解困难问题，从教育技术的角度出发，以期提出整合技术的理解性教学模型与策略，解决小学高年级藏族学生汉语教学过程中的理解困难问题。

该阶段主要通过对于藏族学生汉语信息化教学课堂进行结构化观察，分析藏族学生汉语教学过程中的理解障碍因素归因等。结构化观察是指人们为认识事物的本质和规律，通过感觉器官或借助一定的仪器，有目的、有计划地对特定对象进行系统化观察，并要做严格详细的可量化记录的一种观察方法。③

（三）实证研究验证策略效果

本部分提出可行的教学策略并进行实验验证，构建促进理解的汉语教学策略体系，为民族地区的教师汉语教学提供有效支持。从实用性的角度出发，将理论模型演化为可操作性的教学策略，并有效地验证其促进理解的教学效果，

---

① Glaser B G, Strauss A L. *The Discovery of Grounded Theory: Strategies for Qualitative Research* ［M］. Chicago: Aldine，1967.

② 李克东. 教育技术学研究方法［M］. 北京：北京师范大学出版社，2003：85–89.

③ 李克东. 教育技术学研究方法［M］. 北京：北京师范大学出版社，2003：155.

从而有效地解决教学过程中的实际问题。

在该阶段主要通过准实验研究方法和行动研究方法对于促进理解的汉语教学策略进行了效果验证。教育科学的研究不能脱离现实的社会文化背景，但在实际的社会情境中，不能用真实验研究的方法进行研究。从严格意义上来说，教育实验只能是准实验[①]，准实验研究是指在无需随机安排被试时，运用原始群体，在较为自然的情况下进行实验处理的研究方法。[②] 行动研究是与问题有关的所有人员共同参与研究的实施，对问题情境进行全程干预，并在此实践活动中找到有关理论依据即解决问题的研究方法。[③]

在实验过程中，主要应用 FLAS 课堂互动分析法，从而分析藏族学生汉语教学课堂中的师生言语交互质量。弗兰德斯互动分析（Flanders' interaction analysis system, FLAS）是美国学者内德·弗兰德斯（Ned Flanders）在 20 世纪 60 年代提出的一种课堂行为分析技术。[④] 它将课堂观察的重点放在师生语言行为上，由一套描述课堂互动行为的编码系统，一套关于观察和记录编码的规定标准，以及一个用于显示数据、进行分析、实现目标的矩阵表格 3 部分构成。[⑤] 利用一套编码系统把师生语言互动的情形记录下来，并据此作具体的分析，编码系统见表 1-1。在本书中，主要依据 FLAS 编码系统对于藏族学生汉语教学课堂进行语言编码，并利用首都师范大学王陆教授团队开发的 FLAS 互动分析系统软件进行数据处理。[⑥]

表1-1　FLAS编码系统

行为分类		具体行为	编码
教师语言	间接影响	表达感情：教师用没有威胁的方式接纳或澄清学生的感受	1
		表扬或鼓励：教师赞赏或鼓励学生合适的行为	2
		接纳或利用学生的观点：教师澄清、充实或发展学生的观点	3
		提问：教师就内容或程序向学生提问，并希望学生回答	4
	直接影响	讲授：教师就内容或程序提供有关事实或观点，发表自己的见解	5
		命令：教师以语言直接指使学生做出某些行为	6
		批评学生或为权威辩护：教师以权威的方式改变学生行为的语言	7

① 郑继伟.再论准实验［J］.教育研究与实验，1990，（4）：38–41.
② 李克东.教育技术学研究方法［M］.北京：北京师范大学出版社，2006：186.
③ 李克东.教育技术学研究方法［M］.北京：北京师范大学出版社，2003：206.
④ Flanders N A. Interaction analysis: a technique for quantifying teacher influence［EB/OL］. http://files. eric. ed. gov/fulltext/ED088855. pdf［2012–10–11］.
⑤ 王鉴.课堂研究概论［M］.北京：人民教育出版社，2007：165–167.
⑥ 王陆,刘菁等.信息化教育科研方法［M］.北京：教育科学出版社，2008：129.

行为分类	具体行为	编码
学生语言	应答：学生为了回应教师而作出的讲话	8
	主动发言：学生自发、主动地讲话	9
无效语言	停顿、短暂的沉默以及混乱	10

第二章　理解的基本内涵：多领域视角下的审视

> 理解即意味着就某个主题展开多种活动的表现，在关于某情境的理解，可以在另一情境中运用它。
>
> ——大卫·珀金斯（David Perkins）

第一节　教育学视角下的理解性教学

一、国外研究观点

理解性教学概念，最早被认为是珀金斯教授在美国教师协会的专业刊物《美国教育者》（*American Educator*）1993 年的秋季刊上发表的《理解性教学》（*Teaching for Understanding*）[①]一文中提出的，这标志着"理解性学习与教学"这一全新概念的诞生。[②]

对于大量的文献梳理可以看出，国外对于理解性教学的研究已经基本形成了几个得到普遍认可的教学理论，梳理如下。

（一）TfU 教学模式

"为理解而教"（teaching for understanding, TfU）模式是哈佛大学教育学院研究发展并经过课堂检验的实践理论框架，并基于该理念创设了 WIDE World 职业发展项目。

WIDE World 的创始人珀金斯教授和玛莎·威斯克（Martha Wiske）教授长期从事有关教与学的研究。自 20 世纪 90 年代中期以来，他们开始探索利用网络来支持教学。珀金斯和威斯克教授共同领导并创建了在线学习环境，旨在帮

[①] Perkins D. Teaching for understanding [J]. *American Educator : the Professional Journal of the American Federation of Teachers*, 1993, 17 （3）: 28–35.

[②] 余勇刚. 基于理解的高中语文课堂教学研究 [D]. 无锡：江南大学硕士学位论文. 2011: 7.

助教育者运用基于研究的教育方法。在这一时期，珀金斯和威斯克教授发展了一系列网站，用以支持"零点项目"（project zero）①开发的教学活动和哈佛大学教育研究生院技术中心的研究。这些网站检验了多种理论，例如，为理解的教学、多元智能、思维倾向等。同时，这些网站还探索如何利用"为理解而教"的模型，从而支持运用新技术以提高教与学这一新的课题。WIDE World 就是在这些早年的网站基础上发展起来的，1999 年，WIDE World 推出了一个试验性的课程，并获得了巨大的成功。之后，其提供的课程逐渐增多，现在已提供的课程包括为理解的教学、为理解的领导艺术、多元智能等。②珀金斯教授指出，如何进行为了理解的教学？需要遵循如下原则：①让学习成为长期的，以思考为中心的过程；②提供一个丰富的不间断的评估；③通过有力的陈述来支持学习；④关注于发展性因素；⑤引导学生进入学科；⑥为转换而教。③其还在此基础上提出了 TfU 模式。

WIDE World 所有课程以 TfU 模式为基础，以理解为核心。TfU 教学模式强调理解的"实作观"，即当学生真正理解某个东西时，他们能以正确的方式将其表现出来，能灵活地思考并应用它。该模型包括 4 个主要的教学要素：①生成主题（generative topics）；②理解目标（understanding goals）；③理解活动（understanding performances）；④持续评估（ongoing assessment）。④

生成主题要求教师和课程设计者要对学习主题进行选择，主题的选择需要具备三个特点，即好的主题是该领域或学科的核心内容，好的主题能吸引学生和教师参与，好的主题能与学科内其他主题或其他学科建立多种联系。

理解目标，即由于每一个主题都有可能产生不同的理解，因此教师需要清晰、明确地表述要求学生理解的内容。提供的理解性目标要清晰并且公开；且必须是聚集性的，即一些具有较高层级的目标与一些亚主题的具体目标共同形成层次性的目标结构。

理解活动，即要求教师需要设计一些理解活动来支持理解目标的实现，在

---

① 零点项目［EB/OL］. http://www. pz. harvard. edu/［2011–12–23］.

② 哈佛大学教育研究生院技术中心［EB/OL］. https://learnweb. harvard. edu［2012–8–10］.

③ Perkins D. Teaching for understanding ［J］. *American Educator: the Professional Journal of the American Federation of Teachers*, 1993, 17（3）: 28–35.

④ Perkins D, Blythe T. Putting understanding up front ［J］. *Educational Leadership*, 1994, 51（2）: 4–7; Wiske M S, Sick M, Wirsig S. New technologies to support teaching for understanding ［J］. *International Journal of Educational Research*, 2001, 35（5）: 483–501.

某门课程或单元的学习过程中，学生都要从参与到这些活动中来证明他们的理解程度，成功的理解活动可以展示学生逐步娴熟和理解的过程。

持续评估，即传统的评价方式都是终结性的，而这并不能反映理解的过程。持续评估要求在教学过程中，教师、学生要采用多种方式，不断地评价理解正在如何发展，学生自己、同伴等都可以成为评价反馈的来源，学生会在这种持续评估的过程中更好地达到理解。

（二）UbD 理论

美国课程研究专家格兰特·威金斯（Grant Wiggins）和杰伊·麦克泰（Jay McTighe）指出：如果你能够对一件事情进行解释与讲授、验证与应用，或者能够读出字面以外的意义，这说明你对其达到了理解[1]，并通过创设"通过设计促进理解"（understanding by design, UbD）理论，对于理解效果提出了 6 个维度的评价指标，见表 2-1。

表2-1　UbD理论中理解的六维度分析[2]

理解的维度	说明
解释（explanation）	能对对象、事实和数据进行全面、可靠和合理的解释说明
翻译（interpretation）	能够揭示故事的意义，进行恰当的翻译，对于所涉及的观点发表自己的看法，通过想象、轶事、例证和模型使以上观点个性化并易于为人所接受
运用（application）	能将所学的知识有效地运用于不同的环境之中
洞察（perspective）	能用批判的眼光看到事物，并顾全大局
移情（empathy）	能从别人可能认为陌生或有悖于情理的东西中体会到其价值所在，具备敏锐的直观性洞察力
自我认识（self-knowledge）	个人身上的某些特质如个人风格、偏见、构想及思维习惯等，它们对理解的实现可能起促进作用，也可能起阻碍作用。对此，个人应该能够明确地认识到：在哪些方面自己还未能理解并知道原因所在

威金斯和麦克泰在该理论的基础上，又提出了"逆向教学设计"的观念，指出所谓逆向教学设计，即在课程设计中，先要明确课程目标，其次依据学习目标进行课程设计。课程的逆向设计遵循以下程序，整个设计过程分为 3 步，见图 2-1。

① 〔美〕格兰特·威金斯（Grant Wiggins），〔美〕杰伊·麦克泰（Jay McTighe）.理解力培养与课程设计：一种教学和评价的新实践［M］.么加利译.北京：中国轻工业出版社，2003：66.

② 〔美〕格兰特·威金斯（Grant Wiggins），〔美〕杰伊·麦克泰（Jay McTighe）.理解力培养与课程设计：一种教学和评价的新实践［M］.么加利译.北京：中国轻工业出版社，2003：74.

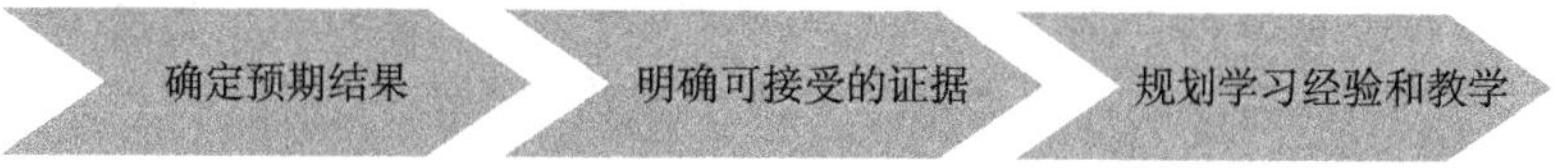

确定预期结果　　　明确可接受的证据　　　规划学习经验和教学

图2-1　威金斯和麦克泰提出的反向性设计模型①

步骤一："确定预期结果"，即确定预期的学习目标，具有四条筛选标准：①值得持久理解的内容都超越了那些孤立而散乱存在的事实或技能，它侧重于那些关键性的概念、原则或方法。②如何确定哪些内容居于学科的核心地位呢？要使学生潜心于所教科目，应培养他们的洞察力，使他们了解知识是怎样产生、被评价并加以运用的。可靠的学习经验将学生从一个被动的知识接受者变为积极的建构者。③如何确定对于课程核心内容的掌握程度。④这些核心内容在何种程度上有利于激发学习潜能？

步骤二："明确可接受的证据"，如何证明实现了预期的学习目标？对于学生理解程度的考察，教师应当考虑使用一系列的评价方法，包括对于理解情况的一般性了解、观察性谈话、日常性的考察或考试、学术讨论、通过实践运用加以评定。

步骤三："规划学习经验和教学"，即学习活动安排及教学指导这一阶段的实施，需要注意几个问题：①为了行之有效地实现预期的学习目标，学生需要什么样的知识和技能储备？②学生应该如何做才能掌握这些知识和技能？③为了实现预期的学习目标，教师应当如何组织教学及对学生进行有效的指导？如何使教学作为有效？④什么样的课程最适合于实现这些目标？⑤所有的设计都具有一致性并有效吗？②

在逆向教学设计中，为了有效保障活动设计的效度，他们同时提出了具体的课程单元设计标准"WHERE"：其中"W"即指"where"，明确课程目标，即包括为什么选择这样的目标？什么是学生的最终成绩？什么是成绩评估？什么是评价学生理解的标准等；"H"即指"hook"，如何吸引学生？通过简单的入门知识引导学生，激发他们的思维，具体表现为搜集经验、要点、特殊现象、问题、发现本质、中心思想和最终的任务；"E"即指"equip"，逐步探究主题，让学生积累学习经验，以此探寻更重要的思想和本质的问题，并且让他们不断研究、

---

① 〔美〕Leigh Chiarelott. 情境中的课程——课程与教学设计［M］.杨明全译.北京：中国轻工业出版社，2007：33-34.
② 〔美〕格兰特·威金斯（Grant Wiggins），〔美〕杰伊·麦克泰（Jay McTighe）.理解力培养与课程设计：一种教学和评价的新实践［M］.么加利译.北京：中国轻工业出版社，2003：13-23.

实践，最后发现问题的本质；"R"即指"rethink"，内省与反思，深入挖掘主题思想，进行必要的修改、练习与界定；"E"即"evaluate"，展示和评价。从学生最后的成绩和行为中，指出哪些已经被理解了，让学生进行最后的自我评定，已发现未理解的问题。①

（三）促进理解的教学策略

2002 年，美国国家科学基金会和美国教育部指定国家研究理事会下属的一个委员会（Committee on Programs for Advanced Study of Mathematics and Science in American High Schools），对美国高中数学和科学先修学习项目进行了为期两年的调研，后写成调查报告《学习与理解：改进美国高中的数学和科学先修学习》（*Learning and Understanding：Improving Advanced Study of Mathematics and Science in U.S.High Schools*）。书中强调先修学习的目标是促进深刻概念性理解的发展和恰当运用知识的能力，并提出了"理解性学习"这个概念来贯穿全书。该书总结了 7 项实现理解性学习的关键原则：①当知识与某领域内的主要概念和原理相关并围绕它们组织的时候，能促进理解性学习；②学习者运用他们的先前知识去建构新的理解；③运用元认知策略来识别、监控和调节认知过程，会促进学习；④承认学习者之间的差别对有效教学和学习非常重要；⑤学习者对自己学习能力的信念会影响学习成功；⑥人们学习时所进行的实践和活动会影响他们所学的内容；⑦社会支持的互动会促进学习。②

美国国家科学院对学生如何学习所做的总结指出，至少有三条基本的、公认的学习原则对教学极其重要：①如果要使得教学有效，必须重视学生的先前知识；②如果学生要在课堂之外使用知识，那么他们需要概念化地组织与使用知识（这就意味着教师必须能够组织学习材料，以帮助学生将学习材料纳入概念图之中，并且通过利用迁移到新情境中的多种方法来教授学生）；③如果学生知道如何学习和如何管理自己的学习活动，学生将会更有效的学习。③

琳达·达林－哈蒙德（Linda Darling-Hammond）教授等曾在《高效学习：我们所知道的理解性教学》（*Powerful Learning: What We Know about Teaching for*

---

① 〔美〕格兰特·威金斯（Grant Wiggins），〔美〕杰伊·麦克泰（Jay McTighe）. 理解力培养与课程设计：一种教学和评价的新实践［M］. 么加利译. 北京：中国轻工业出版社，2003：196.

② 〔美〕国家研究理事会，杰瑞·P. 戈勒博，梅丽尔·W. 伯坦索尔等编. 学习与理解：改进美国高中的数学与科学先修学习［M］. 陈家刚，邓妍妍，王美译. 北京：教育科学出版社，2008：116-117.

③ Donovan M S, Bransford J D. *How Students Learn：Science in the Classroom* ［M］. Washington, DC: National Academies Press, 2005.

Understanding）一书中指出,有效地促进理解性阅读,需要培养思考投入（mindful engagement）,具体包括 3 种情境,即围绕文本的社会互动、策略教学和整合教学。例如,尝试通过使学生参与到对文章充分的讨论中来提高理解和学习,很重要的方式是围绕文本让学生与同伴进行有意义的社会互动;尝试直接而有目的地教授认知和元认知策略;注重把阅读和写作整合到主题学习中,把阅读作为一种工具,用于促进学科知识和探索的发展手段。①

二、国内研究观点

国内关于理解概念的提出源起于 20 世纪 90 年代初,但它正式介入我国教学理论并成为教学理论研究者的一个生命词汇,应该说起始于金生鈜的博士论文《理解与教育》,其阐述了理解对教育的意义。②

以"理解性教学"或含"理解性学习"为关键词,在中国知网 CNKI 进行主题检索,2000 ～ 2012 年共有 53 篇文献,文献分布见图 2-2。

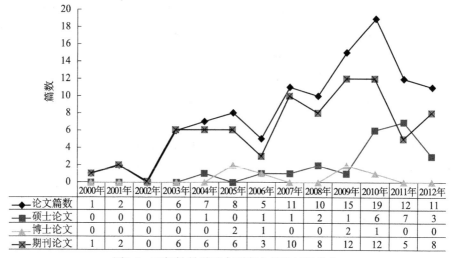

	2000年	2001年	2002年	2003年	2004年	2005年	2006年	2007年	2008年	2009年	2010年	2011年	2012年
论文篇数	1	2	0	6	7	8	5	11	10	15	19	12	11
硕士论文	0	0	0	0	1	0	1	1	2	1	6	7	3
博士论文	0	0	0	0	0	2	1	0	0	2	1	0	0
期刊论文	1	2	0	6	6	6	3	10	8	12	12	5	8

图2-2　理解性教学国内研究文献的年度分布

具体的研究可以分为以下几个范畴。

① 〔美〕琳达·达林–哈蒙德（Linda Darling–Hammond）等.高效学习:我们所知道的理解性教学[M].冯锐等译.上海:华东师范大学出版社,2010:56-57.
② 转引自:余勇刚.基于理解的高中语文课堂教学研究[D].无锡:江南大学硕士学位论文,2011:8.

（一）理解性教学理论研究

对于理解性教学的理论研究，包括核心概念的界定、理论基础和基本理论的探讨，对于理解性教学概念的界定，较多的研究是将理解界定在更为宏观的社会学背景下。例如，马勇指出，理解是处于特定语境中的主体借助交流在认知、感情与行为上实现生命意义。① 吕林海等在梳理文献的基础上指出，就理解性学习的内涵而言，目前国际学术界存在着两种彼此对峙的观点取向：一是理解性学习的表征观；另一则是理解性学习的实作观。前者从描述性的角度说明了什么是理解，即理解的表征观是从认知心理学的角度分析，认为理解意味着拥有关于概念、任务或现象的一个内在心智表征或心智模型，关注心智联系与结构的生成与发展；后者强调实作能力对理解的意义，从方法论的角度说明了如何证明学生达到了理解。② 徐银碧主要探求了在客观主义认识论教学中，知识的意义是如何缺失的，以及理解性教学又是如何追寻知识的意义的问题，在文献梳理的基础上，指出知识意义缺失的根源是受客观主义认识论及知识观的影响，并总结出教学追寻知识意义的两个有效方式：一是建立学习者与知识内部之间的联系；二是建构知识与生活世界的联系，并通过事实说明，只有具备这两个条件，知识的意义才能得以彰显。③

理解性教学的理论基础一般被认为是来源于哲学解释学理论和现代认知心理学理论，例如，唐德海、马勇从解释学的角度，阐述了理解性教学论发生的社会根源、哲学根源以及心理学根源，指出理解性教学论发生的社会根源来自于从资本主义社会出现到 20 世纪中叶，强调工具理性和个人主义为主的教育所带来的人与自然关系的异化、人与自身关系的异化、人与社会关系的异化等这些负面效应；理解性教学理论发生的哲学根源是西方现代哲学解释学；而其心理学根源则是现代认知心理学。④

理解性教学理论的基本特征是，往往强调尊重人性的完整，强调师生关系的平等，强调知识的整体性，例如，郭晓娜指出，理解性学习的目的，是学生整体生命结构的和谐和生命素质的完善，不断将学生的可能生命转化为现实生

---

① 马勇. 论理解性教学［D］. 桂林：广西师范大学硕士学位论文，2004：1.

② 吕林海，王爱芬. 理解性学习与教学的思想源起与内涵论争［J］. 教育理论与实践，2008，（3）：53–57.

③ 徐银碧. 论理解性教学：对知识意义的追寻［D］. 南昌：江西师范大学硕士学位论文，2008：1.

④ 唐德海，马勇. 理解性教学理论的发生根源与逻辑起点［J］. 桂林：广西师范大学学报（哲学社会科学版），2003，（7）：85–88.

命；理解性学习的主体即学生，其表现为一般主体性和独特的理解属性的结合；理解性学习的资源，包括理解主体自身的创造性等在内的一切可用于学生生命可能性的筹划和实现的物质和精神条件，并指出理解性学习过程主要遵循整体原则、真实原则和辩证原则。[①] 黄继玲指出，理解性教学以理解为目的，关注人的存在和生活意义的引导。其教学形态在平等、信任和融洽的教学氛围中，教学、学生、教材文本和教学环境之间通过交往活动和对话等形式而生成"课程事件"，理解教学意义，实现人生意义建构和提升，它具有生成性、生活性、生态性和多元性等特征。[②] 任顺元指出，理解性教学的特点在于，要突出教师与学生的共同发展，要提高增强理解的能力和品质，要培养善解人意的基本素质。[③]

（二）理解性教学实践研究

从理解的过程进行分析，理解性教学普遍被认为是需要建立学生所学内容与已有知识之间的联系，需要通过强化学生在学习过程中的深度参与等。例如，王清霞从解释学的视角分析了教学过程，指出理解的前提是了解学生的前理解；理解的途径是师生之间的课堂教学对话；理解的结果在于唤醒学生的体验，在于教学对话中各方的视域融合，在于学习者知识和意义的重建和生成。[④] 姚晓慧指出，理解型教学就是灵活地思考和运用所学知识的过程，而学生能灵活运用所学知识的有效途径就是"深度参与"。为使学生切实理解所学知识，关键是要让他们体验知识的建构过程，积极参与各个教学环节。即在理解型教学设计与实施过程中，从理解型教学目标的制定、学习活动的设计到持续性评价等阶段，学生都要积极参与。[⑤] 王健、陈明选将知识分为"自然知识""社会知识"和"人文知识"等3类，将知识类型与教学设计联系起来，提出理解自然知识的以"探究"为核心的教学设计、理解社会知识的以"对话"为核心的教学设计，以及理解人文知识的以"反思"为核心的教学设计这三种教学模式。[⑥]

从理解的内容进行分析，许多研究者针对具体学科做了实践研究，其中语文和数学学科中的理解问题得到了广泛关注，例如，余勇刚在其硕士论文中指

① 郭晓娜. 理解性学习论［D］. 上海：华东师范大学博士学位论文，2010：1–2.
② 黄继玲. 论理解性教学［D］. 重庆：西南大学硕士学位论文，2006：1.
③ 任顺元. 关于理解与理解教育的质性思考［J］. 杭州师范学院学报（社会科学版）. 2003，（5）：113–116.
④ 王清霞. 解释学视野下课堂教学过程研究［D］. 重庆：西南大学硕士学位论文，2011：38–50.
⑤ 姚晓慧. 深度参与：理解型教学设计的学生视角［J］. 现代教育技术，2010，（7）：24–26.
⑥ 王健，陈明选. 理解性教学设计的基本模式［J］. 教育评论，2007，（5）：60–63.

出，为了促进高中学生对于语文学科的理解，需要寻找学生前理解与理解的障碍，以便确定学习起点；再结合文本确定课堂核心问题，以问题引导教学；通过循环创读，消除误解走向确解；同时在信息技术的帮助下提升学生对文本的理解。[①]盛国玉探讨了初中语文理解性阅读教学过程，大体分为五步：①诵读是理解的情绪感染，是对文本的整体感知；②体验是理解的必经途径；③感悟是理解的哲思所在；④对话是理解的多元融合；⑤探究是理解的价值体现。这五步并不是界限分明，彼此孤立的，而是相互交汇乃至共融的关系，它们构成了螺旋式的上升结构，并在此基础之上提出了初中语文理解性阅读教学实施策略，它从以下五个方面展开：①建立民主、平等的师生关系，这是师生之间彼此敞开心灵的前提条件；②教师以情激情，激发学生的阅读兴趣、阅读情感；③教师要对学生有所引导，引导学生自读文本，读出自我；④多元理解，对话交流；⑤实施发展性评价，促进学生的自主建构。[②]石雪梅根据数学学科的特点，结合一些教育理论提出了促进学生理解学习的学习策略，主要有通过数学活动促进知识理解的探究策略，从分析数学错误的角度提出的纠错策略、通过建构联系，使知识系统化的组织策略循环往复，以达到深刻理解的回归性策略。[③]徐彦辉通过对于八年级学生的数学水平调研得出，学生记忆和解释性理解水平的目标已基本达成，探究性理解水平的达标远低于解释性理解水平。此外，在分析学生探究性理解缺失原因的基础上，提出促进学生探究性理解的策略，包括三点：①注重体悟学习，注重数学知识发现过程的探索，注重回顾与反思；②总结，促进探究性理解的一种有效策略；③推广，数学探究的一种重要形式。他们还深入分析了促进探究性理解的教学设计因素有两个，即脚手架的学习方式因素和建构性的学习情境因素。[④]吕林海提出数学理解性学习的层次发展的过程模型，指出数学理解分为经验性理解、形式化理解、结构化理解和文化感悟与理解四个层次，并指出理解的维度包括个体性诠释、科学性解释、情境中应用、自我反思与认识、移情性体验以及具有洞察力。其在此基础上构建了面向学习者的贯一性数学理解性教学设计框架，包括3个具有整体性的互动关系的关键要素，即目标与知识的设计、问题活动情境的设计以及评价与反馈的设计。[⑤]

① 余勇刚.基于理解的高中语文课堂教学研究［D］.无锡：江南大学硕士学位论文，2011：7.
② 盛国玉.初中语文理解性阅读教学探索［D］.济南：山东师范大学硕士学位论文，2010：7~27.
③ 石雪梅.数学理解性教学的研究［D］.西安：陕西师范大学硕士学位论文，2011：23~33.
④ 徐彦辉.数学理解的理论探讨与实证研究［D］.上海：华东师范大学博士学位论文，2009：5~6.
⑤ 吕林海.数学理解性学习与教学研究［D］.上海：华东师范大学博士学位论文，2005：1.

近年来，利用信息技术来促进学生理解的研究也持续增多，以江南大学研究团队为主，网络环境下的理解性教学，以及信息技术促进学科教学中的理解问题等研究逐步深入。例如，严大虎等设计了基于理解的信息技术课堂教学策略，包括创设包含生成性问题的情境、用概念图设计理解性目标和探究操作背后原理的理解性活动。[①] 陈明选、陈艳指出，网络教学的特点需要加强对"理解"的关注，并进一步提出了确定理解的目标、安排理解性活动、设计引领理解的导航对理解水平进行持续性评价的基于知识理解的网络教学策略。[②] 段晓英对于信息技术在数学理解性教学中的应用，总结出了三点策略：①创设教学情境，促进数学理解，包括创设数学活动情境、创设数学问题情境、创设数学实验情境、创设动态变化情境等；②丰富知识表征，深化数学理解，包括数学概念多元表征的教学、数学问题多元表征的教学两个方面；③经历形成过程，完善数学理解，即利用计算机支持教师把数学学习活动展开成一定的探索、加工、发现的程序，促使学生在活动中体验数学任务、数学地思考和思考数学。[③] 王均霞对于高校"理解性"教学实施现状进行了调研，得出大学教师虽然对于理解性教学有很大程度的认可，但缺少对理解性教学的系统认识，很多教师在课堂上缺乏实际操作的教学经验；学校缺乏良好的理解性教学实施氛围。学校很少有课程可以让学生亲身参与其中的实践活动；理解性教学设计能力不足；多种评价方式成了新课改下的花架子，并基于此提出了相应的对策，如加大投入，进一步改善学校教学设施；加强教学资源库的建设；构建教学信息管理平台；教师要充分利用信息化环境进行理解性教学设计；注重学生参与式的持续评价等。[④] 胡婧在其硕士论文中提出基于理解的初中信息技术课堂教学设计的主要内容，包括理解性教学目标的设计、教学内容的设计和教学活动的设计3个环环相扣的部分，并结合教学案例，对基于理解的初中信息技术课堂教学活动设计进行了阐述，提出教学活动要以问题为中心来组织，让学生在完成一个个围绕问题设计的活动任务过程中逐步实现理解；教学指导则要以不同课型的特点为基础来进行；另外，在教学活动中要贯以持续性的评价，对学生的理解情况进行追踪了解。[⑤]

① 严大虎，陈明选.注重理解的信息技术课堂教学策略［J］.中国电化教育，2011，（12）：107-109.
② 陈明选，陈艳.网络教育呼唤理解性教学［J］.现代教育技术，2008，（10）：18-21.
③ 段晓英.信息技术支持下的数学理解性教学研究［D］.大连：辽宁师范大学硕士学位论文，2011：27-42.
④ 王均霞.高校"理解性"教学实施现状调查——以江南大学为例［J］.教育与职业，2011，（9）：44-46.
⑤ 胡婧.基于理解的初中信息技术课堂教学设计研究［D］.无锡：江南大学硕士学位论文，2011.

还有一些研究者针对国外一些较为成熟的理解性教学理论进行了介绍分析和教学实证，例如，王寰对哈佛大学 WIDE World 机构开发的 TfU 项目教学模式做了介绍，并基于 TfU 教学模式对小学五年级数学课程教学设计做了个案的实证研究。① 陈红梅对 TfU 网络课程在上海的实施状况进行了简介，并分析了该网络课程实施过程中的一些不足。②

（三）理解性教学评价研究

理解性教学的效果评价，往往强调根据不同的教学内容区分进行，并且关注评价的持续性和生成性。例如，魏艳春指出，理解性教学评价应该具有如下特点：①评价标准生成性特征，要兼顾评价双方的意志和需求；②评价过程理解性特征，需要确保评价双方，即师生之间的平等对话；③评价结果发展性特征，即评价的目的在于促成评价过程的良性循环。③ 王健等提出，对理解性教学效果的评价标准是根据理解对象的不同而有所差异，并提出了"文本"的概念，指出理解性教学的过程就是教师引导学生与文本相互作用的过程，而"文本"又根据不同的内容可以分为：①以客观事物为主的"自然文本"（如理解自然现象等），评判标准即为学生的认识与客观对象之间的契合程度；②"人文文本"（如理解生活的价值等），此时评判的标准即为学生在取得相对理解共识的基础上所形成的个人观点；③以人类社会生活关系为主的"人际文本"（如理解生活中的伦理道德关系），理解的评判标准首先是学生能否真正"接纳"不同文化背景、社会制度以及家庭出生的学生；其次是学生能否真正"实践"他对人际关系的理解，积极建构与教师和学生良好的合作共进的人际关系。④

（四）文本阅读的理解心理

华南师范大学的莫雷教授及其团队长期关注于文本阅读理解的情境模型的相关研究，并做了大量的实验验证，得出了丰硕的研究成果，具体如下。

早在 2001 年，韩迎春等人就指出，当前学者们普遍认为课文理解的实质就是在读者头脑中建立起一个关于课文内容层次及主题的表征系统，而建构一个

---

① 王寰.TFU教学模式应用于国内基础教育的个案研究［D］.上海：上海外国语大学硕士学位论文，2008.

② 陈红梅.TfU网络课程在上海实施状况分析即对策研究［D］.长春：吉林大学硕士学位论文，2010.

③ 魏艳春.后现代主义视野下的理解性教学评价［J］.基础教育，2010，（9）：14-18.

④ 王健，陈明选.走向"理解性教学"——网络环境下教学转型的理性构想［J］.电化教育研究，2007，（11）：52-55.

连贯的情境模型的表征则是对一篇课文的成功理解。①

2002 年，郭淑斌在其博士论文中梳理了国外文本阅读理解研究的发展历程，指出实验心理学对阅读的最早研究可以追溯到威廉·冯特（Wilhelm Wundt）建立实验心理学的时候，弗雷德里克·巴特莱特（Frederic Bartlett）在他的研究中观察到，读者对文本信息的记忆常被系统地歪曲来符合他们自己实际的和文化的知识，而这种歪曲的程度会随着时间的推移而增加，最终，在他们的记忆中的文本信息就是他们所"认为"的文本信息，并对于文本阅读理解构建两种形式的表征：一种是文本的表层表征；另一种是由读者构建的表征。1974 年，苏珊·哈维兰（Susan Haviland）和赫伯特·克拉克（Herbert Clark）提出了新的观点②，将理解过程视为记忆表征的构建。沃尔特·金茨（Walter Kintsch）等人在 1983 年首次提出了情境模型（situation model）的概念③，将读者形成的记忆表征分为 3 个水平：表面编码、文本基础表征和情境模型。这一理论模型得到了普遍的认可，为后续的文本阅读心理研究提供了理论指导。此后，从情境模型的建构过程出发，罗尔夫·斯旺（Rolf Zwaan）和加布里埃尔·雷万斯基（Gabriel Radvansky）于 1998 年提出情境模型有五个维度：空间、因果关系、意图、实体（包括主角和客体）、时间。④迟毓凯分析了理解过程中所建立的表层编码、文本基础表征和情境模型的关系，指出情境模型是在文本基础表征的基础上，与读者背景内的世界知识相互作用经推理而成，它表征的是对文本更深水平的理解，并总结出情境模型对文本理解研究的重要意义主要体现在以下几个方面：①情境模型可以解释不同句子间信息的整合；②情境模型可以解释不同感觉通道之间理解的相似性；③情境模型可以解释文本理解中专家与新手的差异；④情境模型可以解释不同语言间的翻译；⑤情境模型可以解释人们如何从多种文献中学习某一领域的知识。此外，有学者梳理了情境模型加工的主要模型：沃尔特·金茨（Walter Kintsch）⑤⑥用一个文本理解的建构整合模型来说明文本阅读表征加工过程过建构和整合两个阶

---

① 韩迎春，迟毓凯，邢强. Fan效应与情境模型的研究［J］. 心理学动态，2001，（9）：120–123.

② Haviland S E, Clark H H. What's new? Acquiring new information as aprocess in comprehension［J］. *Journal of Verbal Learning and Verbal Behavior*，1974，13，512–521.

③ Van Dijk T A, Kintsch W. *Strategies in Discourse Comprehension*［M］. New York: Academic，1983.

④ Zwaan R A, Radvansky G A. Situation models in language comprehension and memory［J］. *Psychological Bulletin*, 1998, 123（2）：162–185.

⑤ Kintsch W. The role of knowledge in discourse comprehension construction-integration model［J］. *Psychological Review*，1988, 95：163–182.

⑥ Kintsch W. *Comprehension : A Paradigm for Cognition*［M］. New York: Cambridge University Press, 1998.

段。他认为，在阅读中，一般表征加工要经过建构和整合两个阶段。在建构阶段，读者所生成的是一个文本基础表征，其具体步骤如下：首先，当前阅读的语句按信息输入的顺序在工作记忆内直接形成概念和命题；然后，以第一步中形成的每一概念和命题为线索，与知识网络中有关系的节点建立联系；接着，按照随机精加工的机制形成某些必要的推理，主要目的是保持文本表征的局部连贯；最后，根据以上步骤的结果，决定文本概念命题与知识网络间的节点联系的强度，强度的高低将最终决定知识网络节点是否参与文本理解的加工。此外，在建构过程中，由于所有的表征水平都没有考虑到文本的背景因素，因此所形成的基础表征也可能是不合适的。所以，读者阅读中需要一个整合的加工来从文本基础表征中排除那些不合适的成分。斯旺等人 [1][2][3] 从另一个角度出发，提出了一个事件指标模型来说明读者阅读中多维情境模型的建构。根据这一模型，事件是建筑情境模型的砖石。人们阅读句子时会建构一个句子所指的情境模型，它由一个动词来标志。每一个事件都能体现为 5 种维度的任何一种：时间、空间、实体、因果和意向。事件整合的容易度由它与已有情境模型共享的指标决定。[4]

2003 年，王瑞明等对情境模型中时间表征的理论假设、实验研究、技术手段及主要研究结论作了介绍和评析，并对未来的研究方向进行了展望。[5] 曾庆等的研究结果表明，在阅读需要进行简单推理的文本阅读中，读者对关键信息的整合是即时发生的，在这种情况下就符合更新追随假设理论所称的读者在阅读过程中会对信息进行不断的推理和整合。[6]

2004 年，迟毓凯通过实验验证了阅读情境模型中空间维度的非线性线索更新问题，结果表明阅读中情境模型空间信息的非线索实时更新是存在的，但要

①　Zwaan R A, Langston M C, Graesser A C. The construction of situation models in narrative comprehension: An event-indexing model [J]. *Psychological Science*, 1995, 6：292–297.

②　Zwaan R A, Magliano J P, Graesser A C. Dimensions of situation model construction in narrative comprehension [J]. *Journal of Experimental Psychology*: *Learning, Memory, and Cognition*, 1995, 21: 386–397.

③　Zwaan R A, Radvansky G A. Situation models in language comprehension and memory [J]. *Psychological Bulletin*, 1998, 123（2）: 162–185.

④　迟毓凯. 文本阅读中情境模型空间维度的非线索更新 [D]. 广州：华南师范大学博士学位论文，2002.

⑤　王瑞明. 情境模型中的时间表征研究 [J]. 应用心理学，2003（3）：47–53.

⑥　曾庆，莫雷，冷英. 文本阅读中简单推理情境下的信息整合 [J]. 应用心理学，2003，（12）：49–53.

实现这种更新则需要一定的条件。①并梳理了西方文本书中所达成的主要共识和尚存的争议问题，指出就文本标准的层次性方面而言，目前达成的共识是来自于金茨的划分，认为在文本阅读过程中可将其分为表层编码（surface code）、文本基础表征（textbase）和情境模型（situational model）3种不同层次的表征（表层编码包含对文本语句的解析，表征的是文本中的字、词、短语以及它们之间的语言学关系；文本基础表征是包含保持精确的文本意义的一系列命题；而情境模型则表征的是文本所说的内容或微观世界）。作为文本标准的最高形式，作为文本表征的高级形式，情境模型自身也包含着丰富的内容。一般认为，情境模型经常是在理解文本所表述的信息的过程中自发形成的。根据菲利普·约翰逊－莱尔德（Philip Johnson-Laird）的观点，一个情境模型至少整合了时间、空间、因果、动机和相关客体的信息。斯旺等人表达了类似的观点，他们认为，读者在理解中形成模型至少要考虑五个维度：空间、时间、实体、因果和意向。然而心理学家在如何理解文本阅读的加工历程上却存在很大的争论，主要形成了如下3种有代表性的观点：记忆基础文本加工观、建构主义文本加工观、情境模型多维加工观。②冷英等指出，在探讨阅读过程的信息加工活动的过程中，产生了多种理论与模式，当代西方语篇阅读研究的建构整合模型、建构主义模型和记忆基础模型沿着金茨提出的语篇表征三个层次理论，从各自不同的角度提出了对语篇阅读信息加工过程的看法。建构整合模型主要考察了语篇表征中课文基础表征建构的信息活动过程，建构主义模型和记忆基础模型主要探讨了语篇表征中情境模型的建构和更新过程。③

2005年，曲琛在其硕士学位论文中指出，在语言理解中的情景模型的建构是事件在真实生活中的间接体验，并分析了情境模型中的动态思维表征，指出动态心理表征的核心思想在于心理表征的时间性，然而，关于情境模型的五个维度，时间维度的确因其无所不在而具有特殊性，却不是建构心理表征的决定因素；动态心理表征的存在范围很广，不仅存在于场景内，还存在于分场景间以及独立场景间时空跨度相当大时内部时间间距不同于真实世界的时间，也许

---

① 迟毓凯，莫雷，管延华.文本阅读中情境模型空间维度的非线索更新［J］.心理学报，2004，（5）：290-297.

② 迟毓凯，莫雷，管延华，等.当前西方文本阅读研究的主要共识与争议［J］.心理科学，2004，（7）：937-939.

③ 冷英，莫雷，贾德梅.当代西方语篇阅读信息加工理论模型的演进［J］.心理科学，2004，（11）：1483-1485.

可以假设一个层级的动态表征模型。[①] 伍丽梅提出读者要建构情境模型，需要激活与当前文本信息有关的背景知识。其重分析了背景知识是如何表征的问题，得出主要有两种不同的解释：认知科学发展史上的传统理论命题符号理论认为，读者把当前文本中的语言信息转换成命题，然后根据主项把命题组合在一起，通过相关节点与长时记忆中同样是由命题构成的知识网络产生联系，从而实现背景知识的激活；20 世纪末提出新的知识表征理论——知觉符号理论认为知觉符号是认知的构成材料，长时记忆里储存的是由具有模式性、类似性的知觉符号所构成的仿真器。由于知觉符号理论强调表征与参照物的模拟关系，认为语言意义取决于它所在的情境，因此这种理论又被称为"具体化理论"。[②]

2006 年，王瑞明等指出关于课文阅读过程中情境模型建构和更新的具体机制，一直存在着理论争议，当前最典型的有两种：一种是建构主义的更新追随假设（here-and-now hypothesis）；另一种是记忆基础文本加工理论（memory-based text processing view），并通过实验总结出文本阅读中情境模型的建构和更新是一个双加工过程。在文本阅读中，读者根据所阅读的信息不同，会产生不同的信息加工活动，既会有记忆基础文本加工理论所支持的协调性整合，也会有建构主义的更新追随假设所支持的焦点整合。[③] 冷英等的研究结果总的表明：阅读过程长时记忆中目标信息的激活不需要与当前阅读信息发生共振，目标愈合情境是影响长时记忆目标信息通达的关键因素。[④]

2007 年，闫秀梅通过实验对于文本阅读情境模型中的空间因素做做了深入分析，指出：在图文范式下，读者所建构的空间情境模型既包含房间数目所体现的类别距离信息，又包含房间长度体现的几何距离信息；在纯文本范式下，读者可以根据文本的空间描述表征类别距离，构空间情境模型，但没有发现读者对几何距离进行表征的证据。在纯文本范式下，当文本空间描述比较复杂时，读者不建构基于类别距离的空间情境模型，只保持对所述内容的文本表征。[⑤] 王

① 曲琛.语言理解中的动态心理表征［D］.广州：华南师范大学硕士学位论文, 2005.
② 伍丽梅，莫雷，王瑞明.情境模型的实质：命题符号与知觉符号之争［J］.心理科学进展，2005,（7）：479–487.
③ 王瑞明，莫雷，贾德梅等.文本阅读中情境模型建构和更新的机制［J］.心理学报，2006,（1）：30–40.
④ 冷英，莫雷.长时记忆中文本目标信息的激活机制［J］.教育心理发展与教育，2006,（10）：35–43.
⑤ 闫秀梅.文本阅读中空间情境模型距离因素的探讨［D］.广州：华南师范大学硕士学位论文, 2007.

瑞明等指出，研究者普遍认为文本阅读过程实质上就是读者在头脑中建构起关于文本内容、层次及主题的表征系统的过程，这个过程不仅包括对一个个句子和词的理解，更重要的是要将当前加工的信息与文本先前的、不在读者当前工作记忆中的背景信息相整合，以形成局部与整体都连贯的心理表征。并且围绕着文本阅读过程中读者是否会即时地激活已进入长时记忆的文本信息并与当前阅读的信息进行整合，形成了建构主义理论、最低限度假设和记忆基础文本加工理论这三种基本的理论假设。最后，通过实验表明，文本阅读中背景信息的加工过程包括激活和整合两个阶段，这两个阶段相互独立但又紧密联系，激活是整合发生的前提，有整合必先发生激活，但激活发生后并不一定会发生整合；文本阅读过程中读者阅读时间的延长主要发生在整合阶段。[①] 李莹采用移动窗口阅读技术探讨记叙文理解中因果关系对于空间信息加工的作用结果表明，因果关系不但会影响文本中明显提及的空间信息的通达，更重要的是还能够促进空间情境模型的建构，并且情境模型的建构是为了保持故事因果连贯需要而进行的回溯建构。当故事结构不需要利用空间信息进行因果解释时，则不会在阅读中即时建构空间情境模型。[②] 同时，实验证明言语理解过程中能够产生与阅读理解有关的事物及其特征的知觉符号，并且知觉仿真是一个动态的加工过程，支持了知觉符号观，并进一步说明否定句理解中知觉仿真和知觉符号激活是一个动态的"两步走"的加工过程。[③]

三、小结

通过对于理解性教学的国内外研究进行分析，可以得出如下启示。

（一）理解性教学重要性得到了广泛认可，但系统深入研究较少

从文献中我们可以得出理解在教育教学中的重要性，以及以理解为核心的理解性教学意义得到了学界的广泛认可，但是系统深入的研究却较少。在国际范围内，TfU 模式影响最为广泛，但主要应用于网络课程教师培训领域，在国内，以江南大学的研究团队为主，对于语文、数学以及信息技术学科内的理解问题

[①] 王瑞明，莫雷，吴俊等.文本阅读中背景信息的加工过程：激活与整合［J］.心理学报，2007，（7）：589–601.

[②] 李莹，莫雷，王瑞明.记叙文中因果连贯对空间情境模型回溯建构的促进［J］.心理发展与教育，2007，（7）：79–88.

[③] 李莹，王瑞明，莫雷.否定句理解中知觉仿真的动态过程［J］.心理科学进展，2005，（7）：479–487.

进行了探讨，但是仍然缺乏系统深入的持续性研究。

（二）学生的前理解、教学对话、学生参与是理解性教学的关键因素

在已有的学术论文中，可以看出许多学者在探讨理解性教学策略的过程中，都谈及了前理解、教学对话和学生参与这几个要素。理解的结果在于唤醒学生的体验，在于教学对话中各方的视域融合，在于学习者知识和意义的重建和生成；需要寻找学生前理解与理解的障碍；理解性教学活动要以问题为中心来组织，教学指导则要以不同课型的特点为基础来进行，等等。这对于本书的启示在于，在理解性教学过程中，需要以学习者为中心，关注学习者的已有知识、主动参与等有助于促进学生理解过程的影响因素。

第二节 语言学视角下的理解性教学

一、国外研究观点

本书的主要关注对象为藏族学生，关注内容为藏族学生的汉语学习，而藏族学生的汉语学习属于第二语言的范畴。这里有两个相似的容易混淆的概念，即"第二语言"和"外语"。所谓第二语言，根据汉斯·施特恩（Hans Stern）教授在其著名的《语言教学的基本概念》（*Fundamental Concepts of Language Teaching*）一书中所进行的界定，被认为具有两个特征：首先是指语言学习的顺序，第二语言是在习得本族语后习得的语言；其次是指掌握语言的程度，第二语言的实际掌握程度或水平低于第一语言，"第二"有较弱的意思，"第二语言"的概念是相对"第一语言"而言的。施特恩教授从地理环境和语言功能的角度对于"第二语言"和"外语"进行了区分，认为第二语言是用来指在一个国家内学习和使用的非本族语，在国家内通常具有官方的地位或公认的作用，而外语通常指的是学习和使用一种在国土疆界之外的言语社团的语言，通常不具有官方的地位和公认的作用。[①]

然而第二语言和外语的概念常常被混淆使用，在我国，一般而言主要包括两类情况，即英语作为第二语言的研究和汉语作为第二语言的研究。英语作为

---

① 转引自：吴勇毅.不同环境下的外国人汉语学习策略研究［D］.上海：上海师范大学博士学位论文，2007.

第二语言的研究主要是针对国内大中小院校的英语教学过程（也称为外语教学）；汉语作为第二语言的研究指的是对已经掌握了一种第一语言非汉语的人进行的汉语教学活动，主要包括两种形式，即以汉语为非母语的少数民族学习汉语的教学，也称为"对内汉语教学"，以及以外国人为学习汉语的"对外汉语教学"两种类型，这两种类型统称为"汉语作为第二语言教学"。① 在本书中，主要的关注领域是以国内汉语为非母语的少数民族的汉语教学，根据施特恩教授的定义，也属于严格意义上的第二语言教学，因此研究现状的文献查询也集中在少数民族的汉语教学领域。但是英语作为第二语言的外语教学研究成果，也会对本书产生一定的影响和借鉴作用，因此在后续相关文献的表述中，不再对这两个概念做细致的区分，均以第二语言进行表述。

第二语言习得研究作为一门独立的学科形成于 20 世纪 60 年代末至 70 年代初，这一领域的研究是为了系统地探讨第二语言习得的本质和习得的过程。其主要的研究理论随着社会的发展，每个阶段都有所侧重，具体而言，主导的研究理论包括以下几种。②

早在1957年，罗伯特·拉多(Robert Lado)就提出了"对比研究理论"(contrastive analysis)，该理论体现了行为主义的习得观，认为语言之间的差异是第二语言习得的障碍和阻力，第二语言习得的过程就是克服母语干扰，形成一套新的语言习惯的过程。③

20 世纪 60 年代末，斯蒂芬·科德（Stephen Corder）提出了"偏误分析理论"（error analysis），不同于对比研究，该理论是认知心理语言学在语言习得研究中的体现，其关注学习者的语言错误，进而对产生错误的原因开展探究和研究④；1972 年，拉里·塞林克（Larry Selinker）提出了"中介语理论"（interlanguage theory），该理论的提出是对偏误分析了仅针对学习者的错误而没有关注第二语言习得全面过程的局限性，中介语是学习者在接触到的目标语基础上构建起来的独立的语言体系，既有别于母语体系，也有别于目标语

---

① 林秀艳. 西藏中小学汉语教学的理论与实践研究［D］. 北京：中央民族大学博士学位论文，2010.

② 〔英〕Diane Larsen-Freeman，〔英〕Michael H. Long著，蒋祖康导读. 第二语言习得研究概况（ *An Introduction to Second Language Acquisition Research* ）［M］. 北京：外语教学与研究出版社，2000：F16–F21.

③ Lado R. *Linguistics Across Cultures : Applied Linguistics for Language Teachers*［M］. Ann Arbor: University of Michigan Press, 1957.

④ Corder S P. The significance of learners' errors［J］. *International Review of Applied Linguistics*, 1967, 5: 160–170.

体系，主要特征是具有过渡性 ①；20 世纪 70 年代末 80 年代初，斯蒂文·克拉申（Stephen Krashen）提出了"监控理论"（monitor theory），其核心是五项基本假说：语言习得与学习假说、监察假说、自然顺序假说、语言输入假说和情感过滤假说。该理论强调可理解性输入是语言习得的必要条件。②20 世纪 80 年代到 90 年代逐渐成为主流的是以普遍语法为理论基础的研究，普遍语法理论的一个基本观点是：人们的语言知识是无法单纯地从所接触到的语言材料中获得的，普遍语法是人大脑中固有的，是天生的。基于此，艾弗拉姆·乔姆斯基（Avram Chomsky）在 20 世纪 80 年代提出了"原则和参数理论"（principles and parameters in syntactic theory），指出语言习得机制中的普遍语法是由原则和参数构成的。③

在这些理论中，具有广泛影响力的当属克拉申所提出的可理解性输入理论和梅里尔·斯温（Merrill Swain）的可理解输出假设理论。这两大理论从信息加工的角度有效指导了第二语言信息输入到输出的加工过程。作为本书的主要理论依据之一对此做重点分析。

（一）斯蒂文·克拉申的可理解性输入理论

克拉申是美国南加利福尼亚大学语言学系教授，从 20 世纪 70 年代中期以来一直从事语言习得理论方面的研究，并从语言习得的角度研究第二语言习得和外语教学的原则，见解独到。虽然国外学术界对他的理论褒贬不一，但克拉申的理论被认为"可能是现有的最全面的、最可接受的一种理论"。其代表性的著作《第二语言习得和第二语言学习》（*Second Language Acquisition and Second Language Learning*），首次系统而全面地阐述了关于成人第二语言习得的监控理论。他曾荣获美国现代语言协会授予的 1981 年米尔登伯格奖（Mildenberger Medal）。

克拉申的第二语言习得理论则由以下五个假设组成。

1. 习得与学习区分假设

习得与学习区分假设（acquisition–learning distinction）是五个假设中最基本

① Selinker L. Interlanguage［J］. *International Review of Applied Linguistics*, 1972, 10: 209–241.

② Krashen S. Some issues relating to the monitor model［A］. *In* Brown H, Yorio C, Crymes R. *Teaching and Learning English as a Second Language : Trends in Research and Practice : On TESOL, 77 : Selected Papers from the Eleventh Annual Convention of Teachers of English to Speakers of Other Languages*［C］. Miami, Florida, April 26th-May 1st, 1977. Washington, DC : Teachers of English to Speakers of Other Languages, 144–158.

③ Chomsky N. Principles and parameters in syntactic theory［A］. *In* Hornstein N L, Lightfoot D (eds.). *Explanation in Linguistics : The Logical Problem of Language Acquisition*［C］. London, New York: Longman, 1980, 32–75.

的假设。它认为成人发展外语能力依靠两个途径：一是语言习得，类似于幼儿学习母语，这是一种下意识的掌握语言的过程；二是有意识地学习语言规则，称为"语言学习"，而要使学习者很好地理解语言输入，就要让他们像儿童一样意识不到自己在学习。因此，输入假说研究的是习得，而不是学习。

2. 自然顺序假设

关于自然顺序假设（natural order hypothesis），克拉申认为，儿童或成人，无论学习母语还是学习第二语言，都按一种可预测的顺序习得语法结构，不管学生的第一语言是什么，不管其文化背景多么不同，但他们掌握英语作为第二语言的语法词素的一般顺序是大致相同的。克拉申认为语言习得最重要的就是有足够的可理解的输入。只要有足够量的可理解输入，必要的语法就会自然而然地被习得。

3. 监控假设

监控假设（monitor hypothesis）认为，语言习得和语言学习在成人发展第二语言能力中所起的作用各不相同。

4. 输入假设

输入假设（input hypothesis）是在区分习得和学习的基础上提出来的。克拉申认为这是他整个习得理论中最重要的部分，克拉申把输入假设概括为如下四点：第一，输入假设与习得有关，与学习无关；第二，通过理解含有稍稍超出学习者现有语言能力的结构的语言（$i+1$），才可习得新的语言结构；第三，当交际成功时，即理解输入时，$i+1$ 就会自动包括在内；第四，说话能力自然产生，不能直接教会。

5. 情感过滤假设

情感过滤假设（affective filter hypothesis）。这些因素分为 3 类：①动机。通常动机强的学习者习得更多。②自信心。自信心强的学者习得更多。③焦虑程度。焦虑程度低有助于第二语言习得，无论从个人或整个课堂来说都是如此。[①]

其中输入假说又是克拉申"监察模型"的核心部分，因为这个假说主要回答了语言习得是如何产生的以及怎样才能习得语言这个重大问题。输入假说的内容包括如下三个特点：语言必须是习得的，而不是学得的；可理解性语言输

---

① Krashen S. *Principles and Practice in second language Acquisition* ［M］. Oxford：Pergamon Press Ltd，1982.

入是语言习得的关键；语言输入必须遵循"$i+1$"原则。[①]

（二）梅里尔·斯温的可理解输出假设

与克拉申的可理解性输入理论相对，并且也在第二语言学界产生了广泛影响的是斯温的可理解输出假设（comprehensible output hypothesis）。斯温总结性地列出了输出的 3 大功能：①验证假设的功能。学习者能够根据交际方的反馈验证输出的可理解性以及语言表达的准确性，从而增加输出的准确性。②元语言功能。"当学习者对自己的目的语使用情况进行反思时，他们的输出就发挥了元语言功能，使他们能够控制和吸收语言知识。"③强调注意的功能。"在某些情况下，产出目的语的活动可以激发二语学习者意识到自身的一些语言问题，同时也使他们能留意他们仍需要去发现的二语中的某些东西。"[②]

有许多学者对于第二语言的输入输出理论做了实证研究，进一步证明了理论的有效性。例如，赫伯特·塞利格（Herbert Seliger）将学习者分为两大类：高输入生产者（high input generators）和低输入生产者（low in put generators）。高输入生产者往往是场独立型的（field independent）学习者，较多地参与课堂互动交际，低输入生产者则相反。[③]孙艳、王大伟通过输出式口语教学和非自然输入式口语教学的对比实验研究证明：输入在口语发展的过程中占首要地位，输出占次要地位；以大量词汇和短语为核心的非自然输入能迅速提高表达能力；操练是第二性的，但复用操练有助于已理解的输入转换成复用能力。[④]这些理论研究都为本书的践行提供了参考和借鉴的依据。

二、国内研究观点

就国内关于少数民族汉语教学研究的情况而言，在中国知网（CNKI）中以"少数民族"和"汉语"为主题关键字搜索，本书主要分析了在 1982 ～ 2012 年这 31 个完整的年度内，研究发表论文情况年度分布，见图 2-3。

① 王大欢.浅析克拉申的输入假说［J］.海外英语，2012，（2）：264–265.

② 肖英.近十年国外第二语习得中输入与输出研究述评［J］.南通工学院学报（社会科学版），2002，（12）：101–103.

③ Seliger H. Does practice makes perfect? A study of the interaction patterns and L2 competence［J］. *Language Learning*, 1977，（27）：263–278.

④ 孙艳，王大伟.输入与输出对口语发展的影响——两者教学效果的对照与研究［J］.外语界，2003，（3）：31–35.

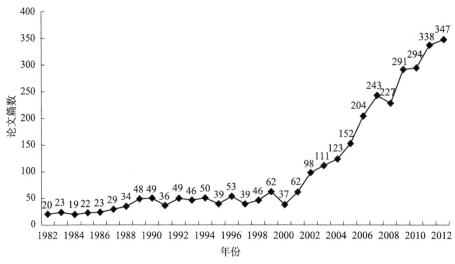

图2-3　少数民族汉语教学国内研究文献分布图

（一）研究关注持续升温

从图 2-3 中可以看出其研究源远流长，在这 30 年的历程中，由 1982 年的 20 篇文献到 2012 年的 347 篇文献，研究总量提升了 17 倍，可以证明对于少数民族汉语言学习的研究趋势稳步上升，其中并未出现不平稳的波动情况。从 2000 年开始关注热度急剧增多，并首次开始出现了系统的学术论文研究。

（二）不同少数民族地区的汉语教学现状不同

不同的少数民族会具有自身的特殊性，从文献调研中可以看出不同少数民族地区对于民汉双语教学的研究现状程度不一，其中关于新疆维吾尔族等的民汉双语教学研究数量最多，约有 59.04% 的文献探讨了新疆及维吾尔族的汉语教学相关问题；而对于藏族地区民汉双语教学的研究较少，只有大约 3.06% 的文献进行了系统研究。这种现状有效地证明了笔者研究的意义，可以对这个相对薄弱的领域做出一定的贡献。

（三）研究内容以教学现状和教学实践研究为主

为了更好地分析少数民族汉语教学相关研究的现状，笔者基于内容分析方法对每篇文献的研究内容侧重点做了归类分析，主要的研究内容归类可以分为教学现状研究、教学实践研究、教学评价研究、教学模型研究、教材分析、技术应用、认知心理相关研究、教师素养研究、语言分析研究、文化分析相关研究以及如政策导向等其他研究共 11 个类目，见图 2-4。

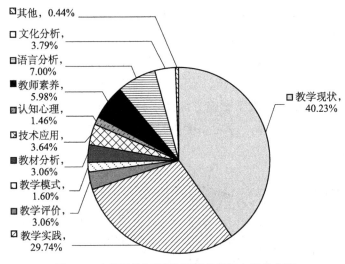

图2-4　少数民族汉语教学研究现状内容分布图

　　就内容分析来看，约有 40.23% 的研究主要探讨民汉双语教学现状的问题，包括对于某一少数民族地区的民汉双语的教学现状、民汉双语应用情况等做一调研，并从中观层面提出相应的策略建议，例如，敖登高娃就对内蒙古自治区蒙古族学生进行汉语教学与对外汉语教学作了对比分析，认为对外汉语教学中关于语音、语法的教学措施效率高，教材有针对性、实践性、科学性和趣味性。[①]马春秀在调查的基础上，通过大量事实，论证云南省德宏傣族景颇族自治州实施双语教学的必要性与可行性，寻找双语教学存在问题的原因，提出相应的对策，从而为有关部门的决策提供一定的参考，并提出了如营造社会重视双语教学的大环境，加强师资培训，重视语言学、教育学、心理学理论在教学中的作用等一些对策[②]；付安权对于东乡族汉语学习困难因素进行了深入分析，如建立了东乡族小学生汉语文学习困难语言点语料库，总结出小学低年级存在发音困难，中年级存在词汇理解困难，高年级存在写作困难。在对困难进行归因分析的基础上，最后从政策、教材等方面给出了相应的策略建议。[③]

　　其次，约有 29.74% 的文献是基于实践的教学研究。基于教学实践的研究

　　① 敖登高娃. "对外汉语教学"的若干做法对少数民族汉语文教学的启示［J］. 内蒙古师范大学学报（哲学社会科学版），1998，（8）：92–94.
　　② 马春秀. 德宏傣族景颇族自治州双语教学的必要性和可行性研究［D］. 昆明：云南师范大学硕士学位论文，2006.
　　③ 付安权. 东乡族小学生汉语文学习困难与教学对策研究［D］. 兰州：西北师范大学硕士学位论文，2002.

是研究的重点，也是本书所关注的领域，因此为了进一步了解具体的研究内容，笔者对于教学实践类的研究文献做了进一步的细分，结果见图2-5。部分研究是从汉语教学内容上做了分类，主要的关注对象包括口头表达、词汇、听力、语法、语感、语音、书写（笔画）、写作、阅读和交际这10个主要的研究对象。此外，还有部分研究是从整体的教学影响方面做了分析，包括教学障碍因素研究、教学策略研究、教学效果研究、学习态度研究等四个主要的研究侧重点。

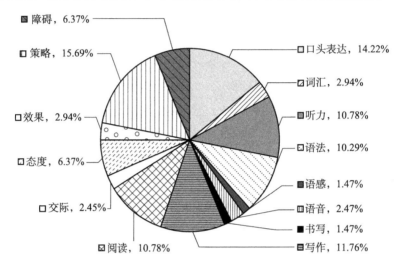

图 2-5　少数民族汉语教学实践研究内容分布图

从教学实践维度中主要内容的侧重点进行分析，基于传统的听、说、读、写的分类，这四个主要研究领域相关的文献也较多，其中14.22%的文献对少数民族学生汉语的"口头语言表达"进行了关注，许多教师结合自身的教学经验进行了分享，例如，乃孜兰针对汉语教学中少数民族学生的语言表达，提出了说字词、说中心、说文章三种可操作性的训练方法 [①]；其次，对于教学内容中主要的研究类别"听力"和"阅读"，也有许多教师和学者进行了深入的分析，文献篇章数量均约占教学实践类文献的10.78%。例如，梁伟指出，根据汉语的特点，听辨语音的能力可以从以下几个方面加以训练：区分容易混淆的音、区分声调、区分同音词、区分语调、区分轻重音等。[②] 阅读领域的研究，与阅读能力的提升

———————————

① 乃孜兰.浅谈汉语教学中如何提高少数民族学生的语言表达能力［J］.新疆广播电视大学学报，2007，（2）：42-44.

② 梁伟.谈如何培养少数民族学生的汉语听力能力［J］.民族教育研究，2001，（3）：79-82.

和阅读策略的培养等联系在一起，白丽娟指出课前精心准备是提高民族学生汉语阅读能力的前提，课堂教学是提高民族学生汉语阅读能力的主线，朗读是提高学生汉语阅读能力的重要途径，良好的语言环境是提高汉语阅读能力的基础，良好阅读习惯的养成是提高汉语阅读能力的保障。① "写作"内容同样也是关注的重点，约有 11.76% 的文献做了相关的分析，例如，顾英华对新疆少数民族学生作文中的汉语语句偏误进行了系统的分析，指出汉语作文中出现的偏误主要有以下四种类型：词语偏误、语法偏误、语用偏误、语篇偏误。② 除此之外，近几年的研究中对于汉语教学内容做了进一步的细分，包括对汉语书写顺序的研究、语感培养的研究等，例如，哈琴分析了蒙古族学生汉字笔顺错误形成的原因，并提出了相应的解决对策。③ 李春玲指出，培养少数民族学生的汉语语感应该在教学中营造良好的语言环境，加强学生的言语实践活动，重视汉语基础知识、汉文化知识的学习等。④ 孙红分析了汉语词汇教学研究，指出在新课改框架下，汉语教师进行词汇教学时，要确立以词汇教学为中心的主导思想，把以词汇教学为主体的意识贯穿于阅读和写作的始终，在语素和构词法理论的指导下进行词汇教学，充分开发运用词汇教学中的基本训练策略，使词汇教学步入快速发展的轨道。⑤ 这种类别的细致深入研究，表明对于汉语教学的研究逐步专业化、系统化。

对于教学实践类的相关研究，还有一部分是根据整体的教学影响因素等方面做了探索，如约有 15.69% 的文献对于少数民族汉语教学策略的研究进行了探讨，就像安德源对少数民族大学生汉语词典使用策略进行了调查，对存在的问题进行了分析并提出解决策略⑥，吕晓娟对于藏族学生汉语文学习进行了行动研究，提出开展"综合活动课"是提高藏族小学生汉语水平的有效途径；引导教师参与教育行动研究，以行动带动教师观念的转变，是促进教师教学，解决教育实际问题，推动教育实践发展的重要手段；协调好研究者与学校领导、教师、学生之间的关系，是行动研究顺利开展的重要保证；提倡在教学中适当地组织活动，

① 白丽娟.如何培养民族学生的汉语阅读能力［J］.中国民族教育，2011，（8）：42–43.
② 顾英华.少数民族学生作文中的汉语偏误分析及思考［J］.中南民族大学学报（人文社会科学版），2005，（5）：378–380.
③ 哈琴.少数民族学生汉字笔顺错误及对策探究［J］.教育教学论坛，2012，（12）：194.
④ 李春玲.培养少数民族学生汉语语感的有效途径［J］.中国民族教育，2007，（5）：27–29.
⑤ 孙红.新课改条件下朝鲜族高中词汇教学的现状及思考［D］.大连：辽宁师范大学硕士学位论文，2008.
⑥ 安德源.少数民族大学生汉语词典使用策略实证研究［J］.民族教育研究，2009，（2）：33–37.

并不意味着完全用活动取代知识的讲授，活动的安排一定要适量。① 还有大约 6.37% 的文献是关于少数民族汉语教学障碍因素分析和学习态度的研究，例如，王薇从客观环境、主体意愿及汉语本体特点出发就少数民族学生汉语学习的焦虑问题进行研究发现，生源地差异、教学方法问题和汉语特点是造成学生焦虑的源头，而决定语言习得成败的是学习者自己，应通过教与学两方面共同协作消解焦虑。② 这些文献是从学科教学的角度进行了深入探讨，为本书的展开提供了坚实的基础，但是这些文献也是对于传统教学环境中教学进行分析，并没有设计时下已经普及的信息化教学过程，而这也为本书提供了得以拓展的新领域。

此外，还有 7% 的文献对于汉语言本身进行了分析，例如，鲜红林对比分析了汉语和维吾尔语语音，对于针对新疆少数民族学生开展的汉语教学有一定指导作用③；有 3.79% 的文献深入分析了文化因素对于少数民族汉语教学的影响，例如，沙平提出第二语言教学文化导入的作用不仅仅在于帮助学习者正确理解目的语交际的表层信息，其更为深刻的意义在于，拉近学习者与目的语文化之间的社会及心理距离，诱导学习者对目的语产生良性的学习动机，从而实现成功的第二语言学习。④ 陈光磊曾指出，第二语言教学，尤其是在汉语文作为第二语言的教学中，需要导入的文化因素包括：①习俗文化，即是贯穿在日常社会生活和交际活动中由于风俗习惯而形成的；②思维文化，即是由思维方式形成的，如横向思维与纵向思维的语言表现；③心态文化，即是民族心理和社会意识所渗透于文化中的，如价值观等；④历史文化，即是由文化的历史发展和遗产的积累所造成的；⑤汉字文化，这是中国文字的特点带来的，在教学中适当说明造字和用字的心理及其所具有的文化信息。⑤ 还有 3.06% 的文章深入探讨了少数民族类汉语教材和教学评价方面的内容，例如，宋丽霞依据蒙古族初中汉语教学的实际情况，借鉴基础教育改革的先进理念，为初中汉语文教材重构指导思想并设计全新的编写框架⑥，等等。这些文献主要是从宏观和中观的角度对双语教学进行了探究，对于实施现状、意义、模型等方面给予了发展建议。

---

① 吕晓娟. 藏族小学汉语文教学之行动研究［D］. 兰州：西北师范大学硕士学位论文，2003.

② 王薇. 少数民族学生汉语学习的焦虑及其消解策略［J］. 东北师范大学学报（哲学社会科学版），2012，（6）：140–143.

③ 鲜红林. 汉维元音对比对汉语教学的启示［J］. 才智，2011，（3）：129.

④ 沙平. 论第二语言教学的文化导入［J］. 福建师范大学学报（哲学社会科学版），1999，（1）：96–101.

⑤ 陈光磊. 语言教学中的文化导入［J］. 语言教学与研究，1992，（9）：19–30.

⑥ 宋丽霞. 论蒙汉双语教学初中汉语文教材的重构［D］. 呼和浩特：内蒙古师范大学硕士学位论文，2005.

结合信息技术工具进行的相关研究只占研究总量的 3.64%，例如，召那苏图等在内蒙古少数民族地区（以蒙古族为主）与当地小学的师生共同进行了大量的教学实践，提出运用多媒体手段，合理开发利用汉语文课程资源、激发学习兴趣，获得鲜明印象，调动乐学情感、利用多媒体教学手段可以减少教学时间，提高教学效果的经验总结[①]；杨哲萍从概率论和数理统计的方向对于应用少数民族汉语学习的智能机器人做了开发设计[②]；李彭曦对于其团队开发的多媒体识字教学系统的应用效果做了实验验证，得出信息技术应用教学的有效案例。[③] 这类研究涉及了信息技术在少数民族汉语文教学中的应用，对本书具有一定的启发意义，但是文章数量太少，这与信息化日益普及的教学环境发展不符，因此更加证明了本书的意义和价值。

三、小结

对于少数民族第二语言教学的研究而言，更多地停留在现状调研的基础上，例如，对双语使用程度的调研、学习态度的调研等，而教学实践类的研究也较多的是根据教学现状所做的问卷分析策略提出，深入学科课堂的实证性研究较少。由于语言障碍和环境因素，少数民族教师接受培训交流的机会较之于普通地区的教师偏少，而如果没有深入内部的调研，就很难对少数民族第二语言教学过程进行很好的指导，因此该部分的空白也成为本书研究的立足点。

第三节　文化学视角下的理解性教学

我国是一个少数民族众多的国家，作为中华民族的一分子，各个方面都有相似性，但是又由于居住区域和历史发展的不同，各民族生活、文化各有不同。正如斯大林曾指出的："必须注意到结合成一个民族的人们在精神形态上的特点。

---

① 召那苏图，陈梅，乌云其木格等.信息技术教学手段在蒙古族学生学习汉语言中的应用研究［J］.民族教育研究，2004，（4）：87-90.

② 杨哲萍.网络聊天机器人在少数民族汉语教学中的关键技术研究［D］.北京：中央民族大学硕士学位论文，2012.

③ 李彭曦.多媒体字源识字教学系统在藏汉双语教学中的应用研究［D］.重庆：西南大学硕士学位论文，2008.

各民族之所以不同，不仅在于他们的生活条件不同，而且在于表现在民族文化的特点上的精神形态不同。"① 在教育教学过程中，关注民族差异性，可以有效地进行因材施教，不仅有助于效果教学的改善，同样有利于各民族的团结和融合。

一、国外研究观点

（一）文化现象的分类研究

荷兰文化大师吉尔特·霍夫斯泰德（Geert Hofstede）教授曾指出，当教师和学生来自不同文化背景时，就可能产生矛盾，并且在大量调研的基础上，提出了评价文化差异的 4 个维度：个人主义与集体主义（individualism versus collectivism）、权力距离（power distance）、不确定性避免（uncertainty avoidance），以及男性度与女性度（masculine versus feminality）。② 随后，受到来自香港中文大学的彭迈克（Michael Bond）的影响，彭迈克对于亚太地区国家学生的价值观进行调研，分析了儒家思想的影响。③ 基于此，霍夫斯泰德将这个维度视为对以前 4 个维度的补充，为了更广泛的适应性，修改增添了第五个维度：长期导向与短期导向（long-term versus short-term orientation）。这 5 个维度组成了完整的国家文化模型，在评价国家文化价值方面得到了广泛的应用。然而，对于性别、代际以及阶层的文化的评价只在一定程度上可以由国家文化的维度进行划分，这是因为它们是社会系统内部的不同类别，而不是完整的社会系统，像国家或种族群体那样。在讨论性别、代际以及阶层的文化时，应该基于对这些文化的具体研究，从它们自身的角度交易进行描述。④

佛萝伦丝·克拉克洪（Florence Kluckhohn）与弗雷德·斯多特贝克（Fred Strodbeck）的价值取向观：所谓的价值取向是指复杂但确定的模式化原则，与解决普通人的人类问题相联系，对人类行为和思想起着指示与导向作用。这一模式包括了 5 个价值取向：①人性取向（包括 3 个方面，即人性本恶、人性本善、

---

① 斯大林全集（第二卷）[M].北京：人民出版社，1953：294.
② Hofstede G. Cultural differences in teaching and learning [J]. *International Journal of Intercultural Relations*, 1986：301-320.
③ Hofstede G, Bond M H. The confucius connection: From cultural roots to economic growth [J]. *Organizational Dynamics*, 1988：5-21.
④ 〔荷兰〕吉尔特·霍夫斯泰德（Geert Hofstede），〔荷兰〕格特·扬·霍夫斯泰德（Gert Jan Hofstede）.文化与组织——心理软件的力量（第二版）[M].李原，孙健敏译.北京：中国人民大学出版社，2010：36.

人性善恶兼而有之）；②人与自然的关系取向（存在 3 种潜在的关系，即征服自然、与自然和谐相处、服从自然）；③时间取向（可以分为三种，过去取向，即强调传统和尊重历史，现在取向，即通常注重短期和眼前，未来取向，即强调长期的变化）；④活动取向（人类的活动取向有 3 种，即做、存在和成为）；⑤关系取向（人类在处理人与人之间的关系时存在 3 种取向，即个体主义取向、等级制取向与附属性取向）。克拉克洪与斯多特贝克认为，不同民族和国家的人在这五大问题上有相当不同的观点，并且这些不同观念会显著地影响他们生活和工作的态度及行为。[①]

爱德华·霍尔（Edward Hall）和米尔德丽德·霍尔（Mildred Hall）从实践的角度提出了他们的文化模式，包括四个差异维度：快信息和慢信息（fast and slow messages），表现为有些文化中交朋友所需的时间比另一些文化中短，因为易熟知是快信息的表现；领土（territoriality），领土与物理空间的组织有关，领土维度是人们对自身周围事物的空间感和物质感，也是权力的标志；个人空间（personal space）是指一个人与他人保持多远的距离才会舒服；多维度时间取向和单维度时间取向（monochronic and polychronic time），这与一个人的时间结构有关，单维度时间取向指一次只做一件事情，按照计划一件一件地做，不同的任务被安排在不同的时间去完成，时间是实用性的，被认为是浪费、节省时间；多维度时间取向文化人由于人的高度参与，许多任务被同时完成，这就意味着与坚持计划相比更注重与他人的关系。[②]

塔尔科特·帕森斯（Talcott Parsons）在与爱德华·席尔斯（Edward Shils）等人合著的《一般行动理论刍议》（*Toward a General Theory of Action*）一书中提出了模式变量，用于区分行动者在互动过程中主观取向和社会系统性质类型学工具，可作为描述和分析不同社会及其价值观和规范的方法。它包括五个维度：①情感与情感中立（affectivity vs. affectivity –neutrality），是指在与他人的关系中，是按满足当下情感的方式行事，还是在行事时保持情感的中立性，在情感取向的社会里，人们即时表达情感的满足感，而在情感中立取向的社会里，人们通过自我控制把满足感的表达推至将来。②特殊性和普遍性（particularism vs. universalism），指的是在与他人的关系中，行动者是按普遍的规则行事，还是按自己的某种特殊参照方式行事。普遍取向的人们在彼此的交往中通常有一个标

---

① 转引自：严明主编.跨文化交际理论研究［M］.哈尔滨：黑龙江大学出版社，2009：43-51.

② 转引自：严明主编.跨文化交际理论研究［M］.哈尔滨：黑龙江大学出版社，2009：52-53.

准的模式，倾向于在不同场合以同一种方式与陌生人交往；而特殊性取向的人们在交往时常根据场合的不同而不同，即倾向于在不同场合以不同的方式同陌生人交往。③扩散性与专一性（diffuseness vs. specificity），指的是与他人的关系限制在特定的具体范围里，还是处于宽泛的、不单一固定的范围里，如果双方全部投入到互动关系之中，相互给予或取得满足是广泛的和不受限定的，那么这类互动选择了扩散性，其特征是被要求一方有义务解释这一要求无法满足的理由，相反，互动双方之间的义务是狭窄的并被明确限定，就意味着选择了单一性,其特征是提出要求的一方有证明这项要求的义务。④品质与成就（ascription vs. achievement），是指在与他人的关系中，是注重他的表现与成就，还是注重某些与生俱来的性质。⑤集体取向和自我取向（collectivity vs. self）涉及互动中考虑的是哪一方的利益，集体取向意味着将自身利益置于优先的地位，而集体取向则有限考虑对方或整体的利益。①

胡文仲先生把文化分为显性的和隐性的，显性的文化指服装、音乐、饮食、礼仪等，隐性的文化指价值取向、时空观念、人际关系、交际模式等。②

魏春木、卞觉非从文化功能的角度将文化项目进行了细致的划分，他们以现代文化、主导文化、小文化为主作为文化项目的划分范围，然后把文化项目划分为文化行为项目和文化心理项目两大部分，文化行为又分为介入性文化行为和非介入性文化行为；文化心理项目又包括属于社会价值观念的、属于人生价值观念的、属于伦理价值观念的和属于自然的，并且层层划分，最终得出114项文化项目的名称。③

（二）多元文化理论

詹姆斯·班克斯（James Banks）当之无愧的是多元文化教育领域在当代的最高代表人物，现为华盛顿大学多元文化教育中心主任，而且是全美教育研究会的前任主席和国家民族研究会的会长，先后撰写和主编了15本多元文化教育和社会研究的著作。其经典代表作为《多元文化教育研究手册》（*Handbook of Research on Multicultural Education*）。④

1. 多元文化的划分类型

教育中多元文化的类型有以下几种划分方式。

---

① 转引自：严明主编.跨文化交际理论研究［M］.哈尔滨：黑龙江大学出版社，2009：53-55.
② 胡文仲.跨文化交际学概论［M］.北京：外语教学与研究出版社，1999：87-90.
③ 魏春木，卞觉非.基础汉语教学阶段文化导入内容初探［J］.世界汉语教学，1992，（1）：54-60.
④ 王鉴，万明刚主编.多元文化教育比较研究［M］.北京：民族教育出版社，2006：234.

（1）以由远及近为标准划分的文化类型

高尔顿·奥尔波特（Gordon Allport）按由远及近、由外到内的标准把教育中的多元文化分为人类文化、种族文化、民族文化、国家文化、城镇文化、邻里文化、家庭文化。

（2）以共享范围为标准划分的文化类型

堂娜·戈尔尼克（Donna Gollnick）和菲利普·琴恩（Philip Chinn）首先把教育中的文化类型划分为宏观文化和微观文化，然后在此基础上进一步说明。戈尔尼克和琴恩指出，宏观文化是一个国家或地区共享的文化，生活在其中的人都或多或少地拥有这种文化的价值和特征；微观文化是各社会群体内部所共享的文化要素和文化形式，它是在宏观文化的基础上发展起来的。由于各社会群体有着自己不同的政治和社会结构，它们也就形成了各具特色的文化特征。这样，每一个人在具有宏观文化的某些特质的同时，也在其所属的群体中习得了微观文化价值和行为方式。[①]

（3）以文化的普遍性与差异性为标准划分

陈奎熹指出，还有人依据文化的普遍性与差异性把多元文化分为普遍文化和特殊文化。这种区分者认为，文化的差异性不仅存在于文化与文化之间，同时也存在于同一文化之中，他们把文化分为三种类型：①普遍文化。这种文化是指社会成员全体一致参与和接受的文化，换言之，就是全体成员所共享的文化，由于普遍文化的存在，社会才能整合为一体。②选择文化。这种文化是指某种生活方式或行为，社会并未硬性规定，因此成员在行动时有充分选择的余地。③特殊文化。这种文化是指只有少数人参与的文化成分，换言之，仅适合于某种特征的个人或群体参与的文化。

（4）以宏观和微观的标准进行划分

班克斯将文化做了宏观和微观文化的区分，并进而将微观文化分为以下8个类别：种族或民族来源、社会经济水平、地域、城镇农村、宗教、性别、年龄、特殊性。[②]

2. 多元文化的基本观点

文化多元论观点认为：①要重视由于特殊文化影响所造成的学生和学习态

---

① Gollnick D M, Chinn P C. *Multicultural Education in a Pluralistic Society* (6th Ed.)［M］. Upper Saddle River, NJ, Columbus, OH: Merrill/Prentice Hall, 2002.

② 郑金洲. 多元文化教育［M］. 天津：天津教育出版社，2004：47–51.

度等方面的差异问题。在以往的教育中，叙述的学习形态都是相同的，忽视了学生在学习态度等方面的差异，并且教材中只反映了主流文化的经验，导师的结果是那些来自于非主流文化或其他文化的学生无法有效地学习。②消除学校文化传递中的种族——民族倾向，教育中传递的所谓共同文化，不过是国家主流文化的同义词，忽视了国家中其他民族、其他群体的文化。这种做法实际上暗含着以下假设：非主流文化或亚文化会使其成员在共同文化中难以生存、运作，因而是有缺陷的，不应予以提倡。③应设法改变因文化差异导致学生学习困难的状况。在教育中由于过度的强调整合和同化，很大程度上忽略了文化间真正的差异。无论以何种理由，都不应该忽视这些差异，而要注意从这些差异入手，改变学习困难学生的状况。①

3. 多元文化理论对于教学的影响

正如乔恩·尼克松（Jon Nixon）在其《多元文化教育导引》（*A Teacher's Guide to Multicultural Education*）②一书中指出的，在当代社会中，文化多样性的形式几乎是无穷无尽的，文化在地区和地区之间不同，在学校与学校之间不同，甚至在儿童与儿童之间也不同。作为多元文化教育来讲，应该促使人们对文化间的这些差异性进行思考，并进而发现自身与其他人之间的文化多样性。③多元文化的视角为教学提出了许多新的要求，美国学者卡尔·格兰特（Carl Grant）和克莉丝汀·斯莱特（Christine Sleeter）等曾提出七项有关的原则④：①要相信不同文化学生的认知能力，来自不同文化背景的学生，有不同的心理禀赋，他们有能力学习复杂的教材，并能发现自己独特的认知策略。②教学要因学生的学习形式而异，每位学生都有其独特的学习形式，教师需要帮助学生去发现他自己的学习形式，并根据学习形式设计课程，以使学生能有效地学习。③要注意运用多样化的教学活动，教师要根据学生不同的文化背景开展教学活动，帮助学生发展起他们的概念图式，从而使他们有意义地进行学习。④对所有学生持有较高的期望水平，教师对不同文化背景的学生持有较高的期望水平是学习机会均等的先决条件。⑤提倡合作思考，合作思考的教学对于不同文化背景的学

---

① 郑金洲. 多元文化教育［M］. 天津：天津教育出版社，2004：16–17.

② Nixon J. *A Teacher's Guide to Multicultural Education*［M］. Hoboken, NJ: Blackwell Publishing Limited, 1985.

③ 转引自：郑金洲. 多元文化教育［M］. 天津：天津教育出版社，2004：28.

④ Grant C A, Sleeter C E. *Doing Multicultural Education for Achievement and Equity*［M］. New York: Routledge Falmer, 2007.

生的学习态度有着积极的意义，对学生的学业成就、人机关系、自尊等都大有
裨益。⑥坚持两性平等，教师在教学中通常对男生的反应有较多的反馈，这种
性别歧视虽然通常是无意识的，但也因此会造成学生学习机会的不均等。⑦注
意形成学生积极的学习概念。学生的自我概念较低，学习就无法顺利完成，学
校遂变成一个阻碍学业成功的因素。注意提升学生，特别是来自于非主流文化
背景的学生的自我概念，有助于学生人格的发展和学业成就的提高。① 拉里·萨
默瓦（Larry Samovar）等人对教师行为进行了研究，认为教师首先应该反思自
己的教学风格和预测这样的教学风格会对不同文化学生可能产生的影响；其次
应该了解学生的不同文化背景、教育结构形式、特有的学习风格和偏好；最后，
学习和掌握教学策略，把不同学生的这些不同文化知识转化为有效的教学形式
或用之丰富课堂教学。②

4. 多元文化理论对教师的影响

班克斯提出，多元文化社会中合格教师的特征应具备以下四个主要特征：
①知识。包括社会科学知识、教育学知识，关于多元化的民族、族群、文化和
社会阶层族群的学生的特征的知识；关于歧视和消除歧视的理论及研究的知识，
以及关于教学策略和技巧的知识。②清晰的文化认同。对自己族群文化的遗产
和经验，以及它们如何与其他民族和文化族群的经验相互作用，具有反省和清
晰的理解。③积极的族群和种族。对不同种族、民族、文化和社会阶层族群具
有清晰和积极的态度。④教育技巧。做出有效的教学判断，消除歧视和种族间
的冲突；制定和设计一系列的策略和活动，使来自不同种族、民族、文化和社
会阶层族群的学生获得更大的学术成就。③

二、国内研究观点

从人类学角度看，教育是一个文化传递的过程，也是学习者的文化适应过
程。广义的教育，包括人们获得知识的各种途径，也就是一种"文化化"的过
程；狭义的教育主要是指学校教育，这是文化传递的集体行为。众所周知，由
于中国正规教育体制以汉语文为信息载体，所以学校教育毫无疑问带有了汉文

---

① 转引自：郑金洲.多元文化教育［M］.天津：天津教育出版社，2004：107–108.
② 〔美〕拉里·A.萨默瓦（Larry A. Samovar），〔美〕理查德·E.波特（Richard E. Porter）.跨文化传播（*Communication Between Cultures*）［M］.闵惠泉等译.北京：中国人民大学出版社，2010.
③ 〔美〕Banks B A.文化多样性与教育：基本原理、课程与教学（第五版）［M］.荀渊等译.上海：华东师范大学出版社，2010：231.

化的符码。另外，我国绝大多数地区都使用全国统编教材，课程内容也主要以内地汉文化为背景。因此，马茜等提出从本质上来说，民族教育的一个重要任务即是研究如何在教育中处理少数民族受教育者的文化中断问题。学生在学校的学习过程是一种文化接受行为，教育者应该认真研究不同文化背景的受教育者，要对因为文化差异而造成的文化中断现象给予关注。[①] 为了描写学习者特有的文化行为的理论框架，对学习者在第二文化习得过程中形成的文化行为进行系统的研究，王建勤提出了学习者的中介文化行为系统理论，所谓"中介文化行为系统"是指第二语言学习者的一种特有的文化行为系统，或者说，是指第二语言学习者的带有中介文化特征的言语行为系统。这种中介文化行为系统，既区别于学习者的母语文化行为系统，也不同于学习者的目的语文化行为系统。然而，它却带有两种文化的某些特征。因此，这个系统是以学习者的中介文化行为或中介文化现象为研究对象的。其还举例说明了学习者中介文化行为产生过程中的心理变化：①母语文化的迁移过程。它是指学习者在跨文化交际过程中自觉或不自觉地运用母语文化的观念、行为方式等来实现目的语文化中特定的文化行为和交际功能。②理解目的语文化的"过滤"过程。如果我们把目的语文化的表达看作文化的编码过程，那么，学习者对目的语文化的理解则是一种解码过程。在这种解码过程中出现的中介文化行为，不是以母语文化的迁移为特征，而是以母语文化的"过滤"为特征。③目的语文化的泛化过程。就这一过程产生的来源而言，与母语文化的迁移过程是截然不同的。中介文化行为的产生有两大源头：一是母语文化；二是目的语文化。母语文化的迁移是以母语文化对目的语文化的"渗透"为特征的。也就是说，在学习者的中介文化行为中可以看到其母语文化的影响。而目的语文化的泛化则是把目的语文化的规范和准则推而广之，超越了使用的范围。④目的语文化的适应过程。"文化适应"（acculturation）是学习者不断适应目的语文化的过程。文化适应并非文化同化，因为学习者在第二语言与文化的习得过程中无需放弃自己的母语和母语文化，但"适应"却是必需的。文化适应过程则是指与第二语言与文化习得全过程相关的过程。[②]

张占一和赵贤洲等都将语言教学中的文化分为知识文化和交际文化两类，

---

① 马茜，肖亮中.文化中断与少数民族教育——兼谈对少数民族教育的理性态度 [J].陕西师范大学学报（哲学会科学版），2002，（1）：119-124.
② 王建勤.跨文化研究的新维度——学习者的中介文化行为系统 [J].世界汉语教学，1995，（9）：38-49.

并指出知识文化指的是两个文化背景不同的人进行交际时，不直接影响传递信息的语言和非语言的文化因素；交际文化指的是两个文化背景不同的人进行交际时，直接影响信息准确传递（即引起偏差或误解）的语言和非语言的文化因素。① 此外，在第二语言习得领域，还有许多研究者一直关注情感因素与学习过程和最终结果之间的关系。例如，刘君栓指出，原因在于动力、态度、自信心和同化倾向等情感成分直接影响着学习者的学习行为，包括时间和精力的投入，以及认知方式和学习策略的选用。②

三、小结

社会性、人类学领域的学者对于文化现象已经进行了深入的分析，包括从文化的概念界定，文化测量维度的分类，从教育教学目的、内容等中观领域进行的分析，例如，多元文化教育之父班克斯等的研究等，然而从文化学的视角关注教育教学问题近年来开始受到了关注，但却尚未成为系统的研究。从少数民族第二语言教学的文献分析中也可以看出，基于文化差异性的研究数量较少，在多元文化的视野下，充分尊重民族差异性的基础上，进行教学的相关研究是本书的关注重点之一。

---

① 张占一.试议交际文化和知识文化［J］.语言与教学研究，1990，（3）：15–32.
② 刘君栓.情感因素与第二语言习得［J］.西安外国语学院学报，2006，（3）：66–69.

第三章　藏族学生汉语学习理解现状及其特殊性分析

> 感觉到了的东西，我们不能立刻理解它，只有理解了的东西才更深刻地感觉它。
>
> ——毛泽东《实践论》

第一节　藏族学生汉语学习理解现状调研框架

如前文所述，课堂观察和师生访谈均表明，小学高年级藏族学生的汉语学习存在理解困难，那么理解困难具体而言如何体现？是否有量化的评价指标进行分析？笔者做了大量的文献梳理，发现目前现有的评价体系由于各自的特殊性都无法准确适用于本书，因此，本章节首先基于扎根理论研究方法指导，梳理国内外较有影响力的理解性教学评价文献，梳理出一个对于藏语类小学高年级汉语学习理解效果的评价体系；其次是对于小学高年级藏族学生汉语理解现状和特殊性做了系统调研。

基于扎根理论的研究方法指导，对于理解现状调研框架的构建过程包括四个核心步骤，即原始数据整理、数据的编码与归类、发展理论性概念以及建构理论，具体分析如下。

一、理解评价的文献整理

对于调研维度的构建来源数据选择，采用文献追踪的方法，对国外的相关文献进行梳理和挑选，在大量文献研读的基础上，从影响力和引用频次两方面考虑，从不同类型的文献中，最终选择 16 篇文献作为本书的主要样本来源。然而需要说明的是，扎根理论的研究方法同样强调从非正式的原始资料中进行分析来佐证研究结果，因此本书的研究数据主要来源于这些核心样本，但并不穷尽于此。调研过程的非正式渠道数据也起到了辅助说明的作用，具体见表3-1。

表3-1　构建理解表征和特殊性调研框架来源文献主要样本

序号	文献名称	类型	来源及作者
1	PIRLS2011	测试	国际教育成绩评价委员会（IEA）主持的全球性学生阅读素养评价
2	PISA2009	测试	经济合作与发展组织（OECD）主持的国际学生学习评价
3	*Understanding by Design*（《理解力培养与课程设计——一种教学和评价的新实践》）	图书	〔美〕Grant Wiggins，Jay Mctighe 著，么加利译
4	《A Taxonomy for Learning，Teaching，and Assessing》（《学习，教学和评估的分类学》）	图书	〔美〕Anderson著，皮连生主译
5	《教育心理学》（第四版）	图书	皮连生主编
6	《民族教育学》	图书	王鉴
7	*Patterns of misunderstanding：An integrative model for science，math，and programming*	论文	Perkins，Simmons
8	*Generative process of comprehension*	论文	Wittrock
9	《汉语作为第二语言的阅读理解测试的新加坡模型》	论文	新加坡南洋理工大学，钟国荣
10	《六层次阅读能力系统及其在评估与教学领域中的运用》	论文	香港理工大学，祝新华
11	《理解的维度之探讨》	论文	何晔，盛群力
12	《小学六年级学生语文阅读能力结构的因素分析研究》	论文	莫雷
13	《试论影响外语习得的若干重要因素》	论文	戴炜栋，束定芳
14	《课堂网络环境下语文阅读教学层级模型及深度阅读教学策略研究》	学位论文	袁华莉
15	《大学英语学生英语阅读理解障碍及教学对策研究》	学位论文	马金海
16	《全日制民族中小学汉语课程标准（试行）》	文件	中华人民共和国教育部

（一）理解过程四层次

PIRLS 是国际阅读素养进展研究（progress in international reading literacy study）的英文缩写，是由国际教育成绩评价委员会（International Association for the Evaluation of Educational Achievement，IEA）主持的全球性学生阅读素养比较研究。它每五年举行一次对学生阅读能力进行评价，以四年级学生阅读素养为评价对象。PIRLS2011 是国际阅读素养进展研究的第三个周期，全世界已经有 55 个国家和地区参与其中；华文阅读区域的中国香港、中国台北、新加坡已经参与。[①]PIRLS2011 把读者建构文本意义的经历称为理解的过程（processes of comprehension）。读者是以不同的方式来建构文本的意义，PIRLS2011 把阅读理解的过程分为 4 个层次，见表3-2。[②]

表3-2　PIRL2011理解过程四层次

理解过程	说明
关注并提取具体信息（focus on and retrieve explicitly stated information）	包括可以识别与特殊的阅读目的相关的信息、寻找细节观念、搜寻词句的定义、识别故事的情境、寻找主题句子或主要观点
进行直接推论（make straightforward inferences）	包括可以推理出由一个事件引发的另一个事件，可以从一系列的争论中总结出主要观点，明确代词的指向，概括文本大意，描述两个人物之间的关系
解释和整合观点（interpret and integrate ideas and information）	包括可以辨别文中的信息和主题，考虑可替代的角色行为，比较和对比文本信息，推理故事的风格，解释文本信息在真实世界的应用
检验和评估文本的内容、语言和结构要素（examine and evaluate content, language, and textual elements）	包括评价被描述事件发生的可能性，描述作者如何设计悬疑的结局，评价文本信息的完整性或清晰度，判断作者对中心议题的个人观点

（二）阅读理解过程四层次

PISA 是国际学生评价项目（programme for international student assessment）的英文缩写，是由经济合作与发展组织（Organization for Economic Co-operation and Development，OECD）主持的国际学生学习评价研究。自 2000 年起，PISA 每三年举行一次，评价学生参与社会的能力，包括阅读素养、数学素养和科学素养，阅读素养的评价是其重要组成部分。它以 15 岁 3 个月～ 16 岁 2 个月的学生为评价对象。PISA2009 是国际学生评价项目的第四个评价年，也是第二次以阅读

---

① 　朱伟,于凤姣. 国际阅读评价研究对我国阅读教学的启示——以 PIRLS2011 和PISA2009 为例［J］. 考试与评价，2012，（4）：52-55.

② 　Mullis I V S,etal. *PIRLS 2011 Assessment Framework*［M］. Boston；International Study Center,Lynch School of Education,Boston College，2009：23-29.

素养为重点的评价，全世界共有 67 个国家和地区参与其中；华文阅读区域的中国香港、中国澳门、新加坡、中国台北和中国上海都进行了参与。①PISA2009从阅读任务的角度，来展示它对阅读理解过程的认识。它把对文本阅读理解分为使用文本内在信息、提取文本外的信息两部分，把阅读分为 3 种维度，并进一步细分为 5 个层次，见表3-3。②

表3-3　PISA阅读理解过程四层次

理解类别	理解维度	理解过程
使用文本内在信息（use content primarily from within the text）	进入和提取（access and retrieve）	检索信息（retrieve information）
	整合和解释（integrate and interpret）	形成整体性理解（form a broad understanding）
		形成解释性理解（develop an interpretation）
主要利用文本外信息（draw primarily upon outside knowledge）	反思和评价（reflect and evaluate）	反思和评价内容（reflect on and evaluate content of text）
		反思和评价形式（reflect on and evaluate form of text）

（三）理论中理解的六维度

美国课程研究专家威金斯和麦克泰通过创设"通过设计促进理解"，提出了"逆向教学设计"的观念，即在课程设计中，首先明确课程目标，然后依据学习目标进行课程设计③，并从致力于促进学生理解的课程设计角度，提出了理解的6 个维度：解释、释义、应用、洞察、移情和自我认知。这一维度的划分被广泛应用于理解效果评价中。

（四）布鲁姆的认知目标新分类

布卢姆（B.S.Bloom）等人开创的教育目标分类学的思想，对世界各国的教育理论与实践都产生了巨大的影响。随着时代的发展，为了进一步使教育目标分类学思想能有效指导当今社会的教育教学，由当代著名的课程理论与教育研究专家安德森（L.W.Anderson）和曾与布卢姆合作研制教育目标分类学的克拉斯沃（D.R.Krathwohl）共同主持的，包括了著名认知心理学家梅耶（R.E.Mayer）

① 　朱伟,于凤姣.国际阅读评价研究对我国阅读教学的启示——以 PIRLS2011 和 PISA2009为例 ［J］.考试与评价，2012，（4）：52–55.
② 　OECD. *PISA 2009 Assessment Framework Key Competencies in Reading，Mathematics and Science* ［M］.Paris：Author，2010：34–35.
③ 　〔美〕格兰特·威金斯（Grant Wiggins），〔美〕杰伊·麦克泰（Jay McTighe）.理解力培养与课程设计：一种教学和评价的新实践 ［M］.么加利译.北京：中国轻工业出版社，2003：13.

等，测验评价专家艾雷辛（P. W. Airasian）等近 10 位专家组成的这一研究团队，历时数年完成了 *A Taxonomy for Learning，Teaching，and Assessing，A Revision of Bloom's Taxonomy of Educational Objectives*）一书。新的认知目标分类学，是对将近使用了半个世纪的布卢姆等人的分类学的全面修订。[①] 在新的认知目标中，将原来单一维度的认知领域，更改为二维度划分，即"知识维度"和"认知维度"，知识维度中包括 4 个具体的分类水平，即"事实性知识""概念性知识""程序性知识"和"反省认知知识"。"认知过程"按照认知复杂程度由低到高排列，包括 6 个类别：记忆、理解、应用、分析、评价和创新，共 19 种具体的认知过程，具体见表 3-4。

表3-4　布卢姆认知目标新分类[②]

布卢姆认知目标新分类	知识维度	事实性知识（factual knowledge）：是分散，孤立的内容元素，即学习者在掌握某一学科或解决某一问题时必须知道的基本要素	
		概念性知识（conceptual knowledge）：某个整体结构中发挥共同作用的各基本要素之间的关系	
		程序性知识（procedural knowledge）：如何做事的知识；探究的方法；运用技能的准则；算法、技巧和方法的知识	
		元认知知识（meta-cognitive knowledge）：关于一般的认知知识和自我认知的知识	
	认知维度	记忆（remembering）：从长时记忆中提取相关知识	识别—回忆
		理解（understanding）：能够确定口头的、书面的或图表图形的信息中所表达的意义	解释—举例—分类—总结—推断—比较—说明
		应用（applying）：特定情境中运用某个程序	执行—实施
		分析（analyze）：将材料分解为其组成部分并且确定这些部分是如何相互关联的以及部分同总体之间的联系	区分—组织—归属
		评价（evaluate）：依据准则和标准来作出判断	核查—评判
		创造（create）：将要素整合为一个内在一致、功能统一的整体或形成一个原创的产品	生成—计划—贯彻

（五）影响学习的重要因素

皮连生教授提出，6 个重要的内部因素和外部因素对学生的学习产生影响，

[①]　〔美〕Anderson L W. 学习,教学和评估的分类学［M］. 皮连生主译. 上海：华东师范大学出版社,2008：总序.

[②]　〔美〕Anderson L W. 学习,教学和评估的分类学［M］. 皮连生主译. 上海：华东师范大学出版社,2008：26.

其中的四个内部因素是学生的原有知识结构、儿童与青少年的发展水平、个性差异以及学习动机；外部因素是教师、班集体、家庭和教学媒体。[①]

（六）跨文化教育影响因素的六个种类

王鉴教授提出学生跨文化教育的适应能力集中反映在学校教育中少数民族学生学业成绩的成功与否。因此，关于跨文化教育中存在主要问题的解释便是解决这一难题的钥匙。目前，公认的跨文化教育中的主要问题是文化差异典型问题，包括 6 个种类：①文化的理解和误解，即学生学业成绩的失败归因于产生不同文化基础的学校和教师之间误解这个问题上；②动机的形成，即认为传统的学校教育不能为少数民族学生的学习行为创设良好的动机；③认知，即如何测量认知跨文化教育的困难是目前尚未解决的难题；④语言的争端，包括两种解释，即行动准则的干涉、社会语言学；⑤班级的社会化组织和教学过程的社会化组织，社会性的相互影响的类型与社会规范冲突的不一致性，来源于异己的幼儿文化的班级社会组织形式；⑥社会政治争端，即归因于大的社会结构和少数民族间的关系，或是从属于控制教育机构的统治群体的下级群体。[②]

（七）理解四维度

大卫·珀金斯（David Perkins）等人对于科学、数学和程序教学等课程的理解教学提出了四维度划分，包括内容维度（the content frame）、问题解决维度（the problem-solving frame）、认知维度（the epistemic frame）和探究维度（the inquiry frame），并指出容易造成误解的 3 个主要因素在于：未知概念（naive concepts）、固有概念（ritual concepts）和概念死角（gordian concepts）。[③]

（八）阅读理解中的生成性模型四要素

维特罗克（Merlin C. Wittrock）教授在生成性理论的基础上，提出了阅读教学中的生成性模型，并指出他所提出的生成性阅读理解，是在探索构建阅读和写作、表达和听力中关于理解的过程类比了这些概念。生成性阅读理解模型包括 4 个部分：生成（generation）、动机（motivation）、注意（attention）和记忆（memory）。在这个模型中，理解包含阅读者关于文本的不同部分之间，以及文本和知识与经验之间这两类语义学和实用学之间的关系主动构建。

---

① 皮连生.教育心理学（第四版）[M].上海：上海教育出版社，2011：227-342.

② 王鉴.民族教育学[M].兰州：甘肃教育出版社，2002：42-44.

③ Perkins D N, Simmons R. Patterns of misunderstanding: An integrative model for science,math,and programming[J]. *Review of Educational Research*, 1988, 58（3）：303-326.

（九）阅读理解能力四层次

新加坡南洋理工大学的钟国荣指出，对于阅读理解能力的表现，专家和学者一般认为集中表现在 4 个层次，即字面性理解、阐释性或推论性理解、评价性或评论性理解和创造性理解。具体而言如下：①字面性理解，指理解书面话语中明显陈述的意思。②阐释性或推论性理解，指理解不明显陈述在话语里的意思或信息。它包括领会隐含的意思；比较或对比；看出因果关系；推测可能发生的；理解用了比喻、夸张等修辞格的言语，等等。③评价性或评论性理解，指在字面性理解和推论性理解的基础上，读者对读物内容的素质、价值、信度等作出判断。读者必须了解作者的目的、观点和语言运用。这种技巧可分为两大类：一类是分析和评论说明性的读物，它涉及语义学和逻辑；另一类是分析和评论文学性的读物，它涉及文体、主题、角色、情节、背景的文学语言等。④创造性理解，指在理解读物内容的基础上，产生新的想法。其活动涉及想象和创意性思考。①

（十）六层次阅读能力系统

香港理工大学中文及双语学系副教授祝新华博士，以理解及掌握阅读方法为核心，提出一个简明的、教师易于操作的阅读能力系统，即"六层次阅读能力系统"，该系统已在新加坡、中国香港的课程、评估、教学领域得到运用。"六层次阅读能力系统"列出 6 种能力元素，其认知能力要求是从低到高发展的，在小学教学与评估中要全面关注这些能力的培养，该系统中能力元素与全球学生阅读能力研究、学生能力国际评估计划等国际性的阅读评估相配合，具体见表 3-5。②

（十一）何晔，盛群力对于理解的三维度划分

何晔、盛群力深度分析了理解六维度，指出其虽然全面但过于抽象，不易实际应用于课堂教学实践。基于此，他综合布卢姆的认知目标新分类以及马扎诺的学习维度论，对于理解维度进行了重新的划分和细化，将理解分为 3 个维度：领会意义、灵活应用以及洞察自省，并对于每一个维度进行了进一步的细化，一共分为 22 个层级，见表 3-6。

---

① 钟国荣.汉语作为第二语言的阅读理解测试的新加坡模式［J］.世界汉语教学,2010,24（3）：415–422.

② 祝新华.六层次阅读能力系统及其在评估与教学领域中的运用［J］.小学语文,2008,（4）. http://www.pep.com.cn/peixun/xkpx/xiaoyu/kcyj/zjsd/201008/t20100824_719425.htm

表3-5 六层次阅读能力系统

理解程度	能力要素	说明
客观性、基础性理解	复述	认读原文，抄录词句，指出显性的事实。通过找出恰当的事实，了解学生对篇章最基本的、直接的理解
	解释	用自己的话语解释词语、表面句意
	重整	分析篇章内容关系，抽取篇章重要信息，概括段落主要意义，辨识表达技巧等。它主要评价分析与综合能力
主观性、深化理解	伸展	在理解篇章表层意义的基础上，找出隐含信息（引申含义，拓展内容）
	评鉴	在理解意义的基础上，评说人物与思想内容，鉴赏语言表达
	创意	在理解篇章的意思后，找出解决问题的新想法，提出文章的新写法，或运用所读的信息解决实际问题

表3-6 理解三维度划分[①]

类别	一级分类	解释	
理解三维度划分	领会意义：学习者能够从教学内容中建构意义，整合新旧知识，能运用合理的思维技能扩展和精炼知识，揭示事物的内在联系和含义，并结合实际提出自己的观点和看法	转换—分类—比较—概括—归纳—演绎—说明—纠错	
	灵活应用：学习者把所学的知识合理地运用于新的情境中，并能进行必要的创新，以解决实际问题	良构问题解决	
		情境问题解决	表征问题—提出假设—选择方案—执行方案—评估效果—调整方案
	洞察自省：学习者能多角度地看待事物，具有深刻的见解，并能很好地理解他人，认识自己，具备一种质疑的精神	分析观点	
		设身处地	
		自我反省	自我调节—合理规划—调用资源—回应反馈—评估效能

（十二）小学六年级阅读水平量表

莫雷教授编制了小学六年级阅读水平量表，将理解性阅读分为微观理解和宏观理解两部分，而微观的理解又包括词语的理解、句子的理解以及文章局部

---

① 何晔,盛群力.理解的维度之探讨［J］.开放教育研究，2006，（6）：28-34.

的内容理解 3 部分，具体见表 3-7。①

表3-7 阅读水平量表

类别	考察内容		测验名称
理解性阅读	微观理解	词语的理解	词义的理解
			文章中词义的理解
			词义的辨析
			词法的理解
		句子的理解	句子含义的理解（单独给出的句子）
			文章中句子含义的理解
			句子结构的理解
			句子关系的理解
			错句病句的鉴别
			文言文词、句的理解
		文章局部的内容理解	文章局部内容的字面性理解
			文章局部内容的推论性理解
	宏观理解		文章整体内容的理解
			文章篇章结构、写作方法的理解
			课文整体内容的保持

（十三）影响外语习得的三类重要因素

戴炜栋、束定芳把影响外语习得的重要因素分为 3 类，见表 3-8。他们认为，环境因素决定外语素材输入的质量，学习者个人因素和学习过程因素决定学习者处理输入的效率，两者共同决定了学习者外语输出的质量，但各类因素之间有着极为复杂的相互作用关系。如环境因素既决定输入的质量，又在一定程度上影响学习者的动机、态度等，同时又对学习过程产生影响。学习过程既受环境的影响，又在一定程度取决于学习者的个人差异。②

（十四）课堂阅读教学层级及内容要素

袁华莉博士在分析了新批评理论家雷纳·韦勒克对于文学作品的内部研究

---

① 莫雷.小学六年级语文阅读水平量表编制报告［J］.华南师范大学学报（社会科学版），1988，（1）：32–40.

② 戴炜栋，束定芳.试论影响外语习得的若干重要因素［J］.外国语，1999,（4）：1–11.

理论,以及叶圣陶老先生对于阅读理解语篇要素分析的基础上,对小学高年级一线教师进行了课堂阅读教学内容要素的实践调查,最终从语篇理解的角度,提出课堂阅读教学的内容要素应该有 10 个,分别为字词、文意、结构、主旨、妙笔、风格、蕴意、感悟、迁移阅读和表达,并将阅读教学层级的发展分为对课文内容和情感的认知、审美和应用 3 个逐层递进的阶段,具体见表3-9。[①]

表3-8 影响外语习得三因素分析表

类别	一级分类	解释
外语习得影响因素	学习者个人因素	如年龄、智力、语言能力、认知风格、性格、动机和态度等
	学习过程因素	如原有知识(母语知识、对于语言的一般知识、世界知识)、学习者策略等
	环境因素	宏观的包括社会环境因素、教育学因素等
		微观的包括具体的外语学习环境,如课堂、学校、家庭

表3-9 课堂阅读教学层级及内容要素

类别	一级分类	解释
认知	字词	能够识别课文中的字、词、句
	文意	在解决字词障碍的基础上理解文篇的外显意义(字面意思)
	结构	感知和把握文章的结构脉络
	主旨	感知作者所要表达的主要思想和意图
审美	妙笔	指文篇中的精妙之处
	蕴意	字里行间、文字背后所蕴含的言外之意、话外之音
	感悟	由文及物所获得的反思和体悟
	风格	作者的写作手法和语言风格等
应用	迁移阅读	将阅读策略、经验和情感迁移到相关文章的阅读中
	表达	对阅读感悟进行口头或书面表达

(十五)大学生英语阅读的主要障碍因素

马金海在其硕士论文中提出,导致大学生英语阅读障碍的主要有心理因素、文化因素和语能因素 3 方面的原因,具体又分为认知方式、思维方式、学习动机及兴趣、知识结构、文化差异、阅读语能障碍、阅读技能障碍和阅读材料这 8

[①] 袁华莉. 课堂网络环境下语文阅读教学层级模型及深度阅读教学策略研究——以小学中高年级为例[D]. 北京:北京师范大学博士学位论文,2010.

个子要素。①

（十六）教育部印发了《全日制民族中小学汉语课程标准（试行）》

2006 年 10 月，教育部印发了《全日制民族中小学汉语课程标准（试行）》的通知②，标准从课程目标、实施建议和评价建议三个维度，对于民族类学生的汉语文课程中"听力""口语表达""识字与写字""阅读""写话"和"应用性学习"这六个方面提出了要求。

根据对《全日制民族中小学汉语课程标准（试行）》的解读，可以得出，阅读能力由语言理解能力、内容理解能力和阅读方法三部分组成。其中语言理解能力又包括生字的理解、词语的理解和句子的理解；内容理解能力包括整体把握文章大意，了解文章的思想感情，了解文章的结构三个层级，具体见表 3-10。③

表3-10　《全日制民族中小学汉语课程标准（试行）》阅读能力层级区分

阅读能力	语言理解能力	生字的理解
		词语的理解
		句子的理解，常用句式—句子成分—修辞
	内容理解能力	整体把握文章大意
		了解文章的思想感情
		了解文章的结构
	阅读方法	非常重视朗读方法

九年制义务教育六年制小学教科书（藏族地区专用）《汉语》教材中，对于第三学段，即小学五至六年级的"阅读"部分教材说明表述为④：

各单元按照课文反映的生活情境分类编排，并适当考虑语法结构，体现由易到难、由简单到复杂的逻辑顺序。从七年级开始，阅读课文的分量有所增加，一般每单元安排 1 篇会话、3 篇阅读，并在单元最后附 2 篇课外阅读文章。

---

① 马金海.大学英语学生英语阅读理解障碍及教学对策研究［D］.兰州：西北师范大学硕士学位论文，2003.

② 教育部文件.教育部关于印发《全日制民族中小学汉语课程标准（试行）》的通知［EB/OL］. http：//www. moe. gov. cn/publicfiles/business/htmlfiles/moe/moe_750/201001/xxgk_77841. html［2012-5-12］.

③ 汉语课程标准研制组编写.全日制民族中小学汉语课程标准（试行）［M］.北京：人民教育出版社，2007：58-61.

④ 课程教材研究所少数民族汉语课程教材研究开发中心编著.汉语（藏族地区专用）［M］.北京：人民教育出版社，2009：说明.

　　每课包括课文、基本句式、生字、词语和练习 5 部分。阅读课文主要是一些优美、有趣、有一定教育意义或知识性较强的短文，重在培养学生的阅读能力。基本句式是本课要求掌握的重点语法句式，要求学生能够运用这种句式说出或写出正确的句子。生字包括两种：田字格中的生字要求学生掌握，要能读、能写、会使用；方框中的生字只要求学生认识。词语是本课要求掌握的生词，从第七册起增加了汉语拼音和藏语翻译，要理解意思、学会使用。练习一般 5 题左右，以复习和掌握本课的生字、词语和句式为主，同时适当注意与情境会话、短文阅读等方面的配合。

二、理解评价的编码与归类

　　从上述原始文件所罗列的要素中分析，并采用"合并同类项"的方式，将相似的评价维度进行归类，可以提出对于理解性教学的评价不同的文献各有侧重点，具体而言包括以下三个维度。

（一）理解的内容

　　所谓理解的内容，是指需要理解的知识对象。目前，布卢姆曾将知识类型分为四种：事实性知识、概念性知识、程序性知识以及元认知。然而在语文阅读教学领域，需要对知识进行进一步的细分，笔者在此表述为理解的内容，包括袁华莉博士所提出来的阅读内容十要素；教育部新课标所涉及的语文阅读教学要素。

（二）理解的层次

　　所谓理解的层次，是指理解教学所能达到的不同程度的效果。许多文献的理解效果评价都侧重于对理解层级的划分。

　　然而，对于"理解性教学"的定义范围不同，不同的文献对于理解的涵盖又可以分为广义的理解性教学和狭义的理解性教学两种类型，具体归类如下。

　　1. 广义的理解性教学

　　广义的理解性教学包括了对于知识的认知、情感等不同领域的理解评价，具体如下：① PIRLS2011 测试将阅读理解的过程分为 4 个层级；② PISA2009 测试将阅读理解过程分为 5 个过程；③ UbD 理论中所提出来的理解的六维度；④大卫·珀金斯（David Perkins）将理解分为 4 个维度；⑤阅读理解能力四层级；⑥祝新华博士所提出来的六层次阅读能力系统；⑦何晔、盛群力所提出的理解的三维度及 22 层级划分；⑧袁华莉博士所提出的阅读理解三层级。

　　2. 狭义的理解性教学

　　狭义的理解仅是局限于认知类知识领域，是对于知识本身的领悟，并没有涉及学习者自身的情感和态度等方面的变化。例如，布卢姆的认知目标新分类中从认知类知识领域对于理解进行分层；莫雷教授所提出来的理解性阅读双维度。

（三）理解的影响因素

理解的影响因素，是指在学生理解过程中，可能对学生的理解效果产生促进或者阻碍作用的主要因素。在上述文献中，皮连生教授全面系统地分析了对于学习效果所产生影响的六个要素；王鉴教授对于少数民族汉语教学过程中的跨文化影响因素分为六个种类；维特罗克提出的生成性模型，而意义生成的主要体现在于学生的理解，因此生成性模型所提及的四个要素也可以被认为是影响理解效果的四要素。此外，界定为第二语言教学的藏族学生汉语教学，同样需要考虑一些第二语言理解障碍的特殊性问题，如戴炜栋等人把影响外语习得的重要因素分为三类并得到了广泛的认可；马金海又将大学生英语学习的障碍因素做了详细的划分。

三、理解框架的类属分析

类属是资料分析中的一个意义单位，代表的是资料所呈现的一个观点或一个主题。[①] 基于扎根理论研究方法的分析，在对于原始资料进行不断比较的基础上，将所有的理解评价因素进一步归纳分类，已有的数据可以归为三个类属，即理解影响因素类属、理解内容类属和理解层级类属，每一个类属内又包括一些核心的概念，具体如下。

（一）发展藏族学生汉语学习理解内容类属

通过对上述涉及理解要素内容的文献分析，可以总结出阅读理解内容类属主要可以包括 4 个主要概念：生字、生词、句子、篇章，具体解释如下。

1. 生字

对于阅读教学而言，无论是学术论文中的探讨还是新课标中的规定，字词的理解始终是阅读理解的基础所在，因此对于理解内容的分析首先需要强调生字的理解。

2. 生词

与生字同等重要的是生词内容，作为学生理解过程的内容基本要素之一，生词的理解包括两部分，即对于独立生词的理解和生词在篇章情境中的理解两

---

① 陈向明.质的研究方法与社会科学研究［M］.北京：教育科学出版社，2000：290.

部分，即对生词的内涵意义的理解和外延意义的理解。

3. 句子

句子是构成篇章的主要组成内容，对于藏族学生的汉语学习而言，汉语作为少数民族的第二语言，句子的主要体现在于语法的学习和标点符号的学习，语序和符号构成了不同语言的主要差异性，这也是少数民族语言学习的核心之一，学生需要比较汉语句子与母语句子的不同。

4. 篇章

篇章是汉语学习过程中的主要理解内容，字词、标点和句子共同构成了篇章，对于篇章的理解包括文意、结构、主旨、情感等方面的内容。篇章内容在具体的教学考核过程中，包括阅读和写作两个方面，由于在本书中主要强调理解效果，篇章部分更多的是指阅读篇章，而对于写作而言不仅需要学生的理解能力，还需要表达能力，在此不做过多论述。

（二）发展藏族学生汉语学习理解层级类属

不同的文献对于理解层次都做了系统的划分，然而由于研究对象和评价目的的不同，不同的文献各有不同。本书的测试对象为小学高年级学生，并且期望强调不仅仅局限在认识范围内，而是涵盖了评价、应用以及情感领域的广义阅读理解，因此选择与本书最为相似的 PIRLS 阅读能力测试层级作为框架体系参考。此外，本书的特殊性在于研究对象是将汉语作为第二语言的少数民族学生阅读，因此需要根据少数民族汉语文课程标的要求将阅读理解层级进行修改，最终本书界定的阅读理解层级包括如下 5 个概念：字词解释层级、细节提取层级、逻辑推理层级、辨析整合层级、评价判断层级。

1. 字词解释

对《全日制民族中小学汉语课程标准（试行）》的解读中曾强调，"对于小学阶段，更多地以字词上的理解为重点"[①]。因此，将阅读中字词解释的层级单独罗列。所谓字词的解释正如《全日制民族中小学汉语课程标准（试行）》解读中所界定的那样，是理解字词在具体的语言环境中表达的内容，即字词的意义，没有涉及词性、词类等方面的要求，这种要求与安排是符合第二语言阅读教学规律的。[②]

---

① 汉语课程标准研制组编写.全日制民族中小学汉语课程标准（试行）［M］.北京：人民教育出版社，2007：60.

② 汉语课程标准研制组编写.全日制民族中小学汉语课程标准（试行）［M］.北京：人民教育出版社，2007：23.

2. 细节提取

提取文意是指理解书面话语中明显陈述的意思，包括识别与特殊的阅读目的相关的信息、寻找细节观念、识别故事的情境、寻找主题句子或主要观点。该层次属于低级理解的层级。

3. 逻辑推理

逻辑推理是可以推理出由一个事件引发的另一个事件，可以从一系列的争论中总结出主要观点、明确代词的指向、描述两个人物之间的关系，从表层意义的基础上，找出隐含信息。《全日制民族中小学汉语课程标准（试行）》解读中指出，阅读内容理解能力主要包括整体把握文章大意、了解文章的思想感情、理解文章的结构[①]，而逻辑推理层次主要指向文章结构梳理等方面。

4. 辨析整合

辨析整合指理解不明显陈述在话语里的意思或信息，包括可以辨别文中的信息和主题、考虑可替代的角色行为、比较和对比文本信息、概括文本大意、推理故事的风格、解释文本信息在真实世界的应用，主要体现在了解、理解文章大意层级。

5. 评价判断

评价性理解指在字面性理解和推论性理解的基础上，读者对读物内容的素质、价值、信度等做出判断。其主要体现在了解文章的思想感情层级，属于阅读理解评价的最高级别，该领域对少数民族汉语教学而言并不做重点强调，但是仍然会有所涉及。

（三）发展藏族学生汉语学习理解影响因素类属

在皮连生教授所提出的影响学习效果的主要因素分析，以及戴炜栋等人所提出的影响外语习得三要素的基础上，结合促进理解的生成性理论模型四要素，以及教育部课标对少数民族汉语教学评价要求等相关文献，笔者总结出对于藏族学生汉语理解可能的影响因素包括内因和外因两个方面，内因有学习动机和学习策略，外因有语言环境和语言变体，对4个概念的具体分析如下。

1. 学习动机

动机因素在许多文献中都被强调，一般认为学习者的学习动机决定着个人努力付出的态度，这对于学习理解效果会产生直接的影响作用。从生成性学习

---

① 汉语课程标准研制组编写. 全日制民族中小学汉语课程标准（试行）［M］. 北京：人民教育出版社，2007：60.

理论中可以得出，动机因素包括兴趣和对成败的归因两个方面，因此在本书中也可以从这两个方面进行调研。

2. 学习策略

学习策略因素在所有的影响因素分析文献中都会被提及，是学习者为了有效地获取、储存、检索和使用信息所采用的各种计划、行为、步骤、程式等。被认为是学习过程中非常重要的因素之一，不同的学习策略，会对学习者的理解效果起到促进或者阻碍的作用。

3. 语言环境

从影响第二语言习得因素中分析，语言环境要素不可或缺。情境认知和学习理论也认为，学习者的语言学习过程并不是独立存在的，而会与学习者的所处的环境息息相关。因此，语言环境因素也会对藏族学生汉语理解效果产生重要的影响。

4. 语言变体

语言变体是指具有同样社会分布的一组语言项目。所谓一组语言项目，可以是整个语音、词汇、语法系统，也可以仅仅是某个特定的词语、某个特定的语音、某个特定的语法成分或语法规则。所谓同样社会分布，指的是共同具有某种社会特征的人，共同的交谈双方的社会关系，或共同的语境。一组语言项目只要具有同样的社会分布，就是语言变体。[①] 对于非母语的第二语言学习，藏族学生汉语学习过程中，需要考虑母语藏语的语言项目和第二语言汉语的语言项目之间的关系，以及两种语言的异同性对于藏族学生的汉语学习理解所可能产生的影响。

四、理解效果调研框架构建

基于扎根理论研究方法，在对原始资料进行不断的分析和比较的基础上，得出了上述的抽象理论性概念，将藏族学生的汉语学习理解效果评价维度分为理解内容、理解层级和理解影响因素三个类属，可以认为，对于藏族学生的汉语学习理解效果的分析主要包括这三个维度的评价。

从扎根理论研究方法的角度进行分析，对于抽象形成的理论性类属之间继续比较，最终构建出如图 3-1 所示的藏族学生汉语学习理解效果调研框架。

---

① 张清源. 现代汉语知识词典［EB/OL］. 中国工具书网络出版总库. http://gongjushu.cnki.net/refbook/ R200609133. html，［2012-1-20］.

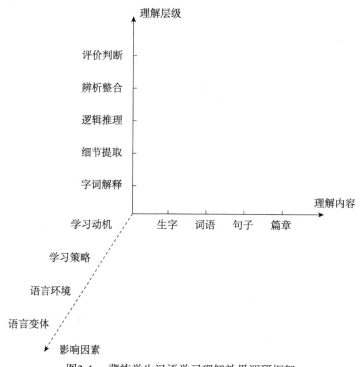

图3-1　藏族学生汉语学习理解效果调研框架

如图 3-1 所示,3 个类属可以构成一个三维的框架模型,3 个维度分别是"理解层级"类属、"理解内容"类属和"影响因素"类属,3 个维度对于理解效果而言均不可或缺,它们构成了一个完整的评价体系。然而,这 3 个类属之间的关系并不在同一个平面内,理解层级和理解内容两个类属构成了对于理解效果的评价,理解内容类属包括生字、生词、句子、篇章 4 个具体的概念;理解层级类属主要是对理解内容中篇章要素的进一步细分,包括字词解释、细节提取、逻辑推理、辨析整合、评价判断这 5 个难度递进的层级;第三个类属属于隐性维度,即上文所提到的影响因素类属,它对于学生的理解效果产生着间接的影响作用,同样不可或缺,但是又与理解要素和理解层级类属不在同一个平面内,因此构成了三维的框架模型。

对于藏族学生汉语学习理解内容类属和理解层级类属,前文已做了详细的界定,且作为广泛共识的概念,所指含义较为单一,不需要做进一步的分析。对于藏族学生汉语学习理解因素类属而言,所包含的 4 个核心概念在具体调研过程中还需要做进一步的细化,因此在此做了进一步的分析,具体如下。

（一）学习动机

学习动机概念在许多文献中都有提及，在进行藏族学生汉语理解性影响因素的调研中，还需要对学习动机概念做进一步的细化。皮连生认为与学习动机相关的因素包括目标导向、兴趣与图式、自我图式[①]；维特罗克（Merlin C. Wittrock）在生成性学习理论中，将兴趣与对成败的归因认定为动机的两个基本要素[②]；戴炜栋、束定芳又介绍了关于附属型动机和工具型动机的分类。[③] 因此，将学习动机概念进一步细化，又可以分为兴趣维度（包括对汉语学习的直接兴趣、对汉语学习的间接兴趣）、目标维度（包括对汉语学习的期望值、汉语学习目标分类）、成败归因维度（包括对汉语学习自我评价、对成败效果的归因）。

（二）学习策略

戴炜栋、束定芳指出，学习者策略即学习者为了有效地获取、储存、检索和使用信息所采用的各种计划、行为、步骤、程式等。[④] 目前，在第二语言领域，被广泛应用的是 Oxford 编制的第二语言学习策略维度，Oxford 将学习策略分类为两大类，即直接策略和间接策略，而直接策略又分为记忆策略、认知策略和补偿策略；间接策略又包括元认知策略、情感策略和社会策略。[⑤] 笔者参考 Oxford 的策略分类，根据《全日制民族中小学汉语课程标准（试行）》标准对于藏族学生汉语学习标准的说明，并依据当地学生的实际情况进行了适应性调整，包括记忆策略、认知策略、补偿策略、元认知策略、情感策略和社交策略 6 种策略的调研分析。

（三）语言环境

语言环境对于语言学习的影响作用毋庸置疑，跨文化教育影响因素 6 个种类强调了语言规则和社会语言的重要性，戴炜栋、束定芳指出语言环境包括宏观的社会环境和微观的学习环境两大类，根据这些理论，结合藏族学生汉语学习现状，本书中学习者的语言环境调研，包括课堂内、外的交流用语，汉语教师的主要用语，家庭交流用语，社区交流用语的分析。

---

① 皮连生.教育心理学（第四版）［M］.上海：上海教育出版社，2011：295-296.

② Wittrock M C. Generative process of comprehension［J］. *Educational Psychologist*，1990，24（4）：345-376.

③ 戴炜栋，束定芳.试论影响外语习得的若干重要因素［J］.外国语，1999，（4）：1-11.

④ 戴炜栋，束定芳.试论影响外语习得的若干重要因素［J］.外国语，1999,（4）：1-11.

⑤ Oxford R. *Language Learning Strategies*：*What Every Teacher Should Know*［M］. Rowley：Newbury House. 1990：16.

（四）语言变体

因为汉语和藏语之间存在较大的差别，对于藏族学生的汉语教学而言，有必要对两种语言进行系统的分析，在学习一门语言的过程中，语音是物质外壳，词汇是建筑材料，语法是组合规则。[①] 其中，词汇方面的内容涉及教学的含义内容方面，也是教学的主要内容，无法在此做规律性分析。因此，笔者从语音和语法两个方面，对藏族学生的母语藏语对第二语言汉语所产生的语言变体因素进行具体的分析和归纳。

第二节　藏族学生汉语学习理解现状分析

一、藏族学生汉语教学理解内容现状调研

（一）藏族学生汉语学习理解内容教学评价导向分析

笔者对藏族小学汉语考试试卷做了分析，目的在于从评价的角度更好地了解不同年级的教学导向。

以甘肃省甘南藏族自治州 2011~2012 学年度第二学期小学一年级至六年级的汉语期末考试试卷为例进行分析，该地区期末考试采用所有学校统一考试的方式，由当地教育机构统一购买或编制试题，因此笔者首先假定该试卷具有一定的信度和效度，能够反映权威机构的教学导向。

从汉语内容分类的角度，并结合试卷的实际题项，将具体内容分为生字（包括字音、字形、字义）、词汇、句子、阅读和写作 5 个部分，不同内容在不同年级的分布，见图 3-2。

其中，从题型数量上来说，考核比例逐步下降的是生字部分的考核；考核比例基本保持恒定的是词汇、句子的考核；考核比例持续增加的是阅读部分和写作的考核，具体分析如下。

第一，生字部分的考核。从小学一年级到六年级毕业考试中，所占的比例从 73% 逐步下降至 11%，并且生字模块的考核内部区分逐步模糊，即低年级段，尤其是在小学一、二年级，会具体分为字音的考核、字形的考核、字义的考核

[①]　黄锦章，刘众. 对外汉语教学中的理论与方法［M］.北京：北京大学出版社，2005：153.

3 部分，而在高年级段这种区分模糊化，通常 1 道题统一包括这 3 部分内容（常见的题型有："草率"的"率"字在查字典的过程中，音序、音节、部首、解释分别是什么）。

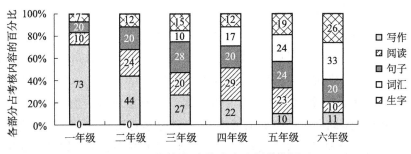

图3-2 不同年级考核内容比例分布图示

第二，词汇部分的考核。各年级中所占比例总体呈现出稳定的状态，只是词汇的考核形式有所变化，在低年级考核中，主要的形式是要求用多音字和形近字组词（例如，常见的题型有"比一比再组词：'本''术'的组词"等）；高年级的考核中更倾向于考核词组的含义的理解和应用（例如，常见的题型有："填写下列词组的反义词：'热情'"或者"按要求将下列词组归类：'表示颜色的词组有'"等）。

第三，句子部分的考核。同样句子考核在各年级中占的比例总体呈现出稳定的状态，考核的形式也有所变化，在低年级考核中，主要的形式是要求将罗列的词汇用正确的语句排成句子（例如，常见的题型有："排一排句子：'的''不错''土豆丝''味道'"等）；随着年级的增高，考核中会逐步增加语法内容的考核（例如，常见的题型有："按要求改写句子：'改为被字句'"等）。

第四，阅读部分的考核。从小学一年级到六年级毕业考试中，阅读所占的比例从 0 逐步上升至 33%，并且阅读文章的篇数和字数也逐步增加，例如，三年级首次出现的阅读理解中，要求阅读 100 字左右的文章段落，考核的形式主要为细节提取（例如，常见的题型有："将文章中描写蜻蜓外形的句子画出来"等）；从四年级开始，阅读文章的篇数均为长短不一的两篇，考核的形式也逐步增加了逻辑推理、评价概括层级的考核（例如，常见的题型有："这则寓言故事告诉我们什么道理？"等）。

第五，写作部分的考核。随着年级的增高，考核的比例有所增加，尤其是在六年级的升学考试中，主要体现在写作形式和字数的要求，低年级的写作主要为看图写话的形式，字数要求一般在 100 字左右；从四年级开始变换为命题作文的形式，字数要求也逐渐递增，在六年级毕业的考核中，写作字数要求为400字左右。

（二）藏族学生汉语学习理解内容要素现状分析

对于汉语学习效果的评价，我们采用当地期末考试的成绩进行衡量，由于考试试题为当地教育局统一编制，并且各个学校统一考试，笔者假定其在一定程度上保障了学习效果评价的信度和效度。根据试题所包括的内容，以及上述评价框架中所做的归类，将试题分为4部分：第一部分是对汉语生字的学习效果评价，包括字音、字形、字义的考察；第二部分是对汉语生词的学习效果评价，包括读音、组词和生词含义的考察；第三部分是对汉语句子的理解效果评价，包括对于补充完整句子、修改病句、特殊句型、仿写句子、对于句子的排序考察；第四部分是对汉语阅读理解的学习效果评价，包括对于文章细节的提取、对于文章含义的推论、对于文章内容的辨析，以及对于文章情感的评价几部分的考核；第五部分是对汉语文习作和表达的学习效果评价，考察了半开放式作文能力。

1. 汉语学习理解效果普遍不佳，句子语法理解水平最低

对于汉语学习理解内容的评价，采用单样本 T 检验，将检验值设为每个测试题总分的60%，即考核得分均值与总分的60%数值的差异性分析。之所以选择总分的60%，即按照普适思维总分的60%为合格率，假定在这个程度较好的达到了学习效果，可以被认为是达标值，结果见表3-11。

表3-11 不同理解内容学习效果单样本T检验分析

项目	数量	最小值	最大值	M	SD	检验量	df	差异系数（双侧检验）	均值差异	95%置信区间内的差异性	
										下限	上限
生字（检验值＝6）		0.50	9.00	5.463 2	2.177 30	−2.403	172	0.018	−0.536 84	−0.980 4	−0.093 3
生词（检验值＝13.8）	1 731	1.00	21.00	12.900 0	4.416 46	−1.986	172	0.050	−0.900 00	−1.799 7	−0.000 3
句子（检验值＝14.4）	7 317	0.00	17.00	10.521 1	5.435 95	−8.479	172	0.000	−4.728 95	−5.836 3	−3.621 6
阅读（检验值＝14.4）	3 173	0.00	24.00	9.671 1	6.338 78	−5.964 0	172	0.000	−3.878 95	−5.170 2	0.587 7
习作（检验值＝11.4）	173	1.00	18.00	11.157 9	4.420 25	−0.534	172	0.595	−0.242 11	−1.142 6	0.658 3
有效样本数量	173										

从上表3-11可以看出，该地区学生对于汉语文学习效果普遍不佳，所有考核部分的均值均小于达标值。

具体而言，学生句子理解水平最低，句子理解内容中主要包含语法和排序

两种类型的考核，整体而言学生均值低于达标值，为 –4.728 95，且差异系数
（双侧检验）为 0.000 < 0.05，说明具有显著差异。该维度的离差度较高，为 5.435
95，仅次于阅读理解维度，表明学生对该部分的掌握程度参差不齐。

其次，是学生的阅读理解水平较低，学生考核均值低于达标值，为 –3.878 95，
且差异系数（双侧检验）为 0.000 < 0.05，说明具有显著差异，此外该维度的
离差度最高，为 6.338 78，说明对该部分的掌握程度效果两极分化严重。

学生的生字、生词等事实性基础知识掌握程度较低，生字部分的考察显示
学生考核均值低于达标值（–0.536 84），生词部分的考察显示学生考核均值低于
达标值（–0.9），然而差异系数（双侧检验）为 0.05，说明差异性不显著。该维
度的离差度分别为 2.177 30 和 4.416 46，说明对该部分的掌握程度效果层次具
有一定的离散度。

学生的习作能力差异不显著，学生考核均值为 11.1579，略低于达标值 –0.242 11，
然而差异系数（双侧检验）为 0.595 > 0.05，说明数据差异并不显著，然而，
该维度的离差度次高，为 4.42025，说明对该部分的掌握程度效果学生内部差距
较大。

2. 学生普遍认为汉语学习中最难的是汉语语法内容

（1）整体而言汉语语法因素被认为是最大的学习障碍

如图3-3所示，有52%的学生认为对于自己来说，在汉语学习过程中，
最困难的是"汉语句子的语法很难理解"，其次是"汉语课文很难理解"，有
27.2% 的学生存在这方面的障碍；而对于汉语生字和拼音的障碍程度较低，分
别只有 11.0% 的学生认为"汉语生字不会写"和 9.8% 的学生认为"汉语拼音
不会念"。

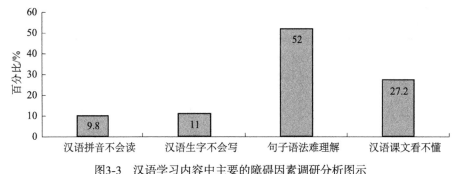

图3-3　汉语学习内容中主要的障碍因素调研分析图示

（2）不同程度的学习者对于障碍因素有所差异

通过对不同学习效果程度的学习者群体进行障碍因素的独立样本 T 检验分

析，得出不同程度的学习者对于障碍因素有所差异（表3-12），高分组的均值为3.0901，即主要的因素在于语法理解障碍；低分组的均值为2.7903，即部分低分组学生仍然存在字词的识记障碍。T检验分析提出差异系数$0.007 < 0.05$，认为方差不相等，差异性显著则T检验为非齐性检验，非齐性检验双尾检验系数 sig=$0.045 < 0.05$，则说明不同学习效果程度的学习者对于障碍因素的选项差异性显著（表3-13）。

表3-12　不同程度学习者学习障碍独立样本T检验统计量表

项目	分数区间	N	M	SD	$M（SD）$
汉语学习中最大的障碍因素	1.00	111	3.0901	0.815 19	0.077 37
	0.00	62	2.7903	0.994 03	0.126 24

注：分数区间=1，即为汉语成绩大于60分的学习者群体；分数区间=0，即为小于60分的学习者群体；

选项赋值分别为：汉语拼音不会念=1；汉语生字不会写=2；汉语句子语法很难=3；汉语课文看不懂=4

表3-13　不同程度学生群体间理解障碍因素独立样本T检验分析

项目		方差方程的Levene检验		均值方程的T检验						差分的95%置信区间	
		统计量观测值	差异系数	检验量	df	差异系数（双侧检验）	均值差值	标准误差值		下限	上限
理解障碍	假设方差相等	7.399	0.007	2.141	171	0.034	0.299 77	0.140 02		0.023 37	0.576 17
	假设方差不相等			2.025	107.060	0.045	0.299 77	0.148 07		0.006 24	0.593 29

二、藏族学生汉语教学理解层级现状调研

对于阅读理解所考核的具体内容，笔者做了不同类型的分类，根据之前所总结出的不同理解层次可以归为字词解析层次、提取细节层次、逻辑推理层次、辨析整合层次、评价赏析层次。

为了进一步衡量阅读理解不同层级的学习效果，并保障调研结论的有效性，笔者采用自编阅读理解和学校期末考试阅读理解模块考核结果相结合的方式，

原因在于自编的阅读理解虽然每个层级界定准确，但是问卷的效度有待强化；而学生统考试卷虽然调查的信度和效度可以保障，但是对于每个层级的划分并不全面，且只有一篇阅读理解很难有效地体现学生的真实水平，因此采用两种数据相结合的方式进行分析，并在数据的处理过程中，笔者采用单样本 T 检验，将检验值设为每个层级测试题总分的 60%，即考核得分均值与总分的 60% 数值的差异性分析，结果见表 3-14。

表3-14　不同理解层级学习效果单样本T检验分析

项目	数量	最小值	最大值	M	SD	检验量	df	差异系数（双侧检验）	均值差异	95%置信区间内的差异性	
										下限	上限
字词解析（检验值=6）	173	0	8	4.440 48	2.006 70	−5.036 55	172	0.000	−1.559 52	−2.184 85	−0.934 19
提取细节（检验值=6）	173	3	10	6.726 19	1.781 34	0.641 96	172	0.012	0.726 19	0.171 08	1.281 29
逻辑推理（检验值=7.8）	173	0	12	5.321 42	3.519 66	−4.563 77	172	0.000	−2.478 57	−3.575 37	−1.381 76
辨析整合（检验值=6）	173	0	9	2.583 33	2.238 56	−9.891 38	172	0.000	−3.416 66	−4.114 25	−2.719 08
评价赏析（检验值=6）	173	0	8	3.940 47	2.090 05	−6.386 07	172	0.000	−2.059 52	−2.710 83	−1.408 21
有效样本数量	173										

首先，是辨析整合层级的水平最低，学生考核均值低于达标值 −3.416 66，且差异系数为 0.000 < 0.05，说明具有显著差异，此外该维度的离差度较高，为 2.238 56，说明对该部分的掌握程度效果差异较大，整体最低。

其次，是逻辑推理层级水平较低，学生考核均值低于达标值 −2.478 57，且差异系数 sig=0.000 < 0.05，说明具有显著差异，该维度的离差度最高，为 3.5196，说明学生对该部分的掌握程度水平差异较大。

评价赏析层级的水平和显著性差异影响次之，且差异系数为 0.000 < 0.05，考核均值低于达标值为 −2.059 52。

对于事实性知识的理解层级，如字词解析，学生考核均值低于达标值 −1.559 52，且差异系数为 0.000 < 0.05，说明具有显著差异，

对于细节提取层级，学生考核均值略高于达标值为 0.726 19，表明该部分的掌握程度较佳，且差异系数为 0.012 < 0.05，说明具有显著差异。

三、藏族学生汉语学习理解影响因素现状调研

对于汉语文阅读理解影响因素分析的调研问卷，主要包括 3 部分的内容：

第一部分是学习者学习动机的调研，包括对于汉语学习的兴趣、目标、成败归因等3个维度内容；第二部分是学习者学习策略的调查，包括记忆策略、认知策略、补偿策略、元认知策略、情感策略和社交策略6种策略的调研分析；第三部分是学习者的语言环境调研，包括课堂内、外的交流用语；汉语教师的主要用语；家庭交流用语；社区交流用语的考察。

数据的分析从3个方面进行，第一，是整体的描述性统计分析，主要衡量各个影响因素对藏族学生整体的影响效果；第二，是群体内部不同学习效果的影响分析，即群体内部学习效果较佳者和较弱者之间的比较，对于学习效果的评价以学习者最近一次的考试成绩为依据，以普适意义上满分100分考卷的60分及格线为分界点，高于60分的假设为高分组，低于60分的假设为低分组，目的在于分析不同的影响因素对群体内部不同学习效果的影响是否有所差异；第三部分是对学生个体学习效果的影响分析，即将影响因素与学生个体的学习效果做相关分析，旨在分析哪些影响因素对于学习者个体的学习效果产生了重要影响。

（一）藏族学生汉语学习动机因素分析

1. 整体而言学生对于汉语学习动机较强，学习兴趣较高，且绝大多数学生对汉语学习期望很高，学习目标以实用性需求为导向，成败归因以自我归因为主。

（1）藏族学生对于汉语学习保持着较高的学习兴趣

良好的学习兴趣对于学习效果具有很好的促进作用，为此笔者调查了学生对于汉语学习的兴趣，如前文所述，学习兴趣包括直接兴趣和间接兴趣，前者是对事物本身的兴趣，后者是对活动的结果带来的价值所产生的兴趣，调研结果见图3-4。92.59%的学生表示自己"非常喜欢"或"比较喜欢"汉语；图3-5表示96.53%的学生表示学习汉语对自己"非常有帮助"或"比较有帮助"。这表明藏族学生对于汉语学习的兴趣较高，不仅包括对于汉语本身直接的兴趣，还包括对于汉语学习结果的工具性价值引起的间接兴趣。这种兴趣的来源在对于学习过程的感受调研中得到了验证，61.85%的学生表示汉语学习过程中"非常快乐"或"比较喜欢"。

调研得出，学生对于汉语学习的这种兴趣度甚至超过了对母语藏语的兴趣，调研显示，37.36%的学生表示自己更喜欢汉语文课，因为"觉得学好汉语文以后更有用"，而只有25.29%的学生表示自己更喜欢藏语课，同样有37.36%的学生表示自己汉语和藏语文课都很喜欢。显然，从语言的工具型和文化传承性两方面来讲，这种平等对待的态度是理性、积极的，值得嘉奖的。

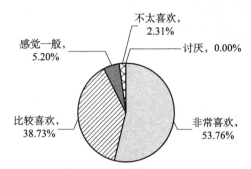

图3-4 藏族学生汉语学习直接兴趣分析（对汉语学习的喜好）

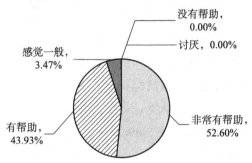

图3-5 藏族学生汉语学习间接兴趣分析（对汉语学习有用性认可态度）

值得一提的是，这种学习兴趣与学生家长的反映略有不同，如图 3-6 所示，71.68% 的家长比较重视或者非常重视子女的汉语学习,24.28%（19.08%+5.20%）的家长对于学生的汉语学习没有要求，还有 4.05% 的家长不喜欢汉语。学生的兴趣比家长更为积极，反映了年轻一代在日常生活的潜移默化中更为接受和认可汉语学习，并更为肯定汉语对自己生活的帮助。

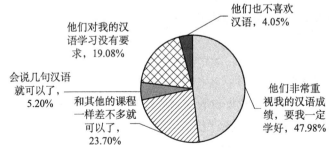

图3-6 父母对汉语学习态度分析

（2）藏族学生对于汉语学习期望值较高，且以社会性目标和成绩目标导向为主

如图 3-7 所示，藏族学生对于汉语学习目标的期望普遍较高，71.10% 的学

生期望自己的汉语水平能够"非常流畅跟藏语一样",17.34%的学习表明自己的汉语水平需要"表达清楚自己想说的话"。

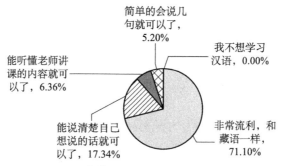

图3-7　藏族学生对汉语学习期望分析

对于影响学习动机的目标导向,心理学分为4种,即任务目标导向、成绩目标导向、回避目标导向和社会性目标导向。[①] 对于藏族学生汉语学习的目标导向调研,结果见图3-8,较多的学生是将汉语作为"有用的"工具语言来对待,以社会性目标和成绩目标导向为主,39.77%的学生表示是因为"觉得学习汉语将来有用",28.65%的学生表示是为了"取得好的学习成绩",这样的目标导向度,也与少数民族汉语教学中将汉语作为工具型的第二语言定位相吻合。此外,19.88%的学生表示"是因为喜欢学习汉语";另有11.70%的学生表示"是因为父母要求努力学习汉语"。

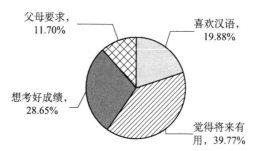

图3-8　藏族学生汉语学习目标导向分析

(3)藏族学生对于汉语学习自我评价较高,成败归因以自我归因为主

对于自己的汉语学习效果的自我评价,40.62%的学生自我评价认为自己的汉语水平"非常好"或者"比较好",19.65%的学生自我评价认为自己的汉语水平"比较差"或者"很差",这表明学习者对于自己的汉语学习效果

___

① 皮连生.教育心理学(第四版)[M].上海:上海教育出版社.2011:293–294.

更为认可。

此外,在成败归因中,大多数藏族学生认为"导致自己汉语水平不佳的归因"是以内部归因为主,见图3-9,67.82% 的学生认为自己的汉语水平不太好,是因为"自己不够努力"的结果,归因基本取向于可控制因素,如教师、教材、班风,对于不可控因素归因极少,只有 0.57%(1 位学生)将学习效果归因于考试运气,可以说整体的归因模型是积极的。

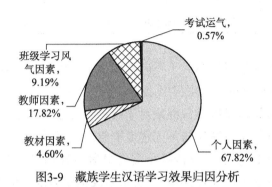

图3-9 藏族学生汉语学习效果归因分析

2. 学习动机与学习效果呈显著正相关,且在不同程度学生群体间差异显著

(1)学习动机在不同程度的学习者群组之间差异性显著,且动机与学习效果之间呈正相关

通过对不同学习效果程度的学习者群体进行学习态度均值的独立样本 T 检验分析,得出不同程度的学习者的学习态度有所差异,如表 3-15 所示,高分组(分数区分"1"组)的均值为 4.3892,即对汉语的动机较高;低分组(分数区分"0"组)的均值为 4.0161,动机倾向略低于高分组。独立样本 T 检验见表 3-16,T 检验分析提出差异系数为 0.011 < 0.05,假设方差不相等,差异性显著则 T 检验为非齐性检验,非齐性检验双尾检验系数为 0.000 < 0.05,则说明不同学习效果程度的学习者对于学习态度的选项差异性显著。

表3-15 不同程度学习者学习动机独立样本T检验统计量表

项目	分数区分	N	M	SD	$M(SD)$
学习动机	1.00	111	4.3892	0.462 28	0.043 88
	0.00	62	4.0161	0.626 52	0.079 57

表3-16　不同程度学习者学习动机独立样本T检验分析

项目		方差方程的 Levene 检验		均值方程的 T检验							
		统计量观测值	差异系数	检验量	df	差异系数（双侧检验）	均值差值	M（SD）	差分的95%置信区间		
									下限	上限	
学习动机	假设方差相等	6.681	0.011	4.467	171	0.000	0.373 06	0.083 52	0.208 20	0.537 92	
	假设方差不相等			4.106	98.680	0.000	0.373 06	0.090 86	0.192 76	0.553 36	

（2）学习兴趣和学习目标对于不同程度学生群组的学习效果产生了主要影响学习动机在不同程度的学习者群组之间差异性显著

为了深入分析具体哪些动机因素对于汉语学习效果产生了显著影响，笔者对问卷中动机部分的所有题项与不同程度群组的学习效果之间分别做了独立样本 T 检验。如表 3-17 所示，分析得出具有显著差异的是 Q8、Q9、Q10、Q13，即"学习者对汉语学习的间接兴趣""父母对汉语学习的态度""学习者对于不同课程的兴趣偏向""学习者对汉语学习目标的期望"，均对藏族学生的汉语学习效果产生了显著性影响。

表3-17　学习动机相关选项独立样本T检验统计分析

项目		方差方程的 Levene 检验		均值方程的 T检验							
		统计量观测值	差异系数	检验量	df	差异系数（双侧检验）	均值差值	SD	差分的95%置信区间		
									下限	上限	
Q7	假设方差相等	5.417	0.021	1.414	171	0.159	0.156 79	0.110 88	−0.062 09	0.375 66	
	假设方差不相等			1.302	99.232	0.196	0.156 79	0.120 39	−0.082 09	0.395 67	
Q8	假设方差相等	0.484	0.487	4.241	171	0.000	0.363 56	0.085 72	0.194 36	0.532 75	
	假设方差不相等			4.043	109.601	0.000	0.363 56	0.089 92	0.185 36	0.541 76	
Q9	假设方差相等	26.812	0.000	5.037	171	0.000	0.963 82	0.191 35	0.586 11	1.341 53	
	假设方差不相等			4.615	97.814	0.000	0.963 82	0.208 83	0.549 39	1.378 24	
Q10	假设方差相等	3.407	0.067	5.709	171	0.000	0.650 68	0.113 97	0.425 71	0.875 65	
	假设方差不相等			5.910	139.592	0.000	0.650 68	0.110 11	0.432 99	0.868 37	
Q11	假设方差相等	2.444	0.120	0.395	171	0.693	0.062 19	0.157 29	−0.248 29	0.372 67	
	假设方差不相等			0.376	108.808	0.708	0.062 19	0.165 41	−0.265 65	0.390 03	

续表

项目		方差方程的 Levene 检验		均值方程的 T检验						
		统计量 观测值	差异系数	检验量	df	差异系数（双侧检验）	均值差值	SD	差分的95%置信区间 下限	上限
Q12	假设方差相等	6.174	0.014	1.510	171	0.133	0.229 73	0.152 11	-0.070 53	0.529 99
	假设方差不相等			1.447	111.211	0.151	0.229 73	0.158 78	-0.084 89	0.544 35
Q13	假设方差相等	15.886	0.000	2.454	171	0.015	0.318 95	0.129 95	0.062 43	0.575 47
	假设方差不相等			2.217	93.982	0.029	0.318 95	0.143 89	0.033 26	0.604 64
Q14	假设方差相等	1.541	0.216	-0.827	171	0.409	-0.141 96	0.171 61	-0.480 72	0.196 79
	假设方差不相等			-0.839	131.745	0.403	-0.141 96	0.169 18	-0.476 62	0.192 69

学习动机题项简介，见表3-18。

表3-18　学习动机题项简介

题项	简介
Q7	对于汉语学习的直接兴趣（你喜欢学习汉语吗？）
Q8	对于汉语学习的间接兴趣（你觉得学习汉语对自己的生活有帮助吗？）
Q9	父母态度（你觉得你的爸爸妈妈对于汉语的态度如何？）
Q10	对汉语学习的直接兴趣（汉语文课和藏语文课，你更喜欢学哪一个？）
Q11	对于汉语学习的直接兴趣（你在学习汉语文这门课的过程中会有什么感受？）
Q12	对于汉语学习目标导向（你会更加努力地学习汉语吗？为什么？）
Q13	对于汉语学习目标期望（你希望自己的汉语水平达到什么层次？）
Q14	成败归因（如果你认为自己的汉语水平不太好，那么你觉得主要是什么原因呢？）

3. 学习动机与学生个体的学习效果的显著相关，且父母的态度对学习者效果个体差异最大

（1）学习动机与学生个体的学习效果显著相关

为了进一步分析学习动机对于不同学习效果的学生个体产生的影响，笔者做了偏相关分析。如表 3-19 所示，考虑到不同学校及任课教师对学生的学习效果产生影响，在此，将学校因素作为控制变量，即剔除学校变量影响的情况下，学习动机对于不同程度的学习者影响显著，差异系数为 $0.000 < 0.05$。

表3-19　学习动机与学生个体学习效果之间偏相关分析

控制变量			学习动机	汉语学习效果
学校	学习动机	相关性 显著性（双侧） df	1.000 0	0.365 0.000 170
	汉语学习效果	相关性 显著性（双侧） df	0.365 0.000 170	1.000 0

（2）学习兴趣和父母态度对于学生个体学习效果的影响最为显著

为了进一步分析学习动机对于汉语学习效果的影响，对于学习动机概念下所设计的所有问题选项与汉语学习效果之间做了连续变量相关分析，结果见表 3-20。Q8（对于汉语学习的间接兴趣）、Q9（父母对于汉语学习的态度）、Q10（藏汉双语的选择性喜好程度）等选项对于藏族学生的汉语学习效果具有显著性影响（差异系数均为 0.000 < 0.01），Q7（对于汉语学习的直接兴趣）也对汉语学习效果具有显著性影响（差异系数均为 0.017 < 0.05），而其他选项，如学习过程中的感受、学习目标导向、学习期望值以及成败归因等对于藏族学生的汉语学习效果的个体差异性影响均不显著。

表 3-20　学习动机因素对学生个体学习效果之间影响连续变量相关分析

项目		汉语学习效果	Q7	Q8	Q9	Q10	Q11	Q12	Q13	Q14
汉语学习效果	Pearson 相关性	1	0.182*	0.410**	0.366**	0.443**	0.058	0.134	0.148	−0.077
	显著性（双侧）		0.017	0.000	0.000	0.000	0.449	0.079	0.052	0.314
	N	181	173	173	173	173	173	173	173	173

* 在 0.05 水平（双侧）上显著相关； ** 在 0.01 水平（双侧）上显著相关

（3）学习兴趣较高和一般层级之间、父母态度积极和消极层级之间学生个体学习效果差异显著

　　针对相关分析所得出的，对于学生个体汉语学习效果影响显著的Q7（对于汉语学习的直接兴趣）、Q8（对于汉语学习的间接兴趣）、Q9（父母对于汉语学习的态度）、Q10（藏汉双语的选择性喜好程度）选项，笔者再一次做了多重分析，目的在于深入了解不同层级的学习动机之间的差异性。

　　通过学生个体的学习效果在Q7、Q8、Q9、Q10题项内部层级之间的差异性，笔者进行单因素方差分析，根据LSD法检验，结果见表3-21。

表3-21　学生个体学习效果在不同学习动机层级之间差异性多重分析

（I）Q7	（J）Q7	均值差（I-J）	标准误	显著性	95% 置信区间	
					下限	上限
不太喜欢	感觉一般	1.333 33	12.040 35	0.912	−22.435 5	25.102 2
	比较喜欢	−14.363 43	10.312 89	0.166	−34.722 1	5.995 3
	非常喜欢	−16.341 94	10.231 35	0.112	−36.539 7	3.855 8
感觉一般	不太喜欢	−1.333 33	12.040 35	0.912	−25.102 2	22.435 5
	比较喜欢	−15.696 77*	7.113 23	0.029	−29.739 0	−1.654 5
	非常喜欢	−17.675 27*	6.994 49	0.012	−31.483 1	−3.867 4
比较喜欢	不太喜欢	14.363 43	10.312 89	0.166	−5.995 3	34.722 1
	感觉一般	15.696 77*	7.113 23	0.029	1.654 5	29.739 0
	非常喜欢	−1.978 50	3.210 70	0.539	−8.316 7	4.359 7
非常喜欢	不太喜欢	16.341 94	10.231 35	0.112	−3.855 8	36.539 7
	感觉一般	17.675 27*	6.994 49	0.012	3.867 4	31.483 1
	比较喜欢	1.978 50	3.210 70	0.539	−4.359 7	8.316 7
（I）Q8	（J）Q8	均值差（I-J）	标准误	显著性	95% 置信区间	
					下限	上限
感觉一般	有帮助	−23.689 69*	7.886 23	0.003	−39.257 2	−8.122 1
	非常有帮助	−36.668 32*	7.838 53	0.000	−52.141 7	−21.194 9
有帮助	感觉一般	23.689 69*	7.886 23	0.003	8.122 1	39.257 2
	非常有帮助	−12.978 62*	2.889 85	0.000	−18.683 2	−7.274 0
非常有帮助	感觉一般	36.668 32*	7.838 53	0.000	21.194 9	52.141 7
	有帮助	12.978 62*	2.889 85	0.000	7.274 0	18.683 2
（I）Q9	（J）Q9	均值差（I-J）	标准误	显著性	95% 置信区间	
					下限	上限
他们也不喜欢汉语	他们对我的汉语没有要求	−4.532 47	7.673 41	0.556	−19.681 2	10.616 3
	会说几句就可以了	−3.103 17	9.292 96	0.739	−21.449 2	15.242 9
	和其他课程差不多就可以了	−26.702 09*	7.541 27	0.001	−41.589 9	−11.814 2
	他们非常重视我的汉语成绩	−21.131 76*	7.257 68	0.004	−35.459 8	−6.803 8

续表

（I）Q9	（J）Q9	均值差（I–J）	标准误	显著性	95% 置信区间	
					下限	上限
他们对我的汉语没有要求	他们也不喜欢汉语	4 .532 47	7.673 41	0.556	−10.616 3	19.681 2
	会说几句就可以了	1.429 29	6.934 43	0.837	−12.260 6	15.119 1
	和其他课程差不多就可以了	−22.169 62*	4.312 52	0.000	−30.683 3	−13.655 9
	他们非常重视我的汉语成绩	−16.599 292*	3.794 88	0.000	−24.091 1	−9.107 5
会说几句就可以了	他们也不喜欢汉语	3.103 17	9.292 96	0.739	−15.242 9	21.449 2
	他们对我的汉语没有要求	−1.429 29	6.934 43	0.837	−15.119 1	12.260 6
	和其他课程差不多就可以了	−23.598 92*	6.787 91	0.001	−36.999 5	−10.198 3
	他们非常重视我的汉语成绩	−18.028 58*	6.471 40	0.006	−30.804 3	−5.252 8
和其他课程差不多就可以了	他们也不喜欢汉语	26.702 09*	7.541 27	0.001	11.814 2	41.589 9
	他们对我的汉语没有要求	22.169 62*	4.312 52	0.000	13.655 9	30.683 3
	会说几句就可以了	23.598 92*	6.787 91	0.001	10.198 3	36.999 5
	他们非常重视我的汉语成绩	5.570 33	3.520 01	0.115	−1.378 8	12.519 5
他们非常重视我的汉语成绩	他们也不喜欢汉语	21.131 76*	7.257 68	0.004	6.803 8	35.459 8
	他们对我的汉语没有要求	16.599 29*	3.794 88	0.000	9.107 5	24.091 1
	会说几句就可以了	18.028 58*	6.471 40	0.006	5.252 8	30.804 3
	和其他课程差不多就可以了	−5.570 33	3.520 01	0.115	−12.519 5	1.378 8

（I）Q10	（J）Q10	均值差（I–J）	标准误	显著性	95% 置信区间	
					下限	上限
藏语课	汉语课	−9.626 46*	3.604 93	0.008	−16.742 7	−2.510 3
	两个都喜欢	−22.758 77*	3.604 93	0.000	−29.875 0	−15.642 6
汉语课	藏语文	9.626 46*	3.604 93	0.008	2.510 3	16.742 7
	两个都喜欢	−13.132 31*	3.216 88	0.000	−19.482 5	−6.782 1
两个都喜欢	藏语课	22.758 77*	3.604 93	0.000	15.642 6	29.875 0
	汉语课	13.132 31*	3.216 88	0.000	6.782 1	19.482 5

＊均值差的显著性水平为 0.05

　　Q7（对于汉语学习的直接兴趣）选项内部兴趣较高的层级和兴趣一般的层级之间之间学生个体学习效果差异显著；Q8（对于汉语学习的间接兴趣）选项内部不同层级之间学生个体学习效果差异显著；Q9（父母对于汉语学习的态度）选项内部，学生父母对汉语学习态度积极的层级，与态度消极的层级之间之间学生个体学习效果差异显著；Q10（藏汉双语的选择性喜好程度）选项内部不同层级之间学生个体学习效果差异显著。

　　为了对此结论进行进一步验证，笔者对父母的态度和学习成绩做了归类分析，结果显示："父母非常重视我的汉语成绩，要我一定学好"的学生汉语平均成绩为 63.22 分；"父母认为和其他的课程一样差不多就可以"的学生汉语平均成绩为 67.3 分;"父母认为会说几句汉语就可以了"的学生汉语平均成绩为 46.39 分;"父母对我的汉语学习没有要求"的学生汉语平均成绩为 47.81 分;"父母也不喜欢汉语"的学生汉语平均成绩为 43.29 分。整体表明,父母对学生的汉语学习越重视,学生的汉语成绩越高。

(二)藏族学生汉语学习策略因素分析

1. 学生的元认知策略最为常用

按照 Oxford 量表的规定,平均值在 1.0～1.4 至 1.5～2.4 范围内的都属于低频度,平均值在 2.5～3.4 范围内的属于中频度,平均值在 3.5～4.4 至 4.5～5.0 范围内的都属于高频度。[①] 从表3-22 的统计中可以看出,调研学生的元认知策略和社交策略应用频度较高,平均值为 3.5972 和 3.5245;其次是认知策略和情感,平均值为 3.4631 和 3.4393;应用频度较低的为记忆策略和补偿策略,平均值为 3.3892 和 3.2832 属于中频度应用。

表3-22 藏族学生元认知策略调研描述性统计

项目	N	最小值	最大值	M	SD
记忆策略	173	1.50	4.83	3.389 2	0.630 63
认知策略	173	1.89	4.89	3.463 1	0.600 75
补偿策略	173	1.40	5.00	3.283 2	0.793 00
元认知策略	173	1.71	5.00	3.597 2	0.665 18
情感策略	173	1.67	4.83	3.439 3	0.636 94
社交策略	173	1.50	4.83	3.524 5	0.693 18
有效样本数量	169				

此外,为了分析男女生对学习策略的应用现状,进行了不同性别的应用分析,统计结果表明(表3-23),在 6 组策略中,有 4 组男生比女生使用更频繁,只有情感策略是女生比男生使用较为频繁,元认知策略男女使用率相当。男生使用最多的是元认知策略,其次是社交策略;而女生使用最多的同样是元认知策略,其次是情感策略和社交策略。而通过成绩的均值分析可以看出,女生的语文总成绩略高于男生。

---

① 吴勇毅. 不同环境下外国人汉语学习策略研究 [D]. 上海:上海师范大学博士学位论文,2007:52.

表3-23　藏族学生元认知策略性别差异分析统计量表

项目	性别	N	M	SD
记忆策略	男生	89	3.413 9	0.610 37
	女生	84	3.363 1	0.654 08
认知策略	男生	89	3.508 1	0.603 46
	女生	84	3.415 3	0.597 76
补偿策略	男生	89	3.294 4	0.808 53
	女生	84	3.271 4	0.780 88
元认知策略	男生	89	3.597 1	0.662 25
	女生	84	3.597 2	0.672 34
情感策略	男生	89	3.374 5	0.622 74
	女生	84	3.507 9	0.648 29
社交策略	男生	89	3.550 6	0.669 22
	女生	84	3.495 9	0.721 68
汉语成绩	男生	89	60.313 2	20.285 53
	女生	84	61.687 8	20.909 54

2. 元认知策略对不同程度的学习者影响显著

通过对于不同学习效果程度的学习者群体进行学习策略均值的独立样本 T 检验分析，得出具有显著差异的是元认知策略差异性显著，高分组的学生更常使用元认知策略，见表 3-24 和表 3-25。T 检验分析提出差异系数为 0.562，大于显著性水平 0.05，因此可以认为两个组总体方差是相等的，即方差具有齐性，齐性检验双尾检验系数差异性系数等于 0.013，小于显著性水平 0.05，则说明不同学习效果程度的学生对于元认知策略的选项差异性显著。

表3-24　不同程度学生群体元认知策略应用效果独立样本T检验统计量表

项目	分数区分	N	M	SD	M（SD）
记忆策略均值	1.00	111	3.4099	0.589 38	0.055 94
	0.00	62	3.3522	0.702 00	0.089 15
认知策略均值	1.00	111	3.5175	0.624 87	0.059 31
	0.00	62	3.3656	0.546 33	0.069 38
补偿策略均值	1.00	111	3.2919	0.837 65	0.079 51
	0.00	62	3.2677	0.712 37	0.090 47

项目	分数区分	N	M	SD	$M(SD)$
元认知策略均值	1.00	111	3.6898	0.620 27	0.058 87
	0.00	62	3.4286	0.714 76	0.091 52
情感策略均值	1.00	111	3.5105	0.590 45	0.056 04
	0.00	62	3.3118	0.699 65	0.088 86
社交策略均值	1.00	111	3.5864	0.634 84	0.060 53
	0.00	62	3.4111	0.782 02	0.100 96

表3-25　不同程度学生群体元认知策略应用效果独立样本T检验统计分析

项目		方差方程的 Levene 检验		均值方程的 T 检验						差分的95% 置信区间	
		F统计量观测值	Sig. 差异系数	T 检验量	df	差异系数（双侧检验）	均值差值	SD		下限	上限
记忆策略	假设方差相等	2.181	0.142	0.577	171	0.565	0.057 76	0.100 18		−0.139 99	0.255 51
	假设方差不相等			549	109.109	0.584	0.057 76	0.105 25		−0.150 84	0.266 36
认知策略	假设方差相等	4.623	0.033	1.602	171	0.111	0.151 93	0.094 82		−0.035 24	0.339 09
	假设方差不相等			1.664	140.974	0.098	0.151 93	0.091 28		−0.028 53	0.332 38
补偿策略	假设方差相等	1.703	0.194	0.192	171	0.848	0.024 15	0.126 08		−0.224 73	0.273 03
	假设方差不相等			0.201	143.981	0.841	0.024 15	0.120 44		−0.213 91	0.262 21
元认知策略	假设方差相等	0.338	0.562	2.502	170	0.013	0.261 26	0.104 42		0.055 13	0.467 40
	假设方差不相等			2.401	109.692	0.018	0.261 26	0.108 82		0.045 60	0.476 92
情感策略	假设方差相等	1.482	0.225	1.984	171	0.049	0.198 68	0.100 14		0.001 02	0.396 34
	假设方差不相等			1.891	109.569	0.061	0.198 68	0.105 05		−0.009 52	0.406 88
社交策略	假设方差相等	3.633	0.058	1.582	168	0.115	0.175 25	0.110 76		−0.043 40	0.393 91
	假设方差不相等			1.489	101.913	0.140	0.175 25	0.117 71		−0.058 23	0.408 74

3. 元认知策略对于学生个体汉语学习效果影响显著

为了进一步了解学习者的学习策略对学习效果的影响，笔者做了偏相关分析。如表 3-26 所示，考虑到不同学校及任课教师对学生的学习效果产生影响，在此，将学校因素作为控制变量，即剔除学校变量影响的情况下，元认知策略对于汉语文学习效果影响影响显著，差异系数为 0.000，小于显著差异性水平 0.01；其次是情感策略差异系数为 0.005，小于显著差异性水平 0.01；认知策略、社交策略以及记忆策略也对汉语学习效果有显著的影响，差异系数分别为 0.019、0.020 和 0.023，均小于显著差异性水平 0.05；而补偿策略则没有显著影响。

表3-26　元认知策略因素与学生个体学习效果偏相关分析

控制 变量			记忆 策略	认知 策略	补偿 策略	元认知 策略	情感 策略	社交 策略
学校	个体 学习 效果	相关性	0.177	0.182	0.048	0.270	0.216	0.181
		差异系数（双侧检验）	0.023	0.019	0.537	0.000	0.005	0.020
		自由度	163	163	163	163	163	163

（三）藏族学生汉语学习环境因素分析

1. 整体而言学生的语言环境以藏语为主

对于学生的语言学习环境分析可以得出，如图 3-10 所示，80% 的学生在社交的亲朋好友中交流"完全使用藏语"或者"主要使用藏语"；同样有 80% 的学生在社区内与邻居交流"完全使用藏语"或者"主要使用藏语"；超过 90% 的学生在家庭中与父母交流"完全使用藏语"或者"主要使用藏语"；超过 80% 的学生在课堂内外与同学交流均"完全使用藏语"或者"主要使用藏语"。这表明藏族学校学生的语言环境基本相似，学生普遍处于完全使用藏语或主要以藏语为主，有时也用汉语的语言环境中。然而，与此相对应的是，通过问卷可以看出，调研学校的汉语教师在课堂教学中几乎完全使用汉语教学。从实地调研中证实，藏语类学校的汉语教师大多为藏语非母语教师，他们绝大多数不懂藏语，上课只能用汉语交流，与学生的生活背景差异较大，课堂交流存在一定的语言障碍。

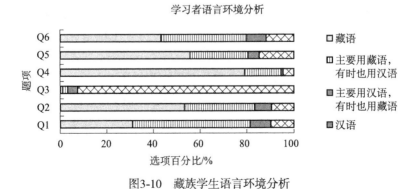

图3-10　藏族学生语言环境分析

学习者语言环境分析题例说明，见表 3-27。

表3-27 学习者语言环境分析题例说明

题项	简介
Q6	你认识的亲朋好友中，他们主要都使用什么语言？
Q5	你在家和邻居们交流主要用什么语言？
Q4	你在家里的时候，跟父母交流主要用什么语言？
Q3	你的汉语课老师，用什么语言来讲课？
Q2	你在学校里课外时间，跟同学们交流主要用什么语言？
Q1	你在课堂中，与同学交流用什么语言？

2. 语言环境因素整体相似，对于不同程度的学生群体间没有产生差异性影响

如表 3-28 所示，通过不同程度的学习者之间的语言环境影响独立样本分析得出，T 检验分析提出差异系数为 0.608，大于显著性水平 0.05，可以认为方差具有齐性，齐性检验双尾检验系数 0.240，大于显著性水平 0.05，则说明不同学习效果程度的学生群体间对学习环境没有产生显著差异性。

表3-28 不同程度的学生群体间语言环境因素独立样本T检验分析

项目		方差方程的 Levene 检验		均值方程的 T 检验					差分的95%置信区间	
		统计量观测值	差异系数	检验量	df	差异系数（双侧检验）	均值差值	SD	下限	上限
语言环境均值	假设方差相等	0.265	0.608	-1.179	171	0.240	-0.093 17	0.079 00	-0.249 10	0.062 77
	假设方差不相等			-1.205	134.648	0.230	-0.093 17	0.077 29	-0.246 03	0.059 70

3. 语言环境因素均值对于学生个体学习效果没有显著影响，但社交语言对汉语学习效果影响显著

为了进一步分析语言环境因素对汉语文学习效果的影响，偏相关分析结果见表 3-29，考虑到不同学校及任课教师对学生的学习效果产生影响，剔除学校

变量影响的情况下，语言环境整体而言对于藏族学生的汉语学习效果没有产生显著影响，差异系数为 0.175，大于显著性水平 0.05。

表3-29　语言环境因素与学生个体学习效果偏相关分析

控制变量			汉语成绩	语言环境均值
学校	汉语成绩	相关性	1.000	−0.105
		差异系数（双侧检验）		0.175
		df	0	166
	语言环境均值	相关性	−0.105	1.000
		差异系数（双侧检验）	0.175	
		df	166	0

为了进一步分析语言环境因素对于汉语文学习效果的影响，对于具体语言环境的具体因素进行了单因素方差分析，结果见表 3-30，在社交的亲朋好友交流用语对于汉语学习效果具有显著性影响（差异系数为 0.005 < 0.05），而其他的课内外交流用语、汉语教师用语、家庭主要用语等对于汉语学习效果的个体差异性影响均不显著。

表3-30　语言环境相关因素对汉语学习效果影响单因素方差分析

因变量：汉语评价成绩	单因素方差分析（ANOVA）				
可解释的变差	离差平方和	df	方差	统计量观测值	差异系数
Q1：课堂交流用语	73.131	96	0.762	0.901	0.685
Q2：课外交流用语	77.229	96	0.804	0.873	0.735
Q3：汉语教师用语	12.166	96	0.127	0.441	1.000
Q4：家庭主要用语	48.945	96	0.510	0.981	0.539
Q5：社区邻居主要用语	108.672	96	1.132	1.009	0.488
Q6：亲朋好友主要用语	113.838	96	1.186	1.805	0.005

（四）藏族学生汉语学习语言因素分析

藏语和汉语同属汉藏语系,汉藏语系的命名仿效印欧语系，"汉"东"藏"西，包括几十种发生学分类上同源的亲属语言，从语系的命名中可以看出藏语在汉藏语系中的价值和地位。按发生学进行分类,藏语属于汉藏语系藏缅语族藏语支，随着语言的发展和演变，现代藏语支语言的整体特点是：①有丰富的复辅音声母，结构复杂，数量也多；②单元音韵母较多，也有复元音韵母；③辅音韵母简化，带辅音韵尾的韵母减少；④声调成为具有音位价值的语音要素；⑤有丰富的曲折形态系统，曲折法和附加法并用；⑥语法成为以后置为主，属后置表达系统；⑦动词有时、体、人称、语态、式、方向等语法范畴；⑧判断和存在动词有类别范畴。①

1. 语音分析

从语音的角度分析，对于汉语而言，普遍默认的语音形式即为普通话，而对于藏语而言，仍旧分为三个主要的方言区，即卫藏方言、康方言（也称康巴方言）和安多方言区②，三个方言区共享着相同的书面语言文字，但口语语音却有所差异。三大方言区的划分，根据地理位置进行，卫藏方言主要分布在西藏自治区；康方言主要分布在四川、云南等省的藏族地区；安多方言主要分布在甘肃、青海等省的藏族地区。由于本书的研究对象主要选自甘肃甘南藏族自治州以及青海省部分地区，因此对于安多方言进行详细分析。

安多藏语属于无声调的语言，段海凤博士通过对单音节、双音节、三音节、四音节音高模型的实验分析，发现安多藏语的音高虽然不区别意义，但是有其相对固定的音节位置，在语流中基本不变，我们可以称其为"习惯性音高"，而康方言区和卫藏方言区这两个有声调的藏语方言区学生汉语声调水平较高，存在偏误明显少于安多方言区的学生。此外，安多藏族学生在汉语声调习得过程中，最难习得的声调是T2，最容易掌握的声调是T4，且声调习得顺序为去声、阴平、上声、阳平。这种顺序不受音节数量的影响，并且4个调类的习得过程不是平行的。基于这些研究，段海凤对教学过程提出了相应的建议，如汉语声调教学方法本身的改进，包括：①加强不同声调之间对比的听辨；②声调特征分段教学策略；③单音节字和多音节词声调的发音训练；④加强阳平和上声两个声调的教学。③

2. 语法分析

只有对一门语言的语法规则做深入的了解，才能把所学到的词汇组织成合乎规范的句子，才可以正确地理解，准确地表达。从前期调研中可以看出，语法因素是绝大多数藏族学生在汉语学习过程中所面临的主要障碍因素。因此，深入分析汉藏语法系统的异同点，对于有效促进汉语理解具有很好的辅助作用。崔永华对于对外汉语教学分析后指出，词组是汉语最基本的语法单位，是汉语语法结构的核心，学生了解了汉语的词组结构，就抓住了汉语语法结构中最本

---

① 瞿霭堂,劲松.汉藏语言研究的理论和方法［M］.北京：中国藏学出版社，2000：29-34.
② 瞿霭堂,劲松.汉藏语言研究的理论和方法［M］.北京：中国藏学出版社，2000：39.
③ 段海凤.藏语多方言词重音对汉语普通话声调习得的影响［D］.北京：中央民族大学博士学位论文，2012.

质的东西，就比较容易理解汉语从构词到词组、句子以至于篇章的结构原理。①整体而言，从语序的角度分析，汉语、藏语两种语言的基本语序有共同点，也有差异：主语都在谓语前，但是宾语的位置不同。藏语的基本语序为主语＋宾语＋谓语，而汉语的基本语序为是主语＋谓语＋宾语。也就是语序类型学所提出的 SOV 和 SVO 两种类型语言，藏语属前者，汉语属后者。

林秀艳在其博士论文中详细分析了定中型和状中型这两种偏正短语，认为这种最为常用的短语句式在一定程度上可以代表汉藏语系的语法结构的异同。②

（1）定中短语是指"定语＋中心词"的结构类型短语

其中的领属定语的语序在藏语、汉语两种语言中是一致的，也就是领属定语在前，中心语在后（如"扎西的钢笔"这种表述汉语、藏语中基本一致）。

在数量定语中，藏语中的定语成分可在中心词前也可在中心词后，数词修饰量词时通常无需加量词，数词有度、量、衡时才加量词而汉语中数量定语一般来说在中心词前，量词不可缺（如汉语陈述"三个本子"藏语表述为"本子三"）。

在指示定语中，藏语的指示词有单双多数和远近高低的不同，且指示代词起指示作用时用于中心词后，而在汉语中，充当指示定语的最基本的词只有"这"和"那"。常见的形式是"这/那＋量词＋中心词"，（如汉语陈述"这两把折刀"，藏语表述为"折刀两把这"）。

在性状定语中，当藏语的定语不止一个形容词时，一般表颜色的紧靠中心词，其后依次是表形状、质量、数量的；如果中心词同时带有形容词和数词、指示词，语序一般为中心词＋形容词＋数词＋指示代词。汉语性状定语的语序正好和藏语相反，呈"镜像关系"，单一形容词定语语序是定语＋中心词，多个形容词语序为数量＋质量＋性状＋颜色＋中心词（如汉语陈述"许多小红花"，藏语表述为"花红小许多"）。

时地定语中藏汉语的语序基本相同，都用于中心词的前面（如"三峡风光"这种表述汉藏语系中基本一致）。

如果所有类型的定语都出现，在藏语中，顺序应该是：领属定语＋时地定语＋行为定语＋中心词＋性状定语＋数量定语＋指别定语，在汉语中，顺序应该是：领属定语＋时地定语＋指别定语＋数量定语＋行为定语＋性状定语＋中

---

① 崔永华. 对外汉语教学的教学研究［M］. 北京：外语教学与研究出版社，2005：195.

② 以下分析内容整理自：林秀艳. 西藏中小学汉语教学的理论与实践研究［D］. 北京：中央民族大学博士学位论文，2010.

心词。由此可以看出，藏语有前后定语，汉语只有前定语。

（2）状中短语指的是"状语＋中心语"的结构类型短语

在汉语中，各种不同类型的状语如果同现，那么大体的排序应该是：因由—时地—语气—幅度—否定—关涉—性态—数量。但是在藏语中，表性质的形容词作状语修饰动词时一般都在动词前。副词作状语修饰形容词时，多数在形容词之前，也有的在形容词之后，或可前可后。副词作状语修饰动词，表示动作发生的时间、方式、范围、方向、程度等，一般都在动词之前，但动词如果是多音节的，也可以插在中间；如果几个副词同时修饰一个动词，一般表否定的副词离动词最近，表时间的副词离动词最远，其他副词居中，而且它们的词序比较自由。

此外，汉语中有大量藏语中所没有的或者与藏语结构形式迥异的特殊句式（比如，把字句、被字句、是字句、兼语式、连动句、比较句、表示数、时间、强调、方位的表示法等）以及部分虚词的用法，其中副词和助词用法最复杂也最重要。

第三节　藏族学生汉语学习理解特殊性总结

本章内容主要从学习者的角度出发，以青海省海南藏族自治州和甘肃省甘南藏族自治州的部分小学高年级学生为例，调研了藏族学生汉语学习理解效果的现状，分析了藏族学生汉语学习过程中的特殊性和主要的理解障碍问题。

一、藏族学生汉语学习中句子语法内容理解最为困难

从前期调研数据中可以看出，藏族学生普遍反映对于汉语句子语法内容的学习最为困难。这在学习者群体内部有一定的差异，表现为学习效果较弱群组对句子语法和词汇解析更难理解；学习效果较佳群组对句子语法和内容体会更难理解。根据汉藏语言变体因素分析可以得出，汉语和藏语属于不同结构顺序的语言，这种差异性主要体现在句子语法学习过程中学生需要进行语言变体的转换，由此对于含义的理解造成了一定的障碍和影响。

二、藏族学生汉语学习中辨析整合层级理解效果最低

从前期调研数据中可以看出，藏族学生对于汉语阅读效果中辨析整合层级

能力最低。辨析整合能力层级在调研中的具体题型表现为概括段落大意等，是阅读理解考核中主要的测试题型，也是分析学生对于篇章理解效果的主要方式。除此之外，学生的逻辑推理能力和评价赏析能力也较弱。

三、低语境和语言变体因素对藏族学生汉语理解影响最显著

由调研可知，藏族学生对汉语学习处于低语境的学习环境中，绝大多数藏族学生的家庭语言环境、社区语言环境等均是藏语环境，且在课堂教学过程中更多地使用母语藏语进行同伴之间的交流。此外，低语境的学习环境还体现在由于地处偏远地区，学生对课文内容中描绘的许多事物缺乏情境感知体验，由此造成了对于学习理解的低语境障碍。

从母语藏语和第二语言汉语的语言角度进行分析，如前文所述，语音、语义和语法之间的差异均较大，对于语言学习而言，这很容易产生负迁移导致理解困难。然而语言变体因素的客观存在的因素，无法通过教学过程进行改变，只能在寻求规律的基础上有效地改变教学过程，从而尽可能地减少语言变体所带来的负面影响效果。

第四章　促进理解的汉语教学模型构建

> 如果经验不能指向将更多的事实及观念进行更为合理而有序的安排，这样的经验不具备教育性……要使经验具有教育性，必须把主题引入一个更为宽广的领域中……为实现这一点，教育者必须把教学与学习过程看成一种经验持续改进的过程。
>
> ——杜威

第三章对于小学高年级的藏族学生汉语学习理解现状和特殊性做了广泛的调研分析，实践调研数据可以作为研究的现实依据，但却无法仅从教学实践或经验中提炼出理论化的模型，其普适性和合理性还需要从理论的角度进行推衍分析。模型生产的基本要素包括系统的理论反思、大量的一手实践证据（包括科学实验和经验观察）、实用的研究方法论及研究方法路线、恰当的"催化剂"、协同的"反馈环"。① 因此，本章在现状调研的基础上，以藏族学生汉语学习的特殊性和主要的理解障碍为基本出发点，以技术在学科教学中的应用为导向，构建有效促进藏族学生汉语理解的教学模型。

第一节　促进理解的汉语教学模型建构依据

一、实践依据

从前期小学高年级藏族学生汉语理解效果现状调研中可以得出，从理解内

---

① 裴新宁.学习究竟是什么——焦尔当·安德烈教授访谈录［J］.全球教育展望，2008，（1）：13-20.

容和理解层级的维度分析，汉语句子语法内容和篇章阅读辨析整合层级的理解效果较弱。此外，从理解影响因素的维度分析，可以大致分为外因和内因两种，外因主要是语言环境和语言变体因素，这具有藏族学生学习的特殊性和不可更改性，普遍对藏族学生群体产生了广泛影响；内因主要是学习动机和学习策略因素，属于可控性因素，在藏族学生群体内部对于不同层级的学生产生了不同的影响。从前期调研的藏族学生汉语学习理解现状和特殊性的调研结论中我们可以做出如下的理论推衍。

（一）情境缺失造成藏族学生汉语学习理解困难

如前文调研所述，绝大多数少数民族聚居地区的藏族学生，对于汉语学习而言处于低语境的语言环境中，家庭用语、社区用语以及学校同学之间的交流用语都以藏语为主，这就使得汉语学习缺乏良好的语言运用环境，尤其是对于小学高年级藏族学生而言，他们被期望具有"正确理解和运用汉语言文字的能力"①。Kandel 在短时记忆向长记忆的转化的研究中认为，长时记忆的形成需要开启某些基因，编码抑制蛋白的基因肯定为经验设立了一个阈限，只有超过这个阈限的经验才能进入到长时记忆中。② 然而对于藏族学生而言，在汉语课堂教学之外的绝大多数时间内，他们均处于母语环境中，在汉语学习初级阶段内，没有充裕、真实的语言练习环境，不利于习得的汉语相关知识从短时记忆向长时记忆的有效转换，也不利于第二语言学习中的练习和矫正，这种语言应用环境的情境缺失，很容易造成藏族学生汉语言学习理解困难。

此外，少数民族聚居地区，多为西部偏远农牧地区，尤其是藏族学生，成长的环境大多在高原上，草原风景优美，但气候较为严寒，动植物种类较少，而且社会发展较为落后，环境较为闭塞，所以对现代社会发展的产物较为陌生。此外，全民信教的藏族大多数家庭在宗教色彩浓郁的环境中成长，形成了独特的文化背景，这样使得绝大多数学生对于教材中的内容缺乏相同情境的体会，即缺乏信息的形式与意义之间的联系。由此，低语境带来知识应用的情境缺失，进一步造成藏族学生汉语学习知识理解困难。

由此，从情境缺失的角度看，整合技术的理解性教学应该为学习者创设缺失的情境。具体而言，应该包括语言交流的情境和知识应用的情境两部分内容。

---

① 课程教材研究所少数民族汉语课程教材研究开发中心编著.汉语（藏族地区专用）［M］.北京：人民教育出版社，2009：说明.
② Kandel E R.追寻记忆的痕迹［M］.罗跃嘉等译.北京：中国轻工业出版社，2007：182–192.

（二）母语负迁移作用极大地影响了学习者的理解效果

前文调研显示，学习者在理解内容维度中普遍选择最难理解的内容是句子语法。此外，藏族是具有自己语言和文字的民族，通过藏语和汉语的语言对比分析，可以得出藏语和汉语各自的字音、字形、语法结构等都具有很大的区别。

句子语法内容与母语负迁移现状其实是反映了同样的问题。二者呈现因果关系，句子语法是表象，母语负迁移是成因。从"语言迁移"的理论来分析，人们倾向于将一种语言（通常是母语）的语言形式及其意义以及与其相联系的文化迁移到另一种语言（通常是第二语言）的学习中去。① 语言迁移是一种"跨语言现象"，它包括母语对第二语言习得的影响和母语向第二语言的借用，但由于多数的研究均关注于母语对第二语言习得中的影响，所以语言迁移就成了母语迁移的代名词。许多研究表明，母语迁移的现象主要表现为 3 种形式：正向迁移（即母语与目的语的相同之处会促进第二语言学习，加速通过中介语中某些发展序列）；负向迁移（即母语的干扰，由于母语和目的语的某些形式和规则系统不同而被学习者误以为相同所致）；习得时间不等（语言难度差异与语言距离呈正相关）。② 从藏汉双语体系本身的差异性以及藏族学生的句子语法理解困难现象来分析，藏族学生在汉语学习过程中，语言变体更多的是导致汉语言学习会带来母语藏语的负迁移现象，这样也可以解释为什么许多藏族学生，甚至是汉语水平较高的高校学生，在语言表达中经常会出现"倒装句"。"倒装句"的成因，是句子语法的不规则体现，语法是语言的组成结构规则，表现出不同语言之间的差异性，这与前期调研数据是相匹配的，藏族学生汉语句子语法理解困难，体现了学习者运用语言习惯的特殊性。语言运用习惯是个体长时期在某种语言环境中运用语言积累下来的某种经验、方式以及策略的综合倾向，这种综合倾向被个体所熟悉和经常积累，它促使个体易于融入语言环境，但形成之后往往又成为个体转换语言运用场景引起"适应"的关键因素。③

汉语作为一门第二语言，在教学过程中应该特别重视其应用性和实践性。④

---

① Freeman D L，Long M H. *An Introduction to Second Language Acquisition Research* ［M］. BeiJing：Foreign Language Teaching and Research Press，2000：F16.

② 王建勤.汉语作为第二语言的学习者习得过程研究［M］.北京：商务印书馆，2006：98-100.

③ 赵兴龙，王冰洁，张俊.技术促进语言运用的五个假设［J］.中国电化教育，2011，（4）：13-20.

④ 汉语课程标准研制组编写.全日制民族中小学汉语课程标准（试行）［M］.北京：人民教育出版社，2007，11.

因此，笔者认为，针对母语负迁移所导致的理解困难问题，应当更多地从信息输出的反馈与交互予以关注，语言输出的作用，通常是被认为有促进作用，即尽管语言输出不能建立学习者的语言系统，但有助于第二语言系统的发展。[①] 原因有二：一方面，意义沟通使得学习者的语言输出可以反映出学习者对于语言变体带来的理解障碍；另一方面，通过反馈信息的再次输入干预，可以矫正学习者的理解偏颇。藏族学生汉语习得过程中，缺乏强化输出的语言环境，即在课堂正式学习环境中，缺乏课堂语言输出联系的设计，这主要是由于汉语课时量较少，而教师在课堂中的教学又更多关注字词句的解析；在课外非正式学习环境中，绝大多数的藏族学生都处于以藏语为主的语言环境中，因此，整体的语言环境不利于汉语的习得。然而，从社会文化背景的角度考虑，藏语作为民族的母语，具有文化传承的功能，应到得以保持和发扬光大，因此笔者也无意剥夺藏族学生的非正式母语环境，对于整合技术的理解性教学设计仅关注课堂正式学习环境。从前文调研中可以得出，因为汉语课时量较少的原因，教师在课堂教学中只得精简教学内容，而所有的教师都将字词句的解释说明作为主要的教学内容，其次是对课文逐字逐句地翻译讲解，整体课堂以讲授为主，而藏族学生缺乏语言输出的练习机会。此外，由于大班授课的规模，教师很难顾及每一位学生的学习效果，因此，在部分教师有限的课堂提问中，也只有少数学生受益。

（三）意义建构缺乏引导造成学生理解层级偏低

学习者理解的过程，也就是意义生成的过程，从生成性理论的角度分析，需要建立两方面的生成关系，即文本的各部分内容之间的生成关系，以及文本内容与学习者的知识经验之间的生成关系。从前文调研中可以得出，在藏族学生汉语学习阅读理解过程中，辨析整合层级效果最低，逻辑推理层级次之。这两个层级的效果评价主要体现为概括文章主要内容，以及梳理文章结构以及推理出文本某些观点等题型。这些层级理解的核心，是学习者对于阅读文本进行意义建构的过程，也就是学习者对于所接收到的文本信息进行思维加工的过程。从心理学的角度分析，更新追随假设理论认为的读者在阅读过程中会对信息进行不断的推理整合，即读者的局部精加工推理与整体的目标推理均可能随着阅

---

① Van Patten B. *From Input to Output：A Teacher's Guide to Second Language Acquisition* ［M］. 北京：世界图书出版公司，2007：76.

读即时地进行。[①] 也有实验证明了该观点，在阅读需要进行简单推理的文本阅读中，读者对关键信息的整合是即时发生的。[②] 那么，藏族学生汉语阅读过程中所表明的辨析整合和逻辑推理效果较差，就体现了学习者意义建构过程不够完善。意义建构过程缺乏合理的引导，进一步导致学生的理解表现层级偏低。

二、理论依据

整合技术的藏族学生汉语理解性模型构建的理论依据，除了前文所述的核心理论，即理解性教学理论的支持，还包括情境认知与学习理论，以及生成性学习理论的依据，分析如下。

（一）情境认知与学习理论

从 20 世纪上半叶行为主义学习理论所提出的学习隐喻"学习是反应的强化"主导着人们对学习的认知与相关的研究方式以来，研究者们对学习的隐喻研究和认识也在不断发生着变化，包括认为"学习是知识的获得""学习是知识建构"，以及目前所达成广泛共识的第四种关于学习的隐喻"学习是知识的社会协商"。自 20 世纪 80 年代以来，有关认知与学习的情境理论逐渐成为一种能提供有意义学习并促进知识向真实生活情境转化的重要学习理论。尽管对知识、学习、理解的情境性研究是多视角的，但是所有的情境认知与学习理论都强调认知与学习的交互特性，个体、认知、意义正是在互动中以社会和文化的方式建构的，强调实践的重要性，并认为实践不是独立于学习存在的，意义也不是与实践和情境脉络相分离的，意义正是在实践和情境脉络中加以协商的。[③]

情境认知理论主张把认知研究的重点从个体转移到社会文化情境和那种情境中的人们的活动，认为知识是通过社会中的人们的生活实践自然出现的。[④] 钟志贤教授曾提出，情境认知理论的主要内涵包括：①情境是一切认知/学习和行动的基础，强调情境的真实性。②知识是一种应用工具，是真实的活动结果；知识是一种社会建构，并表现在人们的行动和共同体互动中。③学习是一种积极参与学习共同体/实践共同体和积极互动的过程。④强调认知工具/资源的运

---

① Graesser A C, Singer M, Trabasso T. Construction inferences during narrative text comprehension [J]. *Psychological Review*, 1994, 101（3）：371-395.

② 曾庆，莫雷，冷英. 文本阅读中简单推理情境下的信息整合 [J]. 应用心理学，2003，（12）：49-53.

③ 高文等编著. 学习科学的关键词 [M]. 上海：华东师范大学出版社，2009：8-16.

④ 皮连生主编. 教育心理学（第四版）[M]. 上海：上海教育出版社，2011：10-11.

用和知识的协作/社会性建构。⑤要求学习者在学习的过程中清晰地表达理解和反思。⑥教师的主要角色是帮促者。⑦强调真实性的评价。①

在本书中，情境认知与学习理论给予我们的启示在于：为了有效地促进学生的理解效果，应该强调超越事实信息的机械式记忆，强调藏族学生对汉语的学习应该在真实的知识情境中，应该为学生提供可理解性的输入。研究焦点主要是学生在理解方面存在的障碍、在认知方面的成长、学生通过探索构建理解的过程等。

（二）生成性学习理论

学习的内在过程以及学习是如何被激发的，是教学设计人员需要考虑的首要问题，对这些过程的认识主要是通过有关认知功能、认知过程以及记忆结构的大量理论观点、推论和实验证据而获得的。解释这些过程的一个重要观点，就是生成性学习理论。有关生成性学习理论的研究，被认为是起源于20世纪70年代的美国，心理学家威特罗克（M. C. Wittrock）在对如何提高学生阅读能力的探索中，指导学生尝试运用生成学习的策略，极大地提高了学生的理解迁移能力。从那时起，他就对生成学习进行了孜孜不倦的研究，被称为是生成性学习理论的创始人。②

在生成性学习理论中，威特罗克强调了一个十分重要的基本假设：学习者不是信息的被动接受者，而是学习过程中的主动参与者，他们在对环境中的信息建构有意义的理解。③生成性阅读理解模型包括4个部分：生成（generation）、动机（motivation）、注意（attention）和记忆（memory）。①生成过程包括学习者语义和实践之间两类关系的主动生成过程，即文本的各部分内容之间的生成关系和文本内容与学习者的知识经验之间的生成关系。也就是信息材料激活大脑的认知功能，学习者在所见所闻之间建立起联系，把材料信息与记忆内容整合在一起，对信息材料进行重组、精加工和再次建构的过程，维特罗克（Merlin C. Wittrock）认为正是这部分将生成学习理论和其他的学习理论区分开来。②动机。威特罗克将兴趣与对成败的归因认定为动机的两个基本要素，对成败的归因影响着学习者是否会竭尽全力地学习。即在上述两类关系的主动生成过程中，表

---

① 钟志贤.信息化教学模式［M］.北京：北京师范大学出版社，2006：260–261.
② 陶炳增，孙爱萍.论威特罗克的生成性学习理论的教学含义［J］.开放教育研究，2004，（6）：61–64.
③ Osborne R J，Wittrock M C.Learning science：a generative process［J］. *Science Education*，1983，67（4）：489–508.

明了学习者投入到学习过程中的动机和意愿，以及对个人成败的归因，如果他把成败归因于自己而不是外部因素，那么他就会更努力一些。③注意。这个模型中的第三个要素，指导关于相关文本、相关已有知识以及相关经验之间的生成过程。注意被认为是学习过程中的基本成分，没有注意也就不可能有对信息材料的加工。④记忆。包括已有概念、元认知、抽象知识和创造性经验这4类模型中的要素，大脑不断地接收着新的信息材料，并对其进行编码和整合，在记忆内容和材料信息之间生成关联，生成理解。① 在该生成性理论的指导下，教学变成是引导学习者发挥自身的生成学习来建构意义和行为计划的过程。② 生成性理解的教学原则如下。

1）关于理解的教学是一个获得学习者相关知识的生成过程，相关知识包括文本内容之间的相关和文本与个人经验之间的相关。

2）学习者的知识、先前概念和经验都与设计生成性教学相关。

3）学习者构建的关系必须与理解相关，并且是可讲授和测量的。当学习者强调了文本中的不相干词汇，构建了不恰当的评论，或者提出了错误的观点时，他们的理解效果通常会明显下降。这个发现支持了关于信念就是我们致力于研究一个对于理解具有巨大影响力的变量。当学习者被教授恰当地使用它时，就会逐步提高理解效果；而当学习者不恰当地生成时，就会影响理解效果。

4）通过学习者逐步构建起不同部分的文本意义以及文本意义与学习者的知识经验之间的关系时，就会逐渐生成主题、类型和不同功能的结构。有效的主题和相关的结构包括学习者自己的语言和经验。

5）有效地生成教学活动来引导学习者建构他们无法自然反应的相关内容。

6）孩子的能力从教师的讲授到自己的生成之间具有一个发展的进程，在一个小孩可以从自己生成中学习之前，他总是从教师的讲授中获取知识。

7）生成性教学可以是直接的或是间接的，也可以是建构的或者弱建构的，取决于学习者的背景知识和能力，以及学习策略。发现并不是问题，生成适宜的关系才是问题。

8）关于理解的元认知策略可以直接教给学习者，来促进他们组织、管理和

---

① Wittrock M C. Generative process of comprehension［J］. *Educational Psychologist*，1990，24（4）：345-376.

② Wittrock M C. Generative learning processes of the brain［J］. *Educational Psychologist*，1992，27（4）：531-541.

控制想法生成过程的能力。

9）学习者的思维过程可以被教学所采纳，就像教学可以被学习者接受一样。分解和整合能力可以根据需要不同的作用，应用于不同的生成活动中来促进理解。[①]

总之，生成性学习理论并不是发现式学习，而是以学习者为中心的学习，采用了一些积极建构意义的活动。生成性学习活动要求对外部刺激进行内部处理，是存在于外界刺激和学习者之间的，认为教师和学生在学习过程中应该是一种伙伴关系。[②]生成性学习理论对本书的启示在于，整合技术促进藏族学生汉语学习理解的过程，也就是有效地引导学生生成理解意义的过程，基于生成性理论的指导，应该更加关注学习者的动机、注意、记忆和生成的过程。

（三）全语言理论

全语言理论诞生于 20 世纪 50 年代，其代表人物包括夸美纽斯、杜威、维果斯基、韩礼德等人。在 1987 年，加利福尼亚州开始推行全语言教学阅读方式以后，许多地区都加入这一热潮，引发了众多教师投身于全语言教育，并且引发了出版界全语言教材的大量发行，使得全语言理论发展进入了高潮阶段。然而随后加利福尼亚州语言阅读测试成绩的不堪，使得全语言理论又受到了广泛的质疑。对于全语言理论而言，其主要观点和基础理论可以概括如下。

1. 全语言的语言观

全语言的语言观包括 3 部分，即系统性、静脉性、全纳性。

全语言认为，语言是由口头语言和书面语言构成的系统，内部不存在单一的一对一的字母与声音的对应关系，存在的是口语子系统和书面语子系统的对应。此外，全语言认为语言不仅仅是创造性的活动，并且与语境联系起来，是某种特定的交际事件。全语言的全纳性世界观认为，各种语言都算是同一语系的方言，人们因为距离、天然障碍、社会阶层、种族歧视或法律上的因素有所隔离，也因而各自发出不同的语音形式，这种形式上的差异，可能是词汇、语言、语法和语用，每种方言的变异都反映着不同人群生活经验的差异。学校应该接受语言多样和充满活力的本质，支持学生在语言上的多样和差异性。这体现出一个多元文化理念，是所有人对意义的共享，在这个共享的过程中，唯一保持

---

① Wittrock M C. Generative process of comprehension ［J］. *Educational Psychologist*，1990，24（4）：345–376.

② 〔美〕J. Michael Spector等主编. 教育传播与技术研究手册 ［M］.任友群等主译.上海：华东师范大学出版社，2012：144–145.

清醒的是沟通渠道和沟通制度，以便所有人都可以贡献力量并为之做出贡献。

2. 全语言的语言学习观

全语言观认为语言学习是一个自然的过程，只要儿童置身于语言运用丰富的环境中，就会自觉地观察探究语言的各种用法，并在情境中拓展使用（信息技术可以模拟这种情境），认为语言学习是一个社会交流的过程，语言学习是一个意义建构的过程，读者是文本的意义建构者，而建构是一个动态、探究的过程，读者在阅读的过程中要经历视觉、知觉、句法、语意递进循环的心理过程。

3. 全语言的语言发展观

全语言认为语言发展的动机不仅在于个人的创造，也来自于社会的约定，它们的相互作用推进了语言的发展。强调语言的发展是从整体到部分的，强调从外部形态和内部意义两个方面来研究儿童语言的发展。即外部形态表现为从单词到句子，而内部意义则是从整体意义到部分字词句的表述。全语言认为语言发展的特征是功能先于形式，即儿童使用语言第一位是想表达什么意思，在此目的下激励他们去操纵语言的形式，让语言满足自己的需要。

4. 全语言的课程观

讨论课程应当首先定位于儿童的生活，全语言认为课程是真实情景中对于语言的真实应用，是基于经验且属于经验的。作为探究的全语言课程不仅是语言的中心，而且是思维的中心。全语言观点认为对于课程的组织应该是统整的原则，即学习语言、经由语言的学习和学习语言知识应该是一个统一的过程。全语言观点认为对于课程的组织方法是主题循环的方式，让学生在生成性的学习中参与课程的规划，给予学生选择真实的相关活动的机会。

5. 全语言的教学观

全语言观点中的教师需要扮演4个角色，即中介者、观察者、创造者、解放者。全语言观点中的学生，具有如下特点：沉浸在丰富的读写环境中；从事与自己有关的活动；进行功能性读写；进行试验与冒险。全语言教学应遵循如下原则：在学习者已有的学习与内在动机基础上设计教学计划；将有意义、相互关联的整个文本作为教学资源；在功能性、有意义、相互关联的语言使用中建立读写策略；冒险与探究必须加以鼓励和欣赏；意义问题是教学汇总不断审视的问题。全语言观的教学评价，是以整体为导向的真实性评价。①

---

① 丁炜. 全语言研究——兼论语言学习的社会文化观［D］. 上海：华东师范大学博士学位论文，2009.

全语言是一种语言学习观点，不同于传统的强调字词句分段的学习法，它更注重整体的学习、真实性的学习，倡导儿童应该在真实的生活当中，学习完整的语言，这与文章的意义有关；强调语言学习应该与其他科目的学习相融合；强调语言表达形式从字词到文章这种从部分到整体的形式，以及语言意义从完整意义到语言表达这种从整体到部分的形式相结合。类似于建构主义的观点，强调语言的学习也是社会意义建构的过程，同样类似于批判传播学理论，强调语言的意义和价值。作为一种理论观点，可以在教学中起到指导的作用，但是全语言理论并没有给出可操作性的教学步骤，并且正如建构主义一味强调学生的主动学习难以与学校教学及评价体系相适应的结果，全语言难以完全适应语言教学的效率和效果。

第二节　构建促进理解的汉语教学模型

为了解决藏族学生汉语学习过程中的理解困难问题，笔者试图构建促进理解的汉语教学模型，期望能够针对小学高年级藏族学生的汉语教学提供有效的理论指导。

模型是由元素、关系、操作以及控制其作用的规则组成的概念系统[①]，是人们描述自然世界的概念化工具，建模就是将这些元素、关系、操作与规则用外部表征系统表示出来，也就是对认识进行表征的过程。广义的建模活动概括了人类描述和解释自然现象的一切概念化过程，狭义的建模活动主要指构建科学模型。[②] 在本书中，是基于研究问题"理解障碍"所提出的解决方案，融合了解决理解障碍的关键要素之间的关系，表现了理解性教学的认知过程，本书的核心理论贡献以理解性教学模型的形式呈现，在具体教学应用过程中进一步细化为可操作性的教学策略。模型的建构过程采用自下而上的问题凝练和自上而下的理论指导相结合的方式进行。

---

① Lesh R， Doerr H M. *Foundation of a Models and Modeling Perspective on Mathematics Teaching， Learning， and Problem Solving* ［M］. Mahwah， NJ：Lawrence Erlbaum，2003：3.

② 高文等编著. 学习科学的关键词 ［M］. 上海：华东师范大学出版社，2009：223–224.

一、促进理解的汉语教学模型内涵分析

基于实践调研依据和理论指导依据，我们可以得出促进理解为主要目的的教学需要为学习者提供可理解性的教学内容，这往往需要借助信息技术等硬件技术条件，创设可理解性的教学情境，从而有效地弥补学生的情境经验空缺；需要引导学习者有效地意义加工过程，这往往建议教师在教学过程中实施通过提问等方式，对于学生的理解过程进行有效的引导；还需要强化理解输出环境，这需要教师在教学的过程中，在教学设计的策略层面尽可能地关注学生，注重学生的主动参与活动设计，并依托语音聊天室等多种信息技术工具来将理解输出环境尽可能地扩大化。然而需要说明的是，在这些教学过程中，还需要考虑上述调研中可能出现的理解影响因素。例如，学习者因素，包括学习者的动机、策略以及针对不同教学内容学习者所具有的已有知识经验；包括文化背景因素，语言的差异性问题，应该引导学生理解的过程中可以有意识地进行藏汉语言的对比分析，将可能出现的理解难点进行强化；在设计教学情境的过程中应该结合藏汉文化的不同差异性，尽可能的展现多元文化共存的理念，引导学生能以更加宽容、尊重、自信的态度对待文化差异性，从而逐步引导学生产生内源性学习动机等等。

综上所述，笔者设计出了如下的整合技术的理解性教学模型，见图4-1。

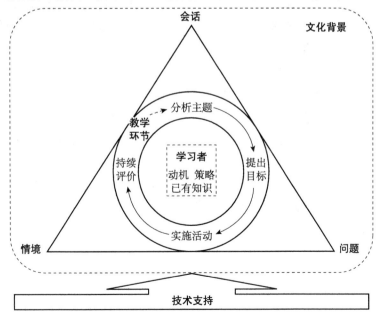

图4-1　促进理解的汉语教学模型

如图 4-1 所示为促进理解的汉语教学的模型，它可以被理解为是一个指导以促进理解为目的的设计架构，罗列了对于小学高年级藏族学生的汉语教学过程中需要考虑的主要要素，并呈现了一个完整的理解性教学过程。

模型以稳定的三角形结构呈现，模型的三角代表了理解性教学模型的核心框架，该模型一共包括 7 个要素，分别为会话、问题、情境、教学环节、学习者、文化背景和技术。其中会话、问题和情境属于显性要素，即在理解性教学过程中所必备的要素，处于模型三角位置，表明 3 个要素具有稳定性，也反映了理解性教学模型的特殊性；学习者要素是主要要素，包含了学习者的动机、策略和已有知识 3 个内部子要素；教学环节要素反映了理解性教学一般的教学步骤流程，包括 4 个步骤；文化背景要素和技术要素隐性存在于该模型之中，即对于藏族学生的理解性教学具有影响效果，技术支持贯穿于教学过程始终，以显性硬件技术和隐性教学设计的形式支持理解性教学始终，所有的要素同时存在于文化背景之中。

藏族学生汉语理解性教学的模型图，是本书的核心理论框架，后续的研究均围绕该图展开，第六章进一步计划分析了模型在教学应用过程的主要策略，第七章对于模型衍生的策略在教学中应用的效果进行了验证。表达、问题和情境属于该模型的核心要素，在后续单独详细说明，在该部分，对于模型中的其他要素，以及要素之间的关系进行逐一分析。需要说明的是，技术要素贯穿于教学过程始终，因此不单独罗列，而是包含于其他各要素的分析之中，具体如下。

（一）学习者要素

1. 学习者的学习动机与策略

学习者处于该模型的核心位置，表明整合技术的理解性教学是以学习者为中心的设计，理解性教学是以促进学生的学习理解效果为主要目的。在该模型中，学习者要素需要考虑学习者的学习动机、学习策略和已有知识经验 3 个方面的内容。

学习动机和学习策略属于学习者个体性因素，普遍认为良好的学习动机和学习策略可以有效地促进学习效果。[1][2]正如生成性学习理论所提出的那样，动机包括兴趣和成就归因两个方面，表明了学习者投入到学习过程中的努力成分

---

[1] 北京西藏中学教科研小组.内地西藏班（校）高中生学习动机调查报告［J］.民族教育研究，2008，（2）：62-68.

[2] 江新.汉语作为第二语言学习策略初探［J］.语言教学与研究，2000，（1）：61-68.

和个人意愿；而语言学习策略被认为是学习者为了使语言学习更加成功、更加自主、更加愉悦而采取的行为或行动。^①二语习得中动机的研究里最具有里程碑意义的是 Gardner 和 Lambert 在 1972 年提出的融合型动机（integrative motivation）和工具型动机（instrumental motivation）概念。融合型动机定义为"学习者个体由于希望和他认为的那个有价值的语言社区更好的交流而产生的强烈的学习愿望"。融合型动机和某些因素有紧密的联系，比如，"对目标语感兴趣"等。而工具型动机的学习者是完全为了达到某种实用的目的而学习的，没有与目标语社团进行交际的特殊目的需要。它的学习动机的主要特点是无持久性，有选择性。^②对于学习者的学习动机和策略因素，从前期调研中可以看出，藏族学生普遍对于汉语学习态度积极，成就归因以个人努力因素为主，且学习动机相关因素与学习效果呈正态分布的关系，即学习动机越高，学习效果越好。然而在调研中同样表明，许多学生对于汉语的学习动机均停留在实用性目的上，即学习汉语是为了"考试取得好成绩""上个好学校"等，以社会性目标和成绩目标为主，归类应该属于工具型动机因素，满足感来自于学习过程之外的学习奖惩活动等。^③而对于母语藏语的动机确是情感的倾向，认为"这是本族语言必须学好"，"我喜欢藏语"等的归因。对于学习策略应用的现状调研，同样表明元认知策略和情感策略对于不同程度学生群组之间的影响效果显著，不同效果层级的学习者对于元认知策略的应用程度不同，即元认知策略应用能力越高，学习效果越好。

综上所述，学习动机和学习策略因素可以有效地调节理解效度。在整合技术的理解性教学中，笔者建议具体实施过程中需要在调研所反映的小学高年级藏族学生的学习动机和学习策略的群体性特征的基础上，应该有意识地培养学习者的融合型动机和元认知策略等。

2. 学习者已有知识经验

学习者的已有知识，从促进理解的角度分析，也被称为"前理解"，理解的前提就是需要了解学生的前理解。对于作为第二语言的藏族学生的汉语教学而言，具有一定的特殊性，即教学内容不仅包括知识内容，还包括承载知识内容的载体——语言，因此，要了解学习者的原有知识，即"前理解"，同样包括两部分的

① Oxford, R.Use of language learning strategies: a synthesis of studies with implications for teacher training［J］.System, 1989,（17）：235-247.
② 转引自：齐彬.国外双语教育理论对我国高校双语教育的启示［J］.中国校外教育，2010,（8）：37-40.
③ 皮连生主编.教育心理学（第四版）［M］.上海：上海教育出版社，2011,（4）：292.

内容，即与教学内容相关的已有知识，以及与教学语言相关的已有母语知识。

奥苏伯尔曾提出影响新的学习与保持的 3 个认知结构变量，分别为原有知识的可利用性、原有知识的巩固性，以及新旧知识的可辨别性。而通过操纵与改变这 3 个认知结构变量可以促进新的学习与迁移。[①]

不同类型的知识内容会具备相应的已有知识，对于藏族学生的汉语教学过程而言，教师应该在相同类型的内容教学之前，充分评测学生的已有知识经验，从而结合学生的实际情况，有针对性地讲授，并且应该注重结合学生的实际经验进行知识的迁移。

（二）教学环节要素

教学环节要素的凝练，理论来源于 David Perkins 博士 / 教授对于理解性教学模式的论述，并根据本书实地调研过程中课堂教学视频分析做了相应的调整。如图 4-1 所示，在藏族学生的汉语理解性教学的过程中，主要包含 4 个环节。

1. 分析理解主题

正如 Perkins 教授所指出的，在理解性教学中，需要选择一个好的生成性主题，而好的生成性主题的选择有 4 个标准，即这个主题是领域或学科的核心，这个主题对学生而言是可接近的和感兴趣的，老师也对这个主题感兴趣，这个主题应该是具有关联性的。[②]

对于藏族学生的汉语课堂教学而言，教学目标和教学内容是既定的。在中小学以篇章为基本单元的教学中，教师需要分析讲授内容的理解主题，如果说是对于具体教材内容而言，即为课文标题。一篇课文的题目应该为这篇课文内容的核心与主题，不但能够引导理解的目标，而且可以对教学内容产生关联作用。

2. 提出理解目标

在分析理解性主题之后，教师就需要明确具体的理解目标，就课堂教学而言，具体可以表述为依据教学标准要求，结合每篇课文的教学目标，厘清理解的主要内容，并细化为相互关联的具体问题来引导课堂教学。

在教学过程中，应该以核心问题的方式引导讲授，并在具体讲解的过程中将这个核心问题进一步细化分析，最终以解决核心问题的方式完成对课文的理解，而学生也在不断地分析子问题的过程中，了解了核心问题的答案，从而理

---

① 皮连生主编.教育心理学（第四版）［M］.上海：上海教育出版社，2011，（4）：240-241.
② 〔美〕查尔斯·M.赖格卢斯主编.教学设计的理论与模型（第2卷）［M］.裴新宁，郑太年，赵建主译.北京：教育科学出版社，2011：124.

解课文的内容。

3. 实施理解活动

对理解性主题的分析和理解目标的明确，是搭建了理解性教学的主要框架，在具体实践的过程中，对于理解效果的体现主要来源于具体的理解活动的实施。Grant Wiggins 等曾提出了促进理解的具体的课程单元设计标准 WHERE：其中，W 指 where，明确课程目标；H 指 hook，如何吸引学生；E 指 equip，逐步探究主题；R 指 rethink，内省与反思；E 指 evaluate，展示和评价。从学生最后的成绩和行为中，指出哪些已经被理解了，让学生进行最后的自我评定，从而发现未理解的问题。①

对于藏族学生的汉语理解性教学活动而言，需要突出的两个特色就是：以问题的方式引导学生的理解过程和强调学生的表达参与。以问题的方式引导学生的理解过程，有助于正确地引导理解的方向，并促进学生的积极思考；而之前的调研中也反映出，对于大多数藏族学生而言，是处于低语境的学习环境中，因此在课堂教学中更要注重学生的参与，强调表达的训练，而这也与新课标强调的教师主导、以学生为主体的教学要求，以及民族类的汉语教学强调汉语言文字实际运用能力培养的重要性的特征相符。活动的具体设计实施，主要体现在策略、方法的层级，对此主要在第六章进行详细说明。

4. 持续评价理解

持续性评价理解效果所强调的是评价方式的多样性和评价时间的持续性。即在理解性教学的过程中，需要通过多方数据来评价学生的理解效果，例如，学生的课堂反应，课后的学习效果评价作业等，此外，评价要素中需要强调的是对学生的评价是持续性评价，理解的过程对于学生而言是发展变化的，而教师也需要根据学生不断变化的理解程度来及时调整理解活动，从而有效地促进理解的效果。

（三）文化背景要素

文化背景对于教育教学中影响的重要性众所周知，然而文化是个模糊的概念，长期以来，不同领域的学者从不同的层面给出了许多定义，但都难以达成共识。早在 1952 年，人类学家克罗伯（Alfred L. Kroeber）和克拉克洪（Clyde Kluckhohn）就在《关于文化的概念与定义之评述》一文中梳理了文化的 164 种定义，并提出了自己的定义，即认为文化由外显和内隐的行为模型构成；这种

---

① 〔美〕格兰特·威金斯（Grant Wiggins），〔美〕杰伊·麦克泰（Jay McTighe）. 理解力培养与课程设计：一种教学和评价的新实践［M］. 么加利译. 北京：中国轻工业出版社，2003：196.

行为模型通过象征符号而获得和传播；文化代表了人类群体的显著成就，包括它们在人造器物中的体现；文化的核心部分是传统观念，尤其是他们带来的价值的观念；文化体系一方面可以看作是活动的产物，另一方面则是进一步活动的决定因素。①1973 年人类学家吉尔茨对文化的界定也得到了广泛认可，即认为文化是人们从前人那里继承来的以符号的形式表达的观念体系，借助这一体系，人们传播、延续并发展着他们关于生活的知识以及对待生活的态度。②1987年，跨文化交流学之父爱德华·霍尔（Edward T.Hall）曾提出：文化是那些深层的、共有的、未被言说的经验，这些经验是特定文化中的成员共享的，是他们进行交流时不言自明的，是他们据以评断所有其他事物的背景。③ 美国人类学家鲁思·本尼迪克特（Ruth Benedict）认为，文化是通过某个民族的活动表现出来的一种思维和行动方式，一个使这个民族不同于其他任何民族的方式。④ 心理学界将文化定义为：人们习得的有关群体的观念，包括语言和非语言的态度、价值、信仰体系及行为等。⑤ 2001 年《联合国教科文组织世界文化多样性宣言》的前言中提出："应把文化视为显示某个社会或某个社会群体精神与物质，智力与感情的不同特点的总和；除了文学和艺术外，文化还应包括生活方式、共处的方式、价值观体系、传统和信仰。"⑥ 詹姆斯·艾·班克斯（James A. Banks）博士提出，文化的要素和组成部分包括价值观和行为方式、非语言交流、视角、世界观和参考框架、文化认知、语言和方言。⑦ 从中国的本土文化体系解读文化，"文"引申为精神修养，有德行美善之义，"化"指事物变化的过程。可见，"文化"是指包含所有精神现象及社会物品里的，盖凡人类意识施加和体现到的事物。⑧

从上述国内外对文化的定义中可以看出，文化涵盖人们生活的方方面面，包括显性部分和隐性部分，正如联合国教科文组织所提出的那样，是"显示某

---

① Kroeber A L， Kluckhohn C. Culture：a critical review of concepts and definitions［J］. *Harvard University Peabody Museum of American Archaeology and Ethnology Papers*，1952，（47）：181.

② Greertz L. *The Interpretation of Culture*［M］. New York：Basci Books，1973：89.

③ Hall E T. *The Interpretation of Culture*［M］. New York：Doubleday，1966.

④ 〔法〕维克多埃克，文化的概念［M］. 康新文，晓文译. 上海：上海人民出版社，1988：5.

⑤ Singer M R. *Intercultural Communication：A Perceptual Approach*［M］. Englewood Cliffs，NJ：Prentice-Hall，1987：34.

⑥ 联合国教科文组织［EB/OL］. http：//www.unesco.org/bpi/pdf/memobpi36_culturaldiversity_zh. pdf.［2011-11-12］.

⑦ 〔美〕James A. Banks 文化多样性与教育——基本原理、课程、教学(第五版)［M］. 荀渊等译. 上海：华东师范大学出版社，2010：70-73.

⑧ 邓志伟. 多元文化课程开发［M］. 合肥：安徽教育出版社，2008：20-21.

个社会或某个社会群体精神与物质，智力与感情的不同特点的总和。"在此，笔者无意对文化概念再做界定，只是对上述定义的梳理后概括出文化的特征，用类比的方式阐述本文中所涉及的文化的界定。

1. 文化具有符号性

即文化的内涵需要借助符号外显得以体现，这里的符号既包括语言符号，如口语、文字等，也包括非语言符号，如行为、宗教仪式等。

2. 文化具有群体性和传承性

文化的群体性和传承性特征是相互呼应的，不同的族群之间会体现出不同的文化差异，而各自的文化特性是通过族群内部传承的方式得以保存的。

3. 文化具有稳定性和变化性

文化的稳定性和变化性是两个对立统一的特性，就某一个群体或某一个时间段而言，文化特性是稳定的；但是从发展的历史长河中而言，文化又会随着族群之间的交往以及社会发展的变化而不断变化。

语言学习在文化中通常被理解为两种方式：第一种是文化嵌入语言学习之中，与知识、信仰和行为混合在一起，这些通过个人语言的获得来表达和领悟。正如维果斯基所言，经过一段时间的对话后，孩子的心理逐渐变得逻辑有序，并发展为较高级别的映像形式。孩子们因而通过语言被历史和社会所塑造，但是之后同样可以通过语言工具来解放自我。在这个过程中，教师的作用就是吸引学生进行持续不断的复杂对话，使得拓展他们在维果斯基所提出的最近发展区内的学习。第二种，即文化是认知工具和学习的基础，但是它并不能被理解为一个封闭的系统。与此相反，文化是不固定的、原始的，并且整合了新的元素和批判性而不断变化，因此，学习第二语言增强了学生对第一文化和其他文化的理解，这就是为什么班级中应该包含来自不同文化背景的学生。因此，语言是一个工具也是文化在大脑中社会化的产物，新的语言学习（包括它所携带的文化）重新整合为学生对自身文化和思想的理解，这有助于他们更好地理解生活，因此对学生同步教授多元文化是具有挑战性但也十分有意义的。[①]

根据这样的多元文化观和多元文化教育观，具体而言，在教学的过程中，应当注意引导学生对于不同文化背景的感知理解，利用多媒体网络等技术设备，观看不同文化背景的地域风情，引导学生了解不同文化背景的民族，并在教学

---

① Broom C. Second-language learning through imaginative theory ［J］. *Tesl Canada Journal/Revwe Tesl Du Canada*，2011，28（2）：1-10.

过程中对于教学内容相关的故事背景、与藏民族习俗的异同性部分，以及不同语言的差异性等方面进行详细介绍，以对比分析的方式有效地减少学生的理解障碍，最终逐渐摒弃狭隘的民族情节，逐渐以宽容、理解、尊重的态度面对不同的文化背景差异。

二、促进理解的汉语教学模型特征分析

（一）多元性

虽然本书一直在强调理解的重要性和如何实现促进理解的教学，但是仍然需要明确一个观点，即理解并非教学的唯一目标。阿德勒将教学类型分为3大类：讲授式教学、指导性教学和启发式教学。[①] 在理解性教学过程中，同样需要直接讲授式的知识传递，以及探究式的创新应用，只是在理解性教学过程中，针对藏族学生汉语学习理解效果较低的特点，重点关注与如何促进学生的理解。

在整合技术的理解性教学模型中，理解的多元性表现在：理解既是小学高年级藏语族学生汉语教学中的主要目标，也是教学中的核心过程。将理解视作目标，主要体现在对于藏族学生汉语学习理解效果的评价，是基于以理解为核心的目标性理念；将理解视作过程，主要体现在关注学生的理解过程和具体表现，将理解视作是学生意义生成的过程。

（二）表现性

正如哈佛认知学派所倡导的表现性理解的理念那样，认为真正的理解是一种表现出来的能力，是一种不同于事实性的知识、技能性知识的灵活性的操作能力或运用知识解决问题的能力，在本书中同样强调理解的表现性。例如学生对于通过造句来应用句子语法知识，通过自己的语言对课文内容进行阐述等等。这就要求我们在教学过程中就应该尽可能提供更多的学生表现机会来促进他们的理解，例如通过少讲授而多提问的方式，来引导学生的主动思考，通过小组讨论等方式，尽可能的强化学生的表现，并且通过学生各种形式表现来评价理解效果。

（三）经验性

如前所述，学习者的生活经验是影响理解效果的主要因素，为了达到较好的理解效果，学习内容应当与学习者的生活经验建立起联系。整合技术的理解性教学中的经验性特征强调教学需要从师生的现实境域出发，真正扎根于生活，

---

① 〔美〕格兰特·威金斯（Grant Wiggins），〔美〕杰伊·麦克泰（Jay McTighe）.理解力培养与课程设计：一种教学和评价的新实践［M］.么加利译.北京：中国轻工业出版社，2003：262.

并且引导学生结合自身的生活经验进行比较分析，从而有效促进理解。

对于藏族学生的汉语学习而言，要求教师首先应该具有尊重多元文化的理念，并对学习者的文化背景深入了解，在此基础上，能够设计与学习者已有经验建立起联系的教学活动，并引导学生进行深入理解。

（四）整体性

20世纪50年代诞生的全语言理论有效地支持了整体性特征的合理性[①]，全语言理论不同于传统的强调字词句分段的学习法，它更注重整体、真实性的学习，倡导儿童应该在真实的生活当中学习完整的语言。本书中的整体性特征，是强调在教学过程中对于教学内容进行整体性理解，例如，通过课堂观察可以得出，在藏族学生的汉语课堂传统的教学过程中，往往十分强调知识点的分层次学习，教师对于两个课时的教学安排往往是首先进行生字词的学习识记，其次进行课文讲授，并采取分段讲授的方式，逐段分析。整体性的教学特征强调以内容核心问题为主线理解课文，通过理解问题的过程进行教学内容的理解，对于生字词的理解不是单纯的字音、字义的识记，而是结合教学内容在讲授的过程中进行理解。

第三节　促进理解的汉语教学模型核心要素分析

在本书提出的整合技术的理解性教学模型中，学习者要素是教学的中心，教学环境要素体现了主要的教学环节，文化背景要素和技术要素作为隐性要素贯穿于教学过程始终。在此，对于3个主要的核心要素，即表达要素、问题要素和情境要素做系统的分析说明，这三个要素构成了整合技术的理解性教学模型的主要特征，具体分析如下。

一、教育信息化技术支持环境

信息时代以来，技术在教育教学过程中越来越多的以潜移默化的形式影响和改变着教学过程，因此我们有必要考虑在促进理解的教学过程中，技术发挥着怎样的功能。当然，前提是，我们得了解技术在语言学习过程中发挥过哪些功能。

---

① 丁炜. 全语言研究［D］. 上海：华东师范大学博士学位论文，2009.

（一）技术在英语作为第二语言教学中的应用研究

英语作为第二语言的研究较为成熟，具体而言，通过文献梳理可以得出技术在英语作为第二语言领域中的应用研究具有以下的研究特点。

从时间维度上分析，早期的研究倾向于论证多媒体计算机设备在英语教学中应用的可行性，如刘红梅以 Krashen 的语言习得理论为依据，阐述了第二语言习得和自然语言环境的密切关系，强调多媒体和网络技术为创造自然语言环境提供了可能。① 高红军通过实验研究论证了多媒体电脑技术在外语教学中有它的必要性和可行性，指出传统外语教学的不足，呼唤教学观念和手段的改变，而多媒体在外语教学中的应用使以学生为中心的外语课堂教学成为可能；多媒体协助外语教学更有利于培养学生的能力；激发学生的学习动机，提高学生兴趣；增大课堂输入，提高外语教学效率。② 后期的研究更多地在于实证分析，通过实验的方法证明多媒体教学的有效性，如刘宇通过行动研究，验证了多媒体技术辅助高中英语阅读教学的可行性与实际效果，证明多媒体辅助英语阅读教学模型可以提高学生的自主学习能力及学习兴趣，可以提高学生的交际能力，也可以提高教师运用现代化教学方法的能力。③ 王荣通过对高中学生进行教学实验表明，采用计算机多媒体教学有助于恢复学生的自信心，提高学生的主动性和积极性，增强他们的文化意识和知识。④ 蒋苏琴通过实验研究证明多媒体辅助英语听力教学比传统方法的听力教学效果更好，它激发了学习者的学习动机，大大地丰富了学习者的语言输入形式与内容，其独特性提高了学生的兴趣，从而提高了学习的效果，有效地提高了学习者的听力能力。⑤

从技术应用的角度分析，思维导图、移动设备、网络资源是关注的热点，如孙众等开发了娱乐化英语学习资源网站，通过实证研究表明，娱乐化的网络英语学习资源与相关的娱乐化英语学习活动，能优化第二语言学习策略，改变大学生上网娱乐的内容，提升网络娱乐的质量和层次，对大学生的英语能力具

---

① 刘红梅. 多媒体和网络技术下的"自然语言环境"和英语教学改革研究［J］. 教学研究，2006，（9）：445-448.

② 高红军. 使用多媒体电脑技术辅助外语教学可行性研究［D］. 大连：辽宁师范大学硕士学位论文，2005.

③ 刘宇. 运用多媒体技术辅助高中英语阅读教学的研究［D］. 大连：辽宁师范大学硕士学位论文，2010.

④ 王荣. 论中学英语阅读教学中多媒体的应用［D］. 大连：辽宁师范大学硕士学位论文，2007.

⑤ 蒋苏琴. 二语习得理论视角下的多媒体辅助英语听力教学研究［D］. 长沙：湖南师范大学硕士学位论文，2006.

有积极的促进作用。① 熊霄搜集、整理了大量的国内外汉语作为第二语言 / 外语教学网站，分类归纳为辅助课堂类和自主学习类两种模型，并总结了各自的特点及网站背后的第二语言教学理论。② 郝英英在其硕士论文中，通过分析《快乐汉语》等网络成语视频资源，指出成语的视频资源具有情境性，恰当运用能够提高教学效率，能够使留学生更加直观、准确地掌握成语的背景文化。③

从英语学习内容的角度分析，多媒体技术在听力和写作教学中的应用最为广泛，庄木齐等人指出，通过语音分析软件可以有效地提高英语语音的途径，应该是通过有意识的学习语音知识，逐步监察所习得的系统知识，运用内部监察机制，监察有意识的教授及学习发音技巧。④ 陈瑜之关注字幕和视频在英语听力中的作用，结果指出字幕对被试的理解有着显著的促进作用，而非语言的视频信息对理解没有显著效果；当字幕能提供直接的语言信息时，更能吸引被试的注意。反之，单独的视频辅助对理解没有明显的促进效果，受到的注意力也最少。⑤ 廖暑业介绍了如何运用文字处理系统、电子邮件、论坛、QQ 聊天工具等多媒体软件促进书面和口头语言表达能力。⑥

从研究类型的角度分析，更多地倾向于教学实践中的应用研究，例如，周黎指出，多媒体技术为外语教学提供了各种教学手段和工具，如语言处理工具、网络交流工具、信息收集工具等，并着重从 ESL 教学法、第二语言习得、认知学习、指导性设计和人机互动的理论角度，探讨了如何将这些教学手段和工具有效地应用到外语教学中。⑦ 欧小玲指出，一个优秀的多媒体词汇教学课件应当按照教学对象的特点和教学内容的重难点，合理地选择和设计课件内容，运用系统、科学的观点和教学方法，并在系统中有机地结合教学媒体信息。⑧ 汪甜甜从建构主义理论、信息技术理论、第二语言习得理论入手，论证了多媒体对外汉语教学存在的合理性；接着与传统教学手段相对比，用一些实例谈论多媒体技术在对

---

① 孙众，徐敏，吴敏华. 娱乐化学习：技术促进语言学习的设计与实现［J］. 中国远程教育，2012，（7）：62-66.

② 熊霄. 基于网络环境下的对外汉语教学模式研究［D］. 上海：华东师范大学硕士学位论文，2011.

③ 郝英英. 视频资源在对外汉语教学中的应用分析与探索——以成语教学为主要研究对象［D］. 长春：吉林大学硕士学位论文，2012.

④ 庄木齐，卜友红. 基于二语习得理论及媒体技术的英语语音研究［J］. 兰州学刊，2012，（2）：213-215.

⑤ 陈瑜之. 视频和字幕对第二语言听力理解的影响［D］. 无锡：江南大学硕士学位论文，2012.

⑥ 廖暑业. 利用多媒体促进语言输出［J］. 云南师范大学学报，2005，（9）：21-25.

⑦ 周黎. 外语教学中多媒体的应用及理论指导［J］. 牡丹江大学学报，2010，（2）：141-143.

⑧ 欧小玲. 多媒体在对外汉语词汇教学中的应用［D］. 桂林：广西师范大学硕士学位论文，2012.

外汉语本体教学和文化教学中的具体应用，从而论证了其存在的必要性。[①] 汪缤介绍了基于虚拟图书馆、BBS 论坛、QQ 群等技术环境的人机互动和人人互动的交互形式，指出优化互动组合，可以让外语教学更有意义。[②] 缪丽结合英特尔未来教育的教学模型和理念设计了多媒体辅助中学外语教学模型，包括创建项目文件夹、策划单元计划、创建教师支持材料、创建学生网站、制定评价量规 5 个模块。[③] 徐丁对搜集到的某网院部分外语 PPT 课件进行分析，指出了已有课件在技术和教学内容（方法）两个方面存在的问题。然后，以信息设计理论和外语教学中的可理解性输入理论为指导，针对发现的问题提出了改进建议，此外还制作出了一个新的课件，为其他外语教师今后进行 PPT 课件的制作提供参考和借鉴。[④]Carisma Dreyer 提出了一种技术环境下的英语阅读教学策略，并以南非的大学生为例，通过准实验研究的方法证明了该技术环境下英语阅读教学策略的有效性。[⑤]

从研究结论而言，研究普遍认为多媒体在英语教学中的应用，可以有效地激发学生学习兴趣、增强师生互动、突破教学重难点。如许娇娇通过对于小学一年级英语课堂中多媒体课件的使用情况调研指出，合理、有效地使用多媒体课件，可以激发一年级学生学习英语的兴趣，可以增强师生互动，可以创设情境实现巧妙导入，可以有效突破教学重难点，但是不应该忽视传统的教学手段，不应该忽视学生的实际学习效果，不应该忽视学生的主体性和差异性。[⑥] 林丽通过问卷调查分析了多媒体在小学英语课堂中的使用情况，得出多媒体有助于开展动态教学，激发小学生的学习兴趣；有助于视觉效果，吸引小学生的注意力；有助于教学情境的创设，产生高效教学。但同时也存在一些低效负效现象，如多媒体教学中会出现一些呈现的失误；会出现冗余信息呈现的干扰现象；多媒体的操作对教师课堂走动有所限制；多媒体对教学巩固运用环节出现了"有媒无教"现象等。[⑦] 尤其是在外语教学中创设语言学习情境是多媒体技术的主要优

① 汪甜甜.多媒体教学在对外汉语教学中的应用［D］.武汉：华中科技大学硕士学位论文，2011.

② 汪缤.多媒体网络环境下外语教学的互动思路［J］.宁波工程学院学报，2012，（1）：67–70.

③ 缪丽.多媒体辅助中学外语教学及其设计之研究［D］.上海：华东师范大学硕士学位论文，2005.

④ 徐丁.PPT课件在外语教学中的制作研究［D］.上海：上海外国语大学硕士学位论文，2009.

⑤ Dreyer C, Nel C. Teaching reading strategies and reading comprehension within a technology–enhanced learning environment［J］. *System*, 2003, 31, （3）：349–365.

⑥ 许娇娇.小学一年级英语课程多媒体课件使用现状的调查研究［D］.上海：华东师范大学硕士学位论文，2011.

⑦ 林丽.多媒体在小学英语教学中应用现状的研究——以温州地区小学英语教学为例［D］.上海：华东师范大学硕士学位论文，2010.

势，因此对于情境教学方法的应用也有学者进行了深入研究，例如，武慧捷指出多媒体辅助教学手段在高中英语情境教学中应用的目的在于：激发学生学习兴趣，培养学生自主学习能力，培养学生的跨文化交际能力，培养学生合作式学习的能力，培养学生处理信息的能力，并通过实验研究证明了多媒体创设情境教学可以有效地提高高中生英语成绩，但是没有具体说明实验设计的内容。[①]黎劲松在理论梳理的基础上，通过实验研究表明多媒体网络辅助外语情境教学可以使学生英语整体水平提高，它能克服传统教学方法的弊端，激发学生的学习动机，调动学生的学习积极性和创造性。[②]

（二）技术在汉语作为第二语言教学中的应用研究

汉语作为第二语言的研究，更多集中在对外汉语教学领域。具体而言，技术在汉语作为第二语言教学中的应用研究主要的研究现状可以总结如下。

1. 技术支持的汉语识字教学研究

由于汉字具有较为复杂的特点，汉语教学中汉字的识记学习一直是教学的重点，而技术、多媒体在汉字教学方面的结合应用，也一直是研究的热点。如刁静等梳理了我国教育技术在汉字教学方面的研究，梳理介绍了如 1995 年起香港大学开发"汉字学习系统"，1991 年上海市实验学校引进"智能双拼编码"以后创造的一种新型的识字教学方法——"双脑识字教学法"，1994 年，由原国家教委基础教育司立项、全国中小学计算机教育研究中心领导，由何克抗教授、李克东教授等牵头组织了"小学语文'四结合'"教学模型改革试验课题等在内的教育技术在汉语教学中的应用现状，同时也指出对外汉字教学方面的研究仍然相对薄弱，但具有持续深入研究的必要性。[③]张小峰介绍了视觉表征在对外汉语教学设计中的应用，并指出对这一设计模型的主要特点是运用以计算机为核心的多媒体技术，以语言知识的视觉表征为语言意义的编码方式，显示语言单位的认知图式，促进学生对汉语反映事物和情境认知特点的感知与理解，从而习得汉语的基本表达方式。[④]他还以概念图为例，分析了将概念图应用于对外汉语词汇教学的认知基础，指出词汇教学设计的方案必须能够建立词语之间的

① 武慧捷. 多媒体辅助教学手段在高中英语情景教学中的应用［D］. 长春：东北师范大学硕士学位论文，2009.

② 黎劲松. 多媒体网络辅助下的初中英语情景教学的研究［D］. 武汉：华中师范大学硕士学位论文，2007.

③ 刁静，何玮. 我国教育技术在汉字教学方面的研究概况［J］. 现代教育技术，2010，（7）：85–87.

④ 张小峰. 视觉表征在对外汉语教学设计中的应用［J］. 现代远距离教育，2012，（3）：55–60.

有意义的连接，并提出了运用概念图进行对外汉语词汇教学可视化设计的基本策略，如词语深加工策略、语义扩展策略、主题组织策略、词语联想策略、挖掘词语内涵策略等。① 西南师范大学的涂涛教授等提出了多媒体字源识字教学方法，并开发了相应的多媒体教学软件。字源识字教学方法的主要特色在于，追溯汉字形成的衍变过程，从字源入手，对象形字、指事字、会意字、形声字等进行有针对性的分析，揭示其形体结构的内在机理，建立形－音－义的有机联系，具有典型的中华民族思维特征。②③ 该方法所指导开发的多媒体教学软件以多媒体动画模拟的形式呈现汉字的衍变过程，被证明能有效改善藏族学生识记汉字的效果，提高学生学习汉语的兴趣；也能够弥补教学资源不足的情况；同时也能拓宽教师的视野，增强教师的人文素养，为藏区教师提供有效的教学辅助。④⑤ 郝英英利用现有的成语视频资源，将成语的背景文化以动画的形式，结合一定的教学设计展现给留学生。⑥

2. 技术支持的汉语远程教学研究

由于国内的对外汉语教学更多倾向于成人学习者的非正式学习，因此基于远程教育手段的教学应用也受到了广泛的关注。刘程等梳理了国外远程交互式教学研究的 6 个方面，即对远程交互式教学与传统课堂教学异同的研究，对远程交互式学习者的研究，对远程交互式技术支持的研究，对远程交互式教学教师的研究，对远程交互式教学的具体课型的研究，对远程交互式学习者的测试和评价的研究，并回顾了国内对该教学方式的理论研究及其在对外汉语教学中的应用，指出国内的研究包括 3 个方面。其一，分析多媒体技术对传统课堂式汉语教学的辅助功用；其二，对远程对外汉语教学评价的研究；其三，远程对外汉语学习平台设计研究。⑦ 滕青在分析远程对外汉语教学现状的基础上，提出

---

① 张小峰. 概念图辅助下对外汉语词汇教学可视化设计探析［J］. 电化教育研究，2009，（11）：94-97.

② 涂涛. 天地化生——汉字字源语境多媒体再现之教育研究［M］. 桂林：广西师范大学出版社，2006. 10.

③ 涂涛. 原生语境再现：多媒体字源识字教学研究［J］. 电化教育研究，2006，（11）：52-54.

④ 涂涛，李彭曦. 少数民族地区双语教学新途径——藏区双语多媒体字源识字汉字教学研究［J］. 中国电化教育，2012，（3）：22-25.

⑤ 李彭曦. 多媒体字源识字教学系统在藏汉双语教学中的应用研究——以阿坝藏族地区为例［D］. 重庆：西南大学硕士学位论文，2008.

⑥ 郝英英. 视频资源在对外汉语教学中的应用分析与探索［D］. 长春：吉林大学硕士学位论文，2012.

⑦ 刘程，安然. 国外远程交互式教学研究及其在对外汉语教学中的应用综述［J］. 中国远程教育，2011，（12）：35-40.

建立远程对外汉语教学需要注意的几个问题，即建立系统的教学平台，建构一整套教学素材库，成功地转换教学模型，建立起可信的网络测试和评估体系。[①]

3. 技术支持的汉语课堂教学研究

课堂教学中的关注，主要在于网络媒体技术，以及新兴的电子白板在教学中的应用研究。如彭志峰从对外汉语教学资源发展应用的现状出发，指出传统网络模型应用中难以克服的缺点，并应用 P2P 技术架构了新型的网络资源平台。[②]吕军等结合了语音识别的相关技术，提出了在对外汉语教学领域中，对汉语自动发音水平评价系统的设计，详细地介绍了系统的结构以及所使用的关键技术。[③]万茗结合多元文化背景下汉语教育教学特点，分析了交互式电子白板的特殊功能，如多媒体演示功能、交互功能、特殊效果功能、资源库功能等，如何促进多元文化背景下汉语教学效果，并通过教学设计验证了案例分析。[④]刘文雯从生词和语法教学、课文讲解和语段操练、练习以及多媒体课件形式设计 4 个方面深入研究了多媒体课件在对外汉语综合课教学中的有效运用，并由此针对以上各方面在对外汉语综合课实际的教学当中所出现的问题，通过调查问卷以及课堂观察找出解决以上问题的应对策略。[⑤]林建才等通过对新加坡小学华文教学中思维导图的应用进行实验研究，证明思维导图运用于教学，有助于提高小学生的理解能力和记忆能力。[⑥]黄龙翔（马来西亚）、陈之权（新加坡）等人介绍了移动设备辅助语文学习研究项目"语飞行云"，并提出一个高层次的社交－技术－教学设计框架，探索了整合"无缝学习"视角及"语文学习"视角的模型。[⑦]

4. 技术支持的汉语教学模型研究

结合新技术所形成的教学模型研究，也受到了很多学者的关注。如高清辉指出数字技术在对外汉语教学中发展的方向应该在积极发展网络辅助教学、开

---

① 滕青.传播中华文明 发展远程对外汉语教学［J］.中国远程教育，2001，（11）：46–48.

② 彭志峰.基于P2P技术的对外汉语教学资源平台构建研究［J］.现代教育技术，2007，（5）：75–78.

③ 吕军，曹效英.基于语音识别的汉语发音自动评分系统的初步设计［J］.现代教育技术，2006，（3）：51–54.

④ 万茗.交互式电子白板应用于多元文化背景下的汉语教学研究［D］硕士学位论文.上海：华东师范大学，2010.

⑤ 刘文雯.多媒体课件在对外汉语综合课教学中的运用策略研究——以东北师范大学为个案［D］.长春：东北师范大学硕士学位论文，2011.

⑥ 〔新加坡〕林建才，董艳，郭巧云.思维导图在新加坡小学华文教学中的实验研究［J］.中国电化教育，2007，（10）：65–69.

⑦ 黄龙翔，陈之权，詹明峰.以移动技术为中介——建立一个无缝语文学习框架［J］.中国电化教育，2011，（12）：1–7.

发结合课堂教学的多媒体互动软件教材，以及建设外语电子自主学习中心等几方面。① 张妮等建构了对外汉语游戏型互动教学模型，指出游戏型互动教学具有统筹全局的作用，注重体验的系统观，师生共同确定学习目标，师生深度互动，由师生共同反思并拓展延伸。② 袁伟等以"观光汉语"教材为蓝本，结合对外汉语教学理论与现代教育技术，设计、制作了对韩观光汉语教学模型，并对该模型进行试验测试，证明可以有效地促进汉语学习效果。③ 苏宝华设计了信息技术环境下目标导向情境化学习模型，并通过行动研究证明了新模型的有效性。④ 刘欣认为多媒体应用于对外汉语语法教学中的作用，包括有利于激发学习者的学习兴趣和认知主体作用的发挥；有利于学习者对于语法知识的获取与保持；有利于实现对语法知识最有效的组织与管理；有利于实现理想的学习环境，对难以掌握的语法做了归类，并提出了应用多媒体的相关策略建议。⑤

二、会话要素

理解是通过讨论而不是通过讲授实现的⑥，这在第二语言教学中尤为显著，藏族学生的汉语学习更加强调语言的应用。整合技术的藏族学生汉语理解性教学模型中的会话要素，包括 3 个方面的内容，即学生与文本之间的会话、师生之间的会话以及生生之间的会话。具体分析如下。

（一）促进理解的会话要素特征分析

1. 促进理解的会话应该注重发声式朗读

学习者与文本意义会话的过程，也就是阅读的过程，通常是意义建构主动理解的过程。在藏语类汉语课程标准中，对于朗读方法十分重视，从小学到高中都要求"用普通话正确、流利、有感情地朗读课文"。通过朗读的方式来进行文本会话，在藏族学生汉语学习的小学高年级阶段对于阅读理解能够起到重要的作用。通过朗读的方法促进学生的理解，在语言学习领域得到了广泛的应用。

---

① 高清辉.应用数字技术推进对外汉语教学［J］.现代远距离教育，2008，（6）：31-32.

② 张妮，张屹，张魁元.对外汉语游戏型互动教学模式探析［J］.现代教育技术，2009，（5）：58-61.

③ 袁伟，黄彦铭.基于网络的对韩"观光汉语"教学模型设计实证研究［J］.电化教育研究，2011，（3）：97-101.

④ 苏宝华.信息技术环境下目标导向情境化学习的效果研究——以汉语听说课为例［J］.电化教育研究，2008，（10）：78-84.

⑤ 刘欣.多媒体在对外汉语语法教学中的应用初探［J］.云南科技管理，2007，（2）：77-80.

⑥ 〔美〕格兰特·威金斯，〔美〕杰伊·麦克泰.理解力培养与课程设计：一种教学和评价的新实践［M］.么加利译.北京：中国轻工业出版社，2003：264.

语言教学的科学实验证明：不论从感官活动、高级神经生理学，还是从语言心理学方面来看，人在朗读时，发音器官实际上在不同程度地积极活动。即当你读熟了某些习惯短语的搭配发音时，你会领悟到其语句的深层含义，使语言在大脑中迅速编码并得到重构，因而提高学生讲话的流利程度。[①]

2. 促进理解的会话应该强调思维过程的外显

对许多人来说，把问题大声说出来有助于他们解决问题，这可能是由于对他们所说内容的听觉记忆有助于减轻工作记忆的负担。这也逐渐形成了一种成熟的研究方法，被称为"有声思维法"[②]或"口语报告法"[③]，主要是指被试在解决某项问题时"出声思考"其思维内容，研究者记录后进行分析，从而揭示被试认知活动规律的方法。在促进理解的藏族学生汉语教学中，会话要素同样应该强调学生的思维外显化，这主要是指在师生会话过程中，教师应该有意识地通过提问、追问等方式引导学生表达自己的理解过程，这样不仅可以加深学习者对于内容的理解效果，而且可以为教师提供教学评价的依据。

3. 促进理解的会话应该鼓励大众的参与

小组讨论和合作学习已经得到了普遍认可，并被广泛应用于教学实践过程中，在促进理解的教学过程中同样注重生生之间的会话，并且鼓励大众的广泛参与，即对于课堂中知识点的讨论和练习，尽量保障每一位同学参与会话过程，对于示范和表演名额，应该尽可能地顾及到每一位学生。此外，在小组会话的过程中，教师应当通过明确具体的时间、保障合理的分工等方式来确保会话的质量。

（二）技术在会话要素中作用体现

从硬件技术而言，技术的作用是主要体现了信息技术的交互性和共享性。即通过信息技术可以提供师生、生生交互的功能，即时对学习者的信息输出进行反馈；同样，通过信息技术的共享性功能，学习者之间进行输出信息的共享，并将别人的输出信息再次转化为个人的输入信息，也促使学习者从纯语义的加工转向句法形式的加工。

1. 示范标准化的表达方式

加拿大著名传播理论研究专家麦克卢汉在他的媒介理论中提到：媒介是人

---

① 阎赫允.第二语言教学中切莫忽视朗读［J］.牡丹江师范学院学报（哲学社会科学版），2002，（4）：50-51.

② 郭纯洁.有声思维法［M］.北京：外语教学与研究出版社，2007：2.

③ Ericcson K A, Simon H A. *Protocol Analysis*：*Verbal as Data*［M］. Cambridge, MA：MIT Press, 1984.

体的延伸。更进一步说就是，媒介的功能是人体器官功能的辅助、替代和扩展。[①] 依照麦克卢汉的理解，等同于技术的媒介已经显得无所不包。那么，信息技术作为麦克卢汉眼中的媒介，从某种程度上而言，信息技术应用教学就是教师教学行为的延伸。进一步说，信息技术应用教学的功能，更像是对教师教学行为的替换和模拟，是对专家和教师教学行为的辅助、替代和扩展。[②] 从技术促进理解的表达因素的角度分析，技术的作用如可以体现在示范标准化的语音表达方式，这可以有效地弥补部分教师较难达到标准示范要求的缺陷等。

2. 记录分析即时的表达效果

课堂是主要的教学场所，短暂的课堂时间内会包含着大量转瞬即逝的信息，为了有效地分析学生的理解效果，或者是让学生自己评析理解的表现，都需要通过现代信息工具来记录重现课堂。对于课堂视频的拍摄保存，不仅可以用于教师专业化发展中的评课分析，同样有效地应用于学生对个人表现效果的反思矫正。利用现代信息技术工具，可以有效地通过表达要素来促进理解效果。

三、问题要素

什么是问题？英国著名历史哲学家克林伍德认为问题就是困难，波普尔认为问题是已知知识与无知之间的张力，也有哲学家认为问题是客观事物之间的矛盾在人头脑中的反映。问题无处不在，课程中的学与教的过程处处充满了问题，问题要素在教学中的重要性，正如伽达默尔所说："我们可以将每一个陈述都当作是对某个问题的反应或回答，要理解这个陈述，唯一的办法就是抓住这个陈述所要回答的那个问题。"[③] 理解问题概念，应把握两个关键属性：①问题是指在一定情境中某种未知的实体（即现存状态和目标状态之间的差距）；②发现／解决这种未知具有某种社会的、文化的或智能的价值。[④] 建构主义理论代表人物乔纳森曾明确指出：问题解决就是有意义的学习。对于问题的概念，他指出具有两个重要的特点：首先，问题是一个未知数；其次，解答这个未知数对我们而

---

① Marshall Mcluhan. 理解媒介——论人的延伸［M］. 何道宽译. 北京：商务印书馆，2000：34.

② 孙沛华. 基于专家教师教学技艺的信息技术应用教学功效研究［D］. 兰州：西北师范大学硕士学位论文，2007.

③ 祝智庭主编，王天蓉，徐谊编著. 有效学习设计——问题化、图示化、信息化［M］. 北京：教育科学出版社，2010：26-27.

④ 钟志贤. 信息化教学模式［M］. 北京：北京师范大学出版社，2006：146.

言必须具有某种社会的、文化的或智力的价值。① 问题包括形式和内容两部分，在理解性教学模型中的问题要素，更多的是从内容的角度进行分析的。

问题与理解息息相关，问题解决的过程也是理解的过程，然而对于小学高年级的藏族学生的汉语教学而言，整合技术的理解性教学模型中的问题要素应从如下两个方面进行分析：

（一）促进理解的问题要素特征分析

结合前文的实践调研，笔者认为，对于小学高年级藏语学生的汉语教学而言，促进理解的问题要素应该具有如下特征。

1. 促进理解的问题应该考虑学生的已有知识

奥苏贝尔认为，当学习新知识时，如果在学生原有知识结构中能找到适当的可以用于新知识的原有知识，那么该学生的认知结构就具有原有知识的可利用性，反之则缺乏可利用性。而原有知识的可利用性是影响新的学习和迁移的最重要因素。② 对于促进理解的问题的提出而言，主要的作用在于激发学生对于原有知识的提取，构建起新旧知识之间的联系，使学生顺应或者转换图式来达到对问题的理解。对于藏族学生的汉语学习而言，已有知识不仅需要考虑学生对于教学内容的认知水平，同样需要考虑民族、地域所造成的文化知识，全面考虑问题的设计符合学生最近发展区的特征。

2. 促进理解的问题应该结合教学目标的要求

教学是促使学习者朝着目标所规定的方向产生变化的过程，因此在教学系统设计中教学目标是否明确、具体、规范，直接影响到教学是否能沿着预定的、正确的方向进行。③ 对于促进理解的问题的选择，应该结合教学目标的要求进行，例如，在民族类汉语小学六年级第十一册课文《珍贵的教科书》的教学过程中，教学大纲要求"本课教学的难点在于让学生理解教科书为什么珍贵；教学的重点是了解本文叙述的顺序"，因此在问题设计的过程中，应该以问题的形式引导学生理解"盼书—取书—护书—爱书"的故事进展顺序，并从四个阶段过程中分析理解盼书的不易、取书的艰难、护书的伟大，以及爱书的意义，从而真正理解核心问题"为什么是珍贵的教科书"。

---

① 〔美〕戴维·乔纳森等.学会用技术解决问题：一个建构主义者的视角［M］.任友群，李妍，施彬飞译.北京：教育科学出版社，2007：21-22.

② 皮连生.教育心理学（第四版）［M］.上海：上海教育出版社，2011：240.

③ 何克抗主编.教学系统设计［M］.北京：北京师范大学出版社，2002：80.

3. 促进理解的问题应该围绕核心问题细化推进

传播学家拉斯韦尔（D. Lasswell）给传播和交流过程下了一个著名的定义："谁向谁通过什么途径说什么并产生什么效果"，这一定义实际上提出了传播过程的5个基本问题：谁说、说什么、对谁说、通过什么途径说、产生什么效果。显然这5个问题就构成了一个具有内在联系的问题系统。在教学过程中，也可根据概念、定理和原理的内在要素或相互关系，或是代表一些思考方法的认知模型，形成问题集。[①]例如，在民族类汉语小学六年级第十一册课文《在德国——自己的花是让别人看的》的教学过程中，结合学生周边的养花情况，来提出核心问题"自己的花为什么是让别人看的？"并逐步细化为相关的问题集，包括"作者是第几次到德国？中间隔了多长时间？""德国给作者留下了怎样的印象？""为什么作者认为德国很奇？在哪些地方表现出来了？"逐步引导学生理解"德国很奇——房间里养花跟我们不一样、街道上看见的花和我们不一样、四五十年德国的奇都没有改变——是因为德国人具有人人为我我为人人的品质"，从而可以达到较好的理解效果。

（二）技术在问题因素中作用的体现

笔者认为，问题要素主要体现在理解加工过程，信息技术的作用包括可视化功能和思维建模功能，即通过信息技术可以将知识结构可视化为呈现的功能，有效地梳理课文结构的关系；同样，通过信息技术支持的思维建模的功能，将学习者的新知识与原有知识进行有效联系。2000年，国际教育技术学会（International Society for Technology in Education，ISTE）于2000年制定了教师的技术标准和行为指标（National Educational Technology Standards for Teachers,NETS·T），这些指导方针定义了教师在课堂中使用技术所应具备的概念、知识、技能和态度的6个标准领域是：①技术的操作和概念（technology operations and concetps）；②规划和设计学习环境与经验（planning and designing learning environments and experience）；③教、学和课程（teaching，learning，and the curriculum）；④评估和评价（assessment and evaluation）；⑤生产性和专业性实践（productivity and professional practice）；⑥社会、伦理道德、法律和人类的问题（social，ethical，legal，and human issues）。[②]基于此，笔者也从这几个方面对技术促进理解的主要体现进行具体描述。

---

① 祝智庭主编，王天蓉，徐谊编著. 有效学习设计——问题化、图示化、信息化［M］.北京：教育科学出版社，2010：53.

② ISTE. International Society for Technology in Education［EB/OL］.http：//www.iste.org/standards/ nets—for—teachers,2012-08-17.

1. 收集支持理解的问题资源

寻找与教学内容相关的支持理解的问题资源，曾经是一项苦差，由于民族类汉语教材属于五省协编的专用教材，因此配套的教学辅助资源极为有限，然而万维网的出现为教师和学生们提供了真实的材料。通过前期调研得出，教师最为需求的是图片、视频、音频或是动画形式的教学素材[①]，大多数教师在获取这些素材资源后，要根据各自的问题需求进行二次加工，根据个人教学需要制作成可以促进学生理解的问题资源。

2. 提供促进理解的问题表征

技术创建促进理解的问题环境，主要体现在对问题的表征方式上。问题解决理论认为，提供线索提示会使源问题和目标问题之间的关系外显化，除了直接的指导提示以外，能揭示问题的原理规则或图解等也可以作为线索提示。基于此，有学者提出了图式可视化的思路，并指出其价值在于让教师查明学生原有的图式和学习后获得的图式；可以有助于师生之间、生生之间的思维交流和智慧分享；学习结构图的梳理，对于学生来说本身就是一个图式修正调整与重建的过程。[②] 由此，利用思维导图等技术工具软件，可以有效地创建促进理解的问题环境，有助于学生对问题的理解效果。

四、情境要素

对于"情境"，常常会有相似的词语"情景"交替出现。严格说来，《辞海》对"情境"的定义为："一个人进行某种行动时所处的社会环境，是人们社会行为产生的具体条件。"[③] 根据韦伯斯特词典所下的定义，情境指"与某一事件相关的整个情境、背景或环境"[④]。罗格夫则认为"情境既是问题的物理结构与概念结构，也是活动的意向与问题嵌入其中的社会环境"[⑤]，而情景则是指情况和光景。所以，一般而言，"情境教学"取"情境"而不取"情景"，其原因就在于"情境"要具有一定的深度与广度。然而在我国教育、教学研究文献中，"情境"和"情景"两个词常常混淆，有研究者常常根据个人的喜好随意运用这两个词。对于

---

① 王妍莉，马志强，杨改学.农村中小学现代远程教育工程模式三环境下藏语数字资源应用现状分析［J］.中国远程教育，2009，（2）：54-60.

② 祝智庭主编，王天蓉，徐谊编著.有效学习设计——问题化、图示化、信息化［M］.北京：教育科学出版社，2010：193.

③ 夏征农主编.辞海［M］.上海：上海辞书出版社，2000：1193.

④ 转引自：高文.教学模式论［M］.上海：上海教育出版社，2002：90.

⑤ 转引自：高文.教学模式论［M］.上海：上海教育出版社，2002：299.

本书而言，无意对情境与情景做详细的区分和说明，因此为了保持表述的一致性，如无特殊说明，本书中只采用"情境"来表示相似的含义。

情境要素在第二语言教学中以及语文教学中都得到了一致的认可和重视，在语言教学中，情境法（situational language teaching），又称口语情境法（oral approach and situational language teaching），帕尔默（Harold Palmer）和霍思比（A. S. Homby）是创立该法的两个著名代表人物，并按情境法的原则编写了许多教科书、工具书和字典，如《新概念英语》（New Concept English）、《英语句型和惯用法》（Guide to Patterns and Usage in English. A. S. Homby）和《现代高级英语学生字典》（The Advanced Leaner's Dictionary of Current English. A. S. Homby）等。① 在我国语文教学中，如李吉林的小学语文情境教学模型被认为是最具有中国特色的基于"情境"的教学模型的典型案例，李吉林老师在长期的实践中总结提出拓宽教育空间、缩短心理距离、通过角色效应，强化主体意识以及注意实际操作等步骤的小学语文情境教学模型。②

情境学习理论认为，知识是分布在它所生长的有关的环境之中，若要建构起对它意义的理解，就必须了解与之相关的所有因素，可以说情境学习的突出特点是将个体认知、个体的学习置于更大的物理和社会背景以及由文化建构的工具的意义中。③

从人类学视角分析，勒温等认为一个人的行为（B）取决于个人（P）和他的环境（E）的相互作用，即取决于个体的生活空间（LSP），并提供了基本的公式：$B=f（PE）=f（LSP）$。在她看来，"情境"乃是个体的生活空间，是一种场的存在，既不是一般的纯客观环境，也不是意识中的行为环境，而是将主体与客体融为一个共同的整体，因此，其中任何一部分发生变化，都必然会引起其他部分的变化。④ 从心理学领域分析，对于文本阅读的研究经历了由认知主义理论到联结主义理论的转变，其关注的研究内容也由图式转移到情境模型。情境模型的概念起源于 20 世纪 80 年代初，当前，大多数认知心理学者认为文本理解过程就是读者建构一系列多层次心理表征的过程，而一个连贯的情境模型的建构就可

---

① 张平. 基于多媒体技术的情境教学研究［D］. 重庆：西南师范大学硕士学位论文，2004.

② 李吉林. "情境教育"的探索与思考［J］. 教育研究，1994，（1）：51–58.

③ 裴娣娜主编. 现代教学论［M］. 北京：人民教育出版社，2005：113.

④ 〔美〕J. 莱夫（Jean Lave），〔美〕E. 温格（Etienne Wenger）. 情景学习：合法的边缘性参与（Situated Learning: Legitimate Peripheral Participation）［M］. 王文静译. 上海：华东师范大学出版社，2004：12.

以被认为是达到了对一篇文本的成功理解。[①]

希拉里·麦克莱伦在其论文《情境学习：多种观点》中识别出教育心理学研究领域情境学习的要素如下：故事、反思、认知学徒制、合作、辅导、多种实践、清晰表述学习技能与技术。[②]Michael Young 提出了三条具体的评价策略，即好的情境能够进行迁移，好的情境能够提供学习的意义，好的情境能够适应"抛锚式教学"[③]，并进一步提出了三条评价依据：评价必须基于情境学习理论，强调过程和结果一样重要；评价必须脱离线性的附加模型，接受外在的复杂性、非线性，以及真实学习的自然混沌性，应该成为教学过程的一部分；评价必须接受并且利用技术扩展学生独自感知和解决问题的能力。[④]

任何教学过程都具有情境性，对本书所提出的整合技术的理解性教学而言，情境要素主要体现在教学中的内容和环境两个方面，由于藏族学生在汉语学习过程中具有文本内容情境的缺失和汉语语言交流情境的欠缺两个方面的特点，而文本内容情境缺失又可以进一步分为文本意义背景和学习者经验性体验两部分。因此，技术促进理解的藏语学生汉语教学过程中的情境要素，应该有效地创设促进学生理解的文本内容情境和汉语言交流的情境，具体分析如下。

（一）促进理解的情境要素特征分析

1. 促进理解的情境应该创设文本意义背景

语言作为信息的载体，无法脱离信息意义背景而存在，例如，要理解一首古诗词，不仅需要对字、词、句的含义进行理解，还需要对诗人所处的时代、写作背景，乃至其写作风格都要有所了解。因此，促进理解的情境要素，体现在教学过程中需要创设文本的意义背景，从而有效地促进学生的理解过程。

2. 促进理解的情境应该弥补藏族学生的经验性缺失

因为成长环境的差异性，藏族学生对于汉语教学内容会存在很多的经验性的缺失，从前期调研中可以得出，藏族学生对于汉语课文的经验性缺失主要体现在两方面：其一，绝大多数的少数民族地区地处偏远牧区，交通不便、信息

---

① 迟毓凯，莫雷. 论文本阅读认知研究的演变［J］. 陕西师范大学学报（哲学社会科学版），2005，（5）：123–127.

② 转引自：王文静. 基于情境认知与学习的教学模式研究[D]. 上海：华东师范大学博士学位论文，2002.

③ Michael F. Young. Instructional design for situated learning［J］. *Educational Technology Research and Development*，1993，41（1）：43–58.

④ Michael F. Young. Assessment of situated learning using computer environments［J］. *Journal of Science Education and Technology*，1995，4（1）：89–96.

闭塞，因此这些地区的藏族学生具有与普通汉语为母语的牧区学生一样的经验性缺失现象，即对于许多缺乏体验的东西很难理解，例如，海洋、高楼大厦等实体性的内容，可以归结为是地域问题所造成的经验性缺失，这对于我国农村地区的学生具有普遍的共性；其二，作为不同宗教信仰的民族，历史发展背景有所差异，导致藏族学生的经验性缺失还具有自身的特殊性，例如，对于汉语俚语的理解困难、对于传统节日风俗的习惯经验性缺失等，这些不同于以普通汉语为母语的农村地区，是民族地区学生所具有的特殊性。因此，在促进理解的情境要素时，需要充分考虑两方面的经验性缺失问题。

3. 促进理解的情境应该提供语言交流的参与环境

从前期调研中可以得知，许多藏族学生生活环境是以藏语为主，缺乏非正式的汉语交流环境，这对于第二语言学习而言会起到一定的负面影响。因此，笔者强调在促进理解的情境要素中，需要注意提供语言交流的参与环境，即在课堂中重视小组合作探究，注重实践环节的创设，能有效地为藏族学生的汉语学习提供语言交流的环境，从而更好地促进他们的理解。

（二）技术在情境要素中作用的体现

在整合技术的理解性教学中，技术在情境要素中的体现，主要体现在情境化教学设计和信息技术的有效应用两个方面，信息技术的作用在于提供一种可理解性的信息输入，例如，通过多媒体技术丰富的多通道呈现功能，来解决缺乏背景知识和汉字生词识记困难的问题；通过多媒体技术重现信息的功能，有效地创设教学情境，来解决缺乏相似情境感知的问题；通过通信技术的交互功能，创建异地非同步的信息交流渠道。而这些可理解性信息的输入，以及足够的信息量，有利于促进学生的理解效果。

1. 技术可以再现真实的理解背景

多媒体技术的主要优势之一，就在于它具有较强的呈现力，即对于事物的空间特性、时间特性、运动特性、颜色特性以及声音特性都具有极强的仿真能力。因此，可以真实地再现促进理解的背景。

2. 技术可以创设促进理解的语言环境

正如情境认知理论所强调的，在情境教学中需要注意学生的合作和反思，那技术的作用可以体现在通过如局域网聊天室等工具软件，创设虚拟的交流空间，使得在有限的教学时间内可以充分地让每一位学生都参与其中。此时还可以通过语音软件、虚拟教学软件等，记录和分析学生的反思过程，并提供虚拟教师、虚拟同伴的角色，创设促进理解的语言环境。

第五章　促进理解的汉语教学策略分析

> 有经验的教师在备课的时候，总是要周密地考虑，他所讲授的知识将在学生的头脑里得到怎样的理解，并根据这一点来挑选教学方法。
>
> ——苏霍姆林斯基《给教师的建议》

　　藏族学生汉语教学的特殊性分析部分，是从群体的普适意义上做了调研；理论推衍初步构建模型部分，是在群体特殊性分析的基础上，从理论抽象的角度对于整合技术的理解性教学模型进行了构建。而本书的关注点主要聚焦于课堂，教学模型的操作需要与课堂教学中的实际情况结合起来，因此还需要通过典型案例的分析，旨在探究课堂教学是否有效地解决了学生的理解障碍，并进一步发现课堂中存在的典型问题，从而进一步验证理解性教学模型并基于此提出可操作性的教学策略。

第一节　典型问题课堂案例分析

　　为了提炼藏族学生汉语教学过程中的典型问题，笔者通过结构化观察、田野日志的方式观察、拍摄了大量的课堂实录，见表5-1，并从中提炼出具有代表性的典型案例进行示范分析。

表5-1　典型问题分析课堂视频目录

序号	年级	课名	教师	来源
1	二年级四班	王冕学画	宋老师	合作藏小
2	四年级三班	吉祥四宝	辛老师	合作藏小
3	高一二班	藏英双语	才老师	合作藏中

序号	年级	课名	教师	来源
4	高二一班	云南的歌会	杜老师	合作藏中
5	初二二班	香格里拉人与自然	王老师	合作藏中
6	高一六班	回忆鲁迅先生	马老师	碌曲藏中
7	初二八班	太阳岛上赏雪景	宁老师	碌曲藏中
8	四年级一班	学写日记	周老师	碌曲藏小
9	二年级二班	综合练习五	范老师	碌曲藏小
10	六年级一班	青稞情	马老师	西仓小学
11	五年级三班	咏梅词	辛老师	合作藏小
12	三年级二班	小壁虎找尾巴	李老师	那吾藏小
13	六年级三班	滁州西涧	辛老师	合作藏小
14	六年级三班	桂花雨	辛老师	合作藏小
15	六年级四班	自己的花是让别人看的	桑老师	合作藏小
16	二年级二班	你们打算怎么去	马老师	合作藏小
17	二年级三班	自己去吧	道老师	合作藏小
18	二年级四班	自己去吧	禄老师	合作藏小
19	四年级三班	狐狸和乌鸦	仁老师	合作藏小
20	四年级二班	骄傲的孔雀	李老师	合作藏小
21	五年级四班	燕子专列	周老师	合作藏小
22	六年级三班	为中华之崛起而读书	道老师	合作藏小

一、案例分析目的

众所周知，优秀的教师是教学成功的关键。正如我们所体验过的那样，不同的教师会带来不同的教学过程，包括不同的课堂氛围、不同的学生喜好、不同的教学效果等。而教学就是教师对影响学生学习可能性的不断的决策过程，就是在与学生互动前、互动中和互动后所做出的决策。[①] 教师的决策行为对于促进学生的理解效果起着决定性的作用，因此，针对学习者所反映出的主要典型问题，笔者分析了不同课堂中教师的教学决策行为，以期更好地验证本书的策略体系。典型课堂的分析，包括两部分内容：第一部分是对于"典型问题课堂

---

① 〔美〕威廉·威伦（William Wilen），〔美〕贾尼丝·哈奇森（Janice Hutchison），〔美〕玛格丽特·伊什勒·博斯（Margaret Lshler Bosse）. 有效教学决策（*Dynamics of Effective Secondary Teaching*）〔M〕. 李森，王纬虹主译. 北京：教育科学出版社，2009：7-8.

透视"，主要是通过大量的日常教学案例分析，总结出在实际教学中所存在的典型问题；第二部分是对于"优质教学案例的观察与分析"，目的在于能够从优质教学案例中总结出具有共性的教学要素，作为操作应用策略所提出的案例依据。

二、案例分析维度

对于典型问题的课堂案例分析，笔者主要通过 3 个方面的维度来进行分析。

第一个维度即观察多媒体技术在教学过程中的应用作用，即是否很好地发挥了促进学生理解的作用，通过结构化观察量表对于课堂教学过程中多媒体技术应用的频次、多媒体技术的呈现方式以及多媒体技术对于促进理解的作用体现。

第二个维度是观察教师对促进学生理解的会话行为体现，主要分析了学生的主动参与行为，学生的主动参与已经被证明可以有效地促进学生的理解效果[①]，具体而言，又包括 3 种行为：①教师的提问与理答情况（通过结构化观察量表对于课堂教学中教师对于学生的提问频次、男女生提问比例、问题类型等做了观察分析）；②课堂活动的组织情况（通过结构化观察量表对于课堂观察中教师组织学生进行小组合作学习的频次、组织形式、持续实践、效果评价等方面做了分析）。

第三个维度是学生的理解效果反映情况，即学生对于理解内容所表现出的解释、分析、举例、用自己的话解释说明等行为体现。通过田野观察记录的方式，对于学生的课堂中的言语内容做了记录，与量化学生言语频次和比率做对应，深入分析学生的课堂言语是否有效地体现了他们的理解效果。

三、案例分析过程

在分析了上述的课堂教学过程后，笔者总结出 3 种较有代表性的典型案例，这能够反映普遍存在的典型问题。由于文章篇幅所限，所以在此只陈列完整的三节课堂分析过程，这三节课所反映出的问题具有一定的代表性，具体如下。

（一）典型问题一：教师替代学生理解

《在德国——自己的花是让别人看的》是桑老师执教的小学六年级的汉语课

---

① 〔美〕J. Michael Spector等主编. 教育传播与技术研究手册（*Handbook of Research on Educational Communications and Technology*）〔M〕. 任友群等主译. 上海：华东师范大学出版社，2012：144.

文，教学过程中教师主要介绍了课文背景，通过朗读课文等逐步讲解每段的大意，并讲授了课文重点句型。值得一提的是，该班学生的朗读很标准，没有常见的学生唱读现象，可以看出学生的语文素养较佳。从教学目标上而言，这篇课文的"重点在于学生对课文的正确理解和对文章的整体感悟和把握上"。

1. 多媒体技术促进理解的教学应用分析

整节课中共使用多媒体 14 次，使用了图片和文字两种形式，有 8 次是用于呈现教学内容，2 次是强调教学的重难点，3 次是呈现了拓展资源（如写作背景和作者简介等），还有 1 次是创设了教学情境（如展示了德国街道的景象等）。从呈现目的上来讲，该课堂对于技术促进理解的教学应用方面只体现了多媒体呈现效果丰富的特点（如展示花团锦簇的含义等），然而对于重难点句型的分析理解，教师只是用多媒体直接呈现了理解的结果，并没有引导学生深入分析，自己探索，见图 5-1。

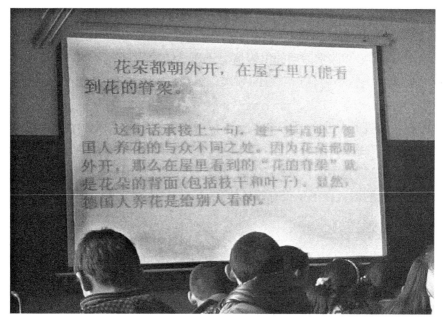

图 5-1　典型问题分析案例《在德国——自己的花是让别人看的》课堂教学图例

2. 教师的提问与理答

整节课中教师一共单独提问了学生 15 次，其中男生 9 次，女生 6 次，学生回答正确的有 14 次，对于绝大多数回答教师都提供了及时的反馈，例如，"很好"等口头表扬；提问类型中其中有 13 次是属于创造性问题，即要求学生用所学的生字造句等。

3. 课堂活动的组织情况

该课程中有一次小组合作学习活动，小组拓展联系写句子，从"家里、学校、社会"的角度体现人人为我、我为人人的句子，活动时间大约是 2 分钟，属于小组合作探究类型，采取了邻桌活动的形式，学生参与的积极性较佳，但对于活动的分工教师没有给予明确的指导，教师对于小组活动成果进行了点评，很好地给予了反馈。

4. 学习者理解反馈行为分析

教师与学生的交流行为更多地停留在浅层次的交流，例如，笔者摘录了如下师生问答：

> T：读了这段课文，大家觉得这城市怎么样？
>
> S：美丽。
>
> T：因为什么美丽？
>
> S：……（沉默）
>
> T：花怎么样？
>
> S：花多。
>
> T：因此作者发出了怎样的感叹？
>
> S：多么奇丽的景象，多么奇特的民族！（课文原文朗读）

此外，对于很多需要重点体会和理解的内容，教师会自己给出答案，没有让学生讨论发言和思考，例如，下列师生问答：

> T：花的脊梁是什么意思？大家来看看。
>
> （呈现课文原句以及句意分析）
>
> T：这段话呈现了上一句，进一步点明了德国人养花的与众不同之处……脊梁这里可以理解为花的背面。（朗读 PPT 呈现文字，见图 5-1）

对于学生的误解，教师并没有引导学生分析错误的原因，而是继续强调正确的答案，如下列课堂对话：

> T：大家看看这幅图片，可以用哪个词语来表达？
>
> S：姹紫嫣红。
>
> T：姹紫嫣红吗？
>
> S：花团锦簇……
>
> T：对了，就是这样一团团簇拥在一起，就是花团锦簇。

（二）典型问题二：教师忽略了学生前理解

《咏梅词》是辛老师执教的小学五年级汉语课文，教学过程中教师主要强调了诗词的语法内容，并逐句讲解了诗词。

1. 多媒体技术促进理解的教学应用分析

整节课中共使用多媒体 15 次，使用了图片和文字两种形式，有 5 次是创设了教学情境（如在诗词讲解的过程中呈现相应的梅花图片等），7 次是呈现教学内容，2 次是呈现了拓展资源（如作者简介），还有 1 次是作为总结复习（如对于诗词格律知识的巩固练习题等）。对于多媒体技术的应用而言，较好地体现了情境创设的特点，但是创设的情境对于学生的理解影响效果不大，教学过程中反复多次呈现了梅花和雪景的图片，体现了多媒体技术重现理解内容情境的作用，但是所呈现的内容并非学生难以想象和体会的，反而对于学生古诗词学习过程中的"唱读"现象，对古诗词内涵的难以体会的问题均未起到促进作用，见图 5-2。

图 5-2 典型问题分析案例《咏梅词》课堂教学图例

2. 教师的提问与理答

教师在教学的过程中一共单独提问了学生 5 次，均属于推理性问题，即让学生说出这句诗的含义，其中 4 次是男生，并且有 3 次是同一位学生，这说明教师在教学过程中完全没有顾及均衡问题，也说明对于教师的教学进度只有个别学生可以与其保持一致。

3. 学习者理解反馈行为分析

教师在教学过程中忽视了学生的前理解范畴，因此对于内容的讲解和提问超出了学生的最近发展区，导致大多数问题都无人应答。例如，教师在教学伊始用了大量的时间来分析诗词语法内容，并配合以练习题来巩固这首词的词牌名相关的知识，但学生对此表示极为茫然，例如，如下对话：

T：大家来说一说，这首词为什么没有题目而只有词牌名呢？

S：……（沉默）

T：大家记下来，当词的内容包含了词牌内容的时候，可以省掉题目。

S：（笔记）

······

T："俏也不争春，只把春来报"，这句用了怎样的修辞手法，我们以前学过，大家想想？

S：······（沉默）

T：是"顶真"大家记下来。

S：（笔记）

此外，对于古诗词内容而言，诗词所表达的情感体会也是学生的理解难点之一，然而教师在并未详细介绍诗词背景的情况下，对于诗词体会内容提问较多，因此学生的反应同样不佳：

T：大家来想一想，在当前的环境下，这句诗又有怎样的寓意？

S：······（沉默）

T：可以看出来我们的道路是非常光明的，但是前进的过程中会遇到许多困难。（试图提示学生回答，但效果不佳）

S：······（沉默）

T：这句诗表达了梅花怎样的品格？

S：······（沉默）

T：记住，就是八个字"迎难而上，无所畏惧"。

（三）典型问题三：教师漠视学生理解效果

《你们打算怎么去》是马老师执教的小学二年级的汉语对话课文，教学过程中教师主要讲解了"特别"等重点句型，扩展介绍了不同的交通工具，学习了古诗新唱的歌曲，并进行了看图说话的训练。

1. 多媒体技术促进理解的教学应用分析

整节课中共使用多媒体 14 次，使用了音频、图片和文字 3 种形式，有 6 次是用于呈现教学内容，2 次是强调教学的重难点，3 次是创设了教学的情境（如同图片音乐展示拉萨的风景等），有 3 次是展现了扩展资源。从呈现目的上来讲，体现了多媒体呈现效果丰富的特点（如古诗新唱的环节），使课堂气氛更加活跃，很好地吸引了学生的注意力和兴趣，拓展了学生的视野（如对拉萨图片的简介），也强化了汉语口语的练习（如看图说话环节），并且看图说话的图片选择来源于学生生活，都是学生自己的照片，有效地创造了语言表达的情境。从技术促进理解的目的评价上而言，教师呈现了大量的信息并设计了许多的环节，然而各个环节之间缺乏关联，并且每个环节的时间都较少，整个教学过程是浮于表面的，教师并没有对学生的理解效果进行深入引导（图5-3）。

图5-3 典型问题分析案例《你们打算怎么去》课堂教学图例

2. 教师的提问与理答

整节课中教师一共单独提问了学生33次，其中男生23次，女生10次，学生回答正确的有27次，其中有10次教师没有对学生的回答做出反馈；提问类型中有20次是属于创造性问题，即要求学生用所学的生字造句等，4次属于陈述性问题，例如，要求介绍去拉萨的感受等。该课程中教师没有组织小组合作学习的活动。

3. 学习者理解反馈行为分析

教师对于学生的理解效果没有进行深入分析，从教学课堂分析可以得出如下的课堂对话：

T：谁来谁说这篇课文讲了什么？可以用自己的话说也可以用课文里的话。（点名发言）

S1：讲了扎西去拉萨。

T：嗯，扎西和爸爸去拉萨，有补充的没有？（点名发言）

S2：扎西和爸爸坐上了火车去拉萨，去看那神奇的布达拉，火车里传来……（学生复述了部分课文）

T：嗯，拉毛吉再说。（点名发言）

S3：扎西和爸爸第一次坐上了火车去拉萨，火车里传来阵阵的歌声。

T：嗯，好，我们来看看这篇课文讲了什么。（多媒体呈现主要内容）

教师对于理解不佳的学生，没有给予引导、强化练习，例如，如下师生对话：

T：接下来我们来做看图说话，大家看这四幅图，谁愿意说想一想，想说哪幅都可以，给大家一分钟的时间考虑……（即刻开始提问）……你来说第一幅图（点名提问）。

S1：学校里的大哥哥和大姐姐们在打扫卫生，不一会儿就扫得干干净净。

T：很好，第一幅再有没有人说？ ×××（点名提问）

S2：大哥哥们在跳舞。

T：是第四幅图，他们穿的衣服漂不漂亮？

S2：漂亮。

T：谁再来说？

S3：大哥哥们在种树。

……

T：这个看图说话大家说得不好，下去一定要多练，听到了没有。

四、案例分析结果

笔者选择了具有共性的三节典型课堂，可以反映基层学校教学中的主要问题，从教学课堂分析可以看出：

（一）教学设计并没有以促进学生理解为核心

从大量的课堂实录分析中可以看出，普遍存在的问题是教学设计没有以促进学生的理解为核心目标。以案例三为例，该教师的信息技术水平属于当地教师群体内的较高水平，课堂活动丰富，媒体使用频率较高，形式多样化，课堂点评受到了许多同行教师的赞扬。然而深入分析可以得出，教师对于课堂活动的设计丰富但缺乏主线，对学生的提问频繁但缺乏反馈，各种活动环节的实施都出现了学生理解效果较低的表现，但是教师对此并没有进行深入的弥补，只是根据自己的流程继续讲授。缺乏目的性的教学显然无法达到较佳的教学效果。

（二）技术的应用没有解决情境缺失障碍

从课堂分析中可以看出，多媒体技术的作用较为单一，仅局限于教学内容的呈现，或者用不同编码的信息来呈现相同的内容，以案例一为例，例如，用花团锦簇的照片来表示"花团锦簇"的含义等，呈现作者简介、写作背景等，仅仅局限于这种简单意义上的呈现，对于促进学生的理解效果并不显著。教师对于文章中的核心问题，如何体现自己的花是让别人看的，以及如何体现了人人为我、我为人人的精神等问题没有引导学生理解和思考，也没有利用技术的手段弥补学生的理解情境缺失，而是以直接讲授的方式提供了参考答案。

（三）问题的设计没有以学习者为中心

从课堂分析中可以看出，在教学过程中许多教师都很注重提问方式的应用，但是深入分析问题的内容可以发现，教师对于学生的问题设计没有考虑以学习者为中心。如案例二所示，教师的问题忽略了学生的前理解，教师的许多问题对于学习者而言都超出了最近发展区的范畴，没有与学生的已有知识经验联系起来，因此问题的效果往往不佳，无法达到有效促进学生理解的目的。

（四）教学会话较少引导学生思维发展

会话要素是理解性教学模型中的重要因素之一，强调高质量的会话也是理解性教学的主要特色所在。从课堂案例分析也可以看出，不同的课堂都注重师生的问题和会话，分析教师对于学生的提问频率可以得出，课堂师生互动频率较高，且教师对于学生的应答以积极反馈为主，并大多数给予及时的反馈。然而这同样反映出许多问题，例如，大多数会话内容都以事实性知识的识记为主，如找出原文中的具体内容等，以及句型应用的重复性操作，如小组练习，用"表现人人为我的句型造句"，这种类型的会话不可或缺，但不应该成为会话的全部内容，课堂中对于表现文章内容理解的会话较少。有效的会话应该以引导学生的意义建构、思维发展为主要目标，重要的是教师（或者是讨论的领导者）需要质疑、启发、挑战、劝导，或是保持安静。[①]

（五）学生课堂参与行为较难表现理解效果

许多课堂教学中所共同体现的特点是学生的课堂反馈行为，以事实性内容的陈述为主，例如，朗读课文，回答课文原文的句子，或者是对于明显事实的理解等，并没有更多的个人思考，主观意见的表达内容，在课堂时间设计上，也并没有给学生主动思考、讨论分析的时间，这从上述三个典型案例分析中的学习者反馈行为分析中也可以看出，从课堂学生参与行为方面，较难表现学生是否对课文内容真正达到了理解的状态。这与理解的表现性特征不符，我们强调理解就是需要通过学生的表现来体现和评价，也强调只有可表现出的理解才是真正的理解。

综上所述，在有效结合实际教学中所存在的典型问题的基础上，从本书所构建的整合技术的藏族学生汉语理解性教学模型出发，笔者提出了一些促进理解的可操作性的教学策略，在后文详述。

---

① Goldenberg. C. Instructional conversation：Promoting comprehension through discussion ［J］. *Reading Teacher*，1993，46（4）：36-326.

第二节　表达有声化理解策略

　　字词的语音与阅读理解之间的关系，长期以来一直受到心理学家的关注。早期的心理学研究倾向于把阅读看作是由文字转化为语音的过程。即看到文字以后先把它们转化为读音，再由读音进入理解。这个过程的后期与听的理解过程是一样的。例如，哈代克等人在 1970 年曾做实验证明，发声器官的肌肉活动能够帮助读者通过阅读难点，支持了阅读时经过语音再转入理解的假设。但是同样也有一些研究证明，读者的阅读过程不需要语音的介入。直到 20 世纪 70 年代后期，迈耶等人提出了双通道假设理论，认为词汇到达心理词典可能存在语音转录这一条通道，但是也可能存在从字形表征直接到达而没有语音中介的通道，即称为双通道假设。这一理论的观点在目前得到了广泛的认可。那么读者在阅读时如何进行选择？ 一般认为这取决于哪条通道加工速度更快。对许多相关心理学家的研究总结可以得出，阅读材料的难度、读者的阅读水平以及阅读的要求这些因素会影响字词的加工速度。①

　　那么对于藏族学生的汉语学习而言，理解更是体现在对于内容的内涵和意义的理解上。从前期实践分析中也可以看出，小学高年级学段的学生阅读能力普遍较低，课程标准的阅读要求以朗读为主，且观察得知许多学生在阅读课文的时候都会不自觉地发声朗读。因此，从理论推断，更多的学生可能会选择语音中介的阅读通道，而这种推断也在调研中得到了证实，在阅读理解的评测中，难度相似的内容，教师示范朗读过的篇章理解效果整体优于学生独立完成的篇章，此外，如前所述，我们在理解性教学模型中所强调的会话要素中均包含语言的表达，包括师生交流过程中的表达，生生交流过程中的表达，以及文本意义对话过程中同样强调学生对于以理解内容的外显化陈述，通过有声思维等方法将学生的理解过程呈现出来，可以有助于学生自己梳理理解过程，同时也有助于教师根据学生理解的反馈调整问题和讲授内容。

　　因此，笔者提出表达有声化理解教学策略，并认为该策略能有有效地促

---

① 陈贤纯.外语阅读教学与心理学［M］.北京：北京语言大学出版社，2008：80-85.

进学生的汉语理解效果，表达有声化策略的具体应用，又可以分为如下的子策略。

一、语音再认策略

Baddeley 曾提出，再认是记忆心理学中一个重要术语，是指当过去经历过的事物再次出现，人们感到熟悉并能识别确认的过程。[①] 从信息加工的角度分析，也就是从长时记忆中提取信息的过程。学习者的再认效果是理解的基础，尤其是对于语言教学中的基础要素词汇而言，如前文所述，一定的输入量是理解的前提，而一定的输入量又是需要通过一定的词汇量得以保持的，同样，词汇量的积累需要通过词汇的再认过程得以保持。

从调研中可以得出，在传统的藏族学生汉语教学过程中，对于生字词的学习更多的是通过书写记忆的方式，例如，要求学生重复抄写生字等是小学课堂中常见的词汇教学形式。但是这种教学方法所带来的弊病就在于，学生对于词汇的语音识别能力较低，从课堂教学观察中也可以得出，学生在词汇朗读的过程中很容易出现音调错误，前后鼻音难以区分，甚至是错误地识别语音等现象。关于字词的读音与含义之间的关系，许多学者曾做了研究，结果表明：掌握字词的读音与理解其含义之间存在高度的正相关，即当被试掌握了某一词语的意义时，在90%的情况下，他们往往也能够正确地读出该词。而当被试不知道某一词语的读音时，他们往往也不能正确地辨析该词的意义，由此证明掌握汉语字词的读音有助于掌握字词的含义这一结论。[②]

为了有效地促进学生的理解效果，对于词汇理解笔者提出了语音再认策略，即在字词的学习过程中，要注意强调学生的发声式朗读，在书写、记忆的过程中都强调有声化的词汇学习，而技术的作用可以体现在对于生字词的多媒体示范读音、记录矫正学习者的语音再认效果等方面。例如，在民族类汉语教材第三册《自己去吧》课文的讲解中，教师首先用多媒体呈现了生字词，其后请同学们自己辨认朗读，之后通过多媒体音频示范朗读标准读音，强调前后鼻音以及音调的区别等，这就有效地强化了学生对于词汇的语音再认过程，从而促进了理解的效果。

---

① 转引自：匡小文. 多媒体环境下提高英语词汇再认能力的研究[D]. 长沙：湖南大学硕士学位论文，2001.

② Yang, J. Orthographic effect on word recognition by learning Chinese as a foreign language [J]. *Journal of the Chinese Language Teachers Association*, 2000, （2）：1-17.

二、口诵心惟策略

"口诵心惟"体现为诵读的声音技巧与抽象思维、形象思维的相互配合，要求运用语感把握书面语言的深刻含义和感性形象。在朗读过程中，学生要达到口诵心惟的水平，必须把握读物整体，进入读物的情境之中，对读物所写的内容有深刻的理解和感受。[①] 从一定层面上而言，口诵心惟可以有效地促进学生的理解，并且口诵心惟的效果也能够在一定层面上反映学生的理解效果。

然而在前期调研中可以得出，藏语的语音与汉语有较大差别，尤其是笔者调研区域的安多藏语不具有语调，由此造成了很多小学生在朗读课文的过程中有严重的"唱读"现象，即对于课文的朗读无停顿无节奏无情感，而"唱读"现象是典型的母语迁移现象之一。少数民族的汉语教学，作为一种特殊的第二语言教学，教学标准的要求要"首先强调工具性，同时兼顾人文性"。这种提法强调的是汉语言文字作为交际工具的实用功能。由此，需要强调的是，对母语迁移作用所带来的影响进行矫正，可以表现为"学生有感情地朗读课文"等具体的行为活动。但是通过课堂案例分析同样可以得出，教师虽然对于朗读活动较为重视，所有的课堂都强调学生的朗读，但是对于朗读效果和技巧却普遍忽略，尤其是所谓的"口诵心惟"效果。

深入分析原因，这与教师的示范性朗读能力普遍较低不无关系。许多教师的"口诵心惟"能力有所欠缺，导致教师对于学生的朗读技巧更为忽略，或者是无力引导。示范性朗读对于学生对内容的理解效果之间的促进关系已经多次详述，从技术专家型教师的作用延伸的角度分析，多媒体技术在表达有声化策略中的主要作用体现之一，就在于朗读示范作用的呈现，即通过播放其他专家和教师的标准化朗读示范，来为学生自己的朗读提供引导方向，并在学生朗读过程中，教师及时给予矫正和强化，还可以通过媒体技术录制学生的诵读效果再放、比较的方法，使学生不仅可以练习标准化的表达，同样可以促进对于文本内涵的理解。

三、教学会话策略

教学会话（instructional conversations），或称为ICs，是基于讨论的课堂，旨在提供大量的机会用于提升学生概念和语言的发展。在英语语言学习过程中，实验证明，使用教学会话对学习者的影响很大，教学差异明显。[②] 会话要素已经得到

---

① 朱建国，张怡主编. 促进学生理解的50种方法［M］. 上海：华东师范大学出版社，2009：4.

② 〔美〕琳达·达林–哈蒙德（Linda Darling-Hammond）等著. 高效学习：我们所知道的理解性教学［M］. 冯锐等译. 上海：华东师范大学出版社，2010：60-61.

重视，只是怎样的教学会话才是有效的？ Goldenberg 曾指出一个好的教学会话应该具备如下 10 个要素：①聚焦主题（thematic focus）；②激活和利用背景及相关纲要（activation and use of background and relevant schemata）；③直接教学（direct teaching）；④提升更复杂的语言和表达（promotion of more complex language and expression）；⑤引出陈述或定位的基础（elicitation of bases for statements or positions）；⑥减少"明确答案"的问题（fewer "known-answer" questions）；⑦回应学生的贡献（responsivity to student contributions）；⑧连贯的论述（connected discourse）；⑨挑战性的，但无威胁的氛围（a challenging, but nonthreatening, atomosphere）；⑩大众参与，包括自主选择顺序（general participation, including self-selected turns）。①

在前期调研过程中可以看出，由于课时量较少等原因，在藏语学生的汉语教学过程中，更多的现状是教师主导的"一言堂"，即教师都试图通过直接讲授的方式将更多的知识传授给学生。缺乏教学会话直接导致学生对于教学内容的理解效果不佳，并且逐步缺乏学习兴趣，产生了对汉语学习的排斥心理。

由此笔者提出教学会话的策略，主要是针对理解性教学模型中的会话要素所提出的师生和生生之间的会话交流。对于师生会话而言，强调教师要在课堂教学中有意识地进行提问和追问等，引导或强化对教学内容的理解，训练思维的发展；对与生生会话而言，教学过程中要尽可能地给予学生之间讨论和交流的时间，并且需要注意在讨论交流伊始规定具体的时间，明确讨论的主题和目标，告知讨论结果交流的形式等。技术的作用主要体现在可以通过现代信息手段，拍摄、记录、重放和分析学生的有声思维过程，并且基于分析逐步进行改善，以及有目的、有方向地促进学生的理解。

第三节　问题可视化理解策略

"可视化"，一词源于英文的"visualization"，原意是"可看得见的、清楚的呈现"，也可译为"图示化"。最早作为专业术语出现的"可视化"始于 1987 年，在美国国家自然科学基金会召开的一个专题研讨会上，提出了"科学计算可视

---

①　Goldenberg. C. Instructional conversation：Promoting comprehension through discussion［J］. *Reading Teacher*, 1993（4）46：36-326.

化"的概念，其基本含义是指运用计算机图形学或者一般图形学的原理和方法，将科学与工程计算等产生的大规模数据转换为图形、图像，以直观的形式表示出来。① 美国当代著名教育心理学家梅耶（Richard E. Mayer）教授，曾通过对20 个不同类型的研究综述分析得出，图示的概念模型有利于更好地促进学生的理解效果，具体而言，可以有效地促进概念性知识的记忆，减弱逐语机械记忆，可以有效提升创造性解决迁移问题的能力。②

在科学计算可视化的基础上，又逐渐衍生出了数据可视化、信息可视化、知识可视化等概念，对于本书而言，可视化理解教学策略更多的是指知识可视化。卢加诺大学的 Eppler 教授和 Burkard 于 2004 年在其工作报告中所提出的对于知识可视化的定义，得到了学界的广泛认可，许多文献对于知识可视化的定义都采用了他们的概念。他们提出：一般而言，知识可视化的领域用于分析视觉再现的应用，来提高至少两个人之间的创造和使用知识中的作用。因此，知识可视化被定义为是所有可以用来建构和传达复杂知识的图解手段。除了简单的传递事实，视觉可视化目的还在于转换解（insight）、经验（experience）、态度（attitude）、价值观（value）、期望（expectation）、观点（perspective）、意见（opinion）、预测（prediction）等，以及用这种方式帮助任何人都可以正确地重构、回忆和应用这些知识。③ 知识可视化的实质是将人们的个体知识以图解的手段表示出来，形成能够直接作用于人的感官的知识的外在表现形式，从而促进知识的传播和创新。④ Ron Ritchhart 和 David Perkins 提出了定义可视思维的 6 个核心原理，并描述了我们在学校中应用的方法：①学习是思考的结果（learnings is a consequence of thinking）；②好的思考不仅是一种技术，还是一种战略（good thinking is not only a matter of skills，but also a matter of dispositions）；③发展思维是一个社会性努力的目标（the development of thinking is a social endeavour）；④培育思考要求思维可见（fostering thinking requires making thinking visible）；⑤班级文化创设了学习的基调以及具体化了学习的内容（classroom culture sets the tone for learning and shapes what is learned）；⑥学校必须是教师思考的文化源（schools

① 赵国庆，黄荣怀，陆志坚. 知识可视化的理论与方法［J］. 开放教育研究，2005，（1）：23-27.

② Mayer R E. Models for understanding［J］. *Review of Educational Research*，1989，（1）：59：43-64.

③ Eppler M J，Burkard R A. Knowledge Visualization：Towards a New Discipline and its Fields of Application. ICA Working Paper 2004，University of Lugano，Lugano[R]. 2004：3，http：//en. scientificcommons. org/2389273.

④ 王朝云，刘玉龙. 知识可视化的理论与应用［J］. 现代教育技术，2007，（6）：18-20.

must be cultures of thinking for teachers）。其中第四条更是进一步强调有效的思考会使他们的思维可见，意味着他们可以使自己的想法通过说、写、画或是其他的方法来具体化。他们可以指导并且提升这些想法。①

在本书中，将知识内容进一步细化，又包括理解内容所界定的字词内容、句子内容和篇章内容，藏族学生汉语学习的理解过程，正是对于这些内容的知识进行理解。那么在理解的过程中，这种已知知识和未知知识之间的张力，或者被称为新知识与学习者大脑中的已有图示之间的矛盾部分，正如前文理解性教学模型中所界定的概念那样，可以统称为问题。因此，笔者在此将知识可视化在本书中界定为问题可视化，即教师在教学过程中将学习者需要理解的问题通过可视化图解的手段进行组织呈现，从而有效地促进学生的理解过程。问题可视化理解策略在具体教学应用中，又可以进一步细化为如下 3个子策略。

一、部件强化策略

作为一种独特的文字系统，汉字给那些母语以字母系统为主的学习者带来了很大的困难。在语言学界，很多研究者对于汉字识别与书写方面开展了多项研究。其中，部件记忆得到了广泛的关注，有研究证明，部首知识对于学生的汉字学习确有显著影响，学生所掌握的部首知识越丰富，他们也往往能够更快地掌握和吸收新的形声字。② 虽然部件学习策略被证明是一种行之有效的汉语学习策略，但是往往在汉语学习初期并未得到有效的重视。这对教学实践的启示在于，汉语教师应该有意识地培养学习者对于汉字部件的理解，比如形旁、声旁的认识能力，帮助他们按照形旁、声旁对所学生字进行归类整理。③

从前期调研中可以得出，藏语作为一种字母系统语言，藏族学生在汉字学习的过程中对于文字的部件组成理解较为困难，这种现象在小学低年级阶段尤为突出，对于小学高年级阶段而言，虽然字词识记已经不是主要的学习障碍，但是部首知识的欠缺往往造成学生文字表达能力偏低。这对于本书所关注的理解效果而言，会造成理解偏差，不仅是学习者个人无法清楚地表达理解的内容，也使得

---

① Ron Ritchhart, Perkins D. Making thinking visible［J］. *Educational Leadership*，2008：57–61.

② Shen H H. The interconnections of reading text based writing and reading comprehension among college intermediate learners of Chinese as a foreign langrage［J］. *Modern Language Journal*，1996，（3），80：340–350.

③ 王建勤. 汉语作为第二语言的学习者习得过程研究［M］. 北京：商务印书馆，2006：27–30.

教师在问卷评价的过程中无法准确地判断错误归因是由于理解困难还是由于文字表达错误导致。笔者所提出的部件强化策略，就是指在汉字学习的过程中，教师可以通过多媒体技术手段强化汉字偏旁部首，以及拼音的声母、韵母的不同，对学习者形成强化理解的效果。此外，对于汉字的书写笔画顺序，也是需要强调的内容，可以采用 FLASH 等技术工具，呈现汉字的书写笔画顺序，这样不仅可以有助于学生的识记，也解决了传统课堂教师细节示范不周的缺陷。例如，在课例观察中的《自己去吧》教学过程中，教师在多媒体课件中通过不同颜色来表示了生字拼音的声母、韵母，并通过田字格来呈现汉字的结构，利用黑板让学生自己练习，这种方式达到了较好的教学效果，并得到了听课教师的一致好评。

二、主题组织策略

在前期调研中，我们经常可以看到这样的情形，许多学生对于知识点的应用局限于相似主题内，例如，引导学生应用语法知识进行造句的时候，许多学生会进行简单的重复应用，如在藏语类汉语教材第八册课文《骄傲的孔雀》中，教师要求大家用"沿着"这个词语造句，很多学生会重复相似的句型主题：A 同学说"卓玛沿着河边散步"，B 同学说"扎西沿着河边散步"，C 同学说"我沿着河边散步"等，这种应用形式显然并非无法表现学生的理解效果，只是机械地重复练习。

基于此，笔者提出主题组织策略，是指将主题相似的知识内容分类整理的方法，通过图解的形式来进行这种主题组织的呈现和交流。在整合技术的理解性教学中，可以借助于一些软件工具，如思维导图和概念图等更方便灵活地对不同主题进行组织归类。学习者的认知结构变量通常具有 3 种关系，即类属关系、总括关系和并列组合关系。[①] 基于此，不同主题之间的组织策略也可以归为 3 种类型，即主题发散组织策略、主题归纳组织策略和主题并行组织策略。

1. 主题发散组织策略

主题发散组织策略是指原有主题与新主题之间是上下位的关系，原有主题是上位概念，新主题为下位概念，例如，在藏语类汉语教材第十一册《小溪流的歌》这篇课文中，要求用理解"叫"这个语法点的应用，那么教师在引导学生造句的过程中，可以用到主题发散组织策略首先将"叫"分为类型的含义，其次根据不同词性进行理解应用，见图 5-4。

---

① 何克抗，郑永柏，谢幼如编著.教学系统设计［M］.北京：北京师范大学出版社，2002：58–61.

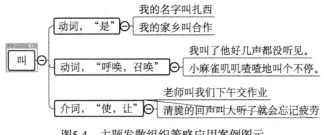

图5-4　主题发散组织策略应用案例图示

2. 主题归纳组织策略

主题归纳组织策略是指新主题可以把一系列原有主题囊括在内，与主题发散组织策略类似，新旧主题之间同样存在上下位关系，只是新主题为上位概念，原有主题为下位概念。例如，在藏语类汉语教材第十一册《在德国——自己的花是让别人看得》这篇课文中，如图 5-5 所示可以通过主题归纳组织策略，将课文内容中描述奇特的句子标注出来，之后引导学生总结出德国养花"屋里奇"这个特色。

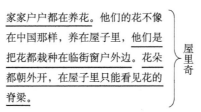

图5-5　主题归纳组织策略应用案例图示

3. 主题并行组织策略

主题并行组织策略是指新主题与学习者已有主题之间是并行关系，彼此之间具有一些相同的属性。例如，在上文中所提到了学生对于"沿着"这个语法点的造句应用效果，教师应该对于学生的句型进行主题组织，引导学生理解它们之间的并行关系，从而促进学生更好地理解与应用。

三、故事语法建模策略

有研究证明,文章结构分析训练对学生分析和理解文章具有较大促进作用。[①]然而如何对文章结构进行分析？本书主要采用故事语法建模策略。故事语法策

---

① 张大均，余林. 文章结构分析训练对阅读理解水平分析的实验研究［J］. 心理科学，1998，21（2）：136–139.

略属于篇章阅读中关于文本结构的理解策略，最早由鲁梅哈特（Rumelhart）于1975 年提出，他指出，故事具有一般的结构，也具有层次，最高层次是背景和情节，由此他用一系列规则来描写故事的结构，被称为故事语法规则。此后，桑代克于 1977 年在他的基础上做了简化和改进，他提出一篇故事中处于最高层次的是"背景、主题、情节、结局"，故事的主要篇幅在"情节"部分，而其又由一连串的"个别情节"组成。鲁梅哈特和桑代克的策略都只适合于故事，但是无法应用于其他体裁。而迈耶于 1975 年所提出的课文分析系统则针对说明文，她的分析系统最高级是"问题"和"解决"，问题的下一级是"描述"，"描述"又分为"前因"和"后果"，如此细化说明文的可视化体现了一篇说明文的结构。①类似的策略表述也有的称为主题图式教学，是由 Williams 在前人研究的基础上针对培养学生识别叙述文的文本结构而设计的教学课程。②

笔者所提出的故事语法建模策略，主要是在这些理论的基础之上提出，从前期调研中可以看出，小学高年级藏族学生对于汉语理解的主要障碍在于篇章理解的辨析整合层级，从具体题型方面分析主要体现在对于篇章主要内容的概括层级，辨析整合层析的效果较低反映出学习者对于篇章的结构梳理不清晰，从而对于篇章的主要内容无法理解。而故事语法策略的主要特点在于，以可视化图解的方式梳理课文内容结构，这对于抽象概括能力较低的藏族学生而言会有效地促进理解效果。在教学过程中应该依据藏语类小学汉语课文内容的不同体裁，设计不同侧重点的结构框架，以可视化图解的形式梳理课文结构，从而有效地引导学生对课文内容的理解。例如，在藏语类汉语教材第十一册《珍贵的教科书》这篇课文中，可以根据故事语法建模策略对于教学结构进行组织梳理，如图 5-6 所示，在课文讲解的过程中依据该结构图进行分析，可以有效地促进学生对于课文结构的整体理解。

---

① 陈贤纯. 外语阅读教学与心理学［M］. 北京：北京语言大学出版社，2008：39–43.

② Williams J P. Using the theme to improve story comprehension［A］. *In* Block C C, Pressley M. *Comprehension Instruction*［C］. New York and London：The Guilford Press，2002：126–139.

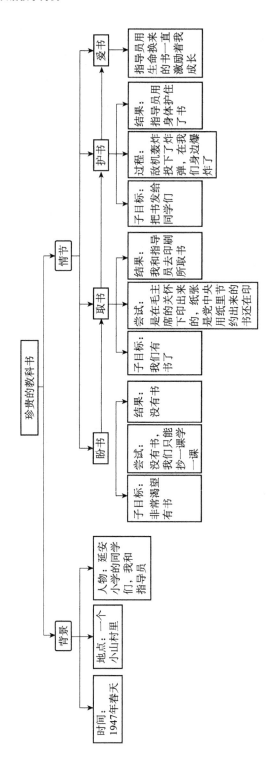

图5-6 故事语法建模策略应用案例图示

第四节　知识情境化理解策略

情境化教学策略主要是针对藏族学生汉语学习情境缺失的主要障碍提出的，结合了理解性教学模型中的情境要素进行扩展分析。

一、情境化策略的表征特色

对于情境教学的研究，早期的思想萌芽可以追溯到许多领域，例如，杜威的实用主义、维果茨基的文化历史学说与社会建构主义等，但是形成了理论体系的研究从 20 世纪 80 年代后期至 90 年代初，建构主义、情境认知与学习理论等国外理论的发展，以及我国 1978 年李吉林老师开始投身情境教学研究逐渐形成。

情境教学模式是以建构主义、情境认知与学习理论和意境说等为主要理论基础形成的，在以学习者为中心的学习环境中建立起来的教学活动进程的稳定结构形式。教学情境根据不同的分类标准可以有以下几种类型：①根据创设的教学情境的性质不同，可分为真实型教学情境、仿真型教学情境、提供资源型教学情境。②根据创设教学情境的目的不同，可分为问题情境、探究学习情境、合作学习情境、练习情境。③根据创设的教学情境的形式不同，可分为音像情境、图片情境、文字情境、实物情境、语言情境等。①

我国课程与教学研究者们归纳出了情境教学这一类教学模式的 9 条主要特征：①丰富的、有意义情境供应；②基于问题的建构性学习；③真实的活动与任务；④以学习者为中心的学习环境；⑤多重角色与观点；⑥实践共同体的建构；⑦合作与反思；⑧教师的"支架"作用；⑨对学习的情境化评价。②

情境认知与学习理论强调知识必须在真实情境中呈现，即在以规范方式包

---

① 孙方华.小学信息技术课程教学的情境设计［D］.长春：东北师范大学硕士学位论文，2009：6–7.
② 张平.基于多媒体技术的情境教学研究［D］.重庆：西南师范大学硕士学位论文，2004.

含知识的真实场景和应用中呈现，以激发学习者的认知需要。强调超越事实信息记忆的较高级的思维技能，更加关注学生在认知方面的成长，学生通过探索构建理解，而不是被教给具体知识。

二、情境教学的三种典型范式

有研究指出，立足于教育心理学与人类学两大研究领域，抛锚式教学、认知学制（cognitive apprenticeship）和李吉林小学语文情境教学是最具有代表性的三种情境教学模型。

抛锚式教学是由美国温特贝尔特大学波迪教育学院的研究中心——温特贝尔特认知与技术小组（Cognition and Technology Group at Vanderbilt,CTGV）在约翰·布朗福斯特（John Bransford）的领导下开发的，约翰·布朗福斯特是这一理论的主要代表人物。[①] 典范案例包括风靡美国的贾斯珀系列（Jas Perseries）。抛锚式教学模型的主要目的是为了解决惰性知识的问题，是在情境中设计了一个真实的问题要求学生参与进行分析解决，类似于 PBL（基于问题的学习），但是相较而言，抛锚式教学模型设计中包含了问题解决的所有信息，是在限定的时间和限定的资源范围内解决问题，而 PBL 中学习者更期望从外界获得第一手的学习资料。[②]

认知学徒制是由美国认知心理学家柯林斯和布朗等于 1989 年提出的一种教学模型或学习环境，最初提出时共包括 4 个维度以及各自包含的共 18 个构件，即内容（包括领域知识、启发式策略、控制策略、学习策略）、方法（分为示范、指导、脚手架支撑、清晰表达、反思、探究）、顺序（提供了 3 种指导原则即复杂性递增、多样性递增、全局技能优先于局部技能）和社会性（影响因素包括情境学习、专家实践的文化、内部动机、利用合作、利用竞争）。它吸取了传统学徒制的核心技术，如示范、指导、脚手架支撑，克服了传统学徒制中专家思维不可视和学校教育中知识的教学脱离其动用情境的缺点，从而将学徒制的优点和学校教育结合起来，将学习者浸润在专家实践的真实环境中，培养学生的高级思维、问题解决能力和处理复杂任务的能力。[③]

李吉林小学语文情境教学是最具有中国特色的基于"情境"的教学模型的典型案例。在长期的实践与反思过程中，李吉林老师形成了自己的情境教学模

---

① 高文，王海燕.抛锚式教学模式（一）［J］.外国教育资料，1998，（3）：68–71.

② Cognition and Technology Group at Vanderbilt . Anchored instruction and its relationship to situated cognition［J］. *Educational Researcher*，1990，19（5）：2–10.

③ 陈家刚.认知学徒制研究［D］.上海：华东师范大学博士学位论文，2009：14.

式，确定了"优化情境，促进儿童素质全面发展"的总体指导思想，提出的情境教育的基本模型包括：①拓宽教育空间，追求教育的整体效益。例如，通过多样性的课外活动，渲染学校欢乐向上的氛围等。②缩短心理距离，形成最佳的情绪状态。即创设亲、助、乐的人际情境，缩短教育者与被教育者及被教育者之间的距离等。③通过角色效应，强化主体意识。即强调在整个教学过程中，要使儿童主动投入、主动参与活动。④注意实际操作，落实全面发展的教育目标。即要重视儿童的应用操作，包括实体性现场操作、模拟性相似操作、符号性趣味操作。①从而形成了整体优化的情境教育的基本模式以及一系列的情境性课程，发展成为独特的情境教学模式。

从技术支持的情境教学研究现状中可以分析得出，信息技术在情境教学中的应用，可以分为 3 种类型，即模拟真实情镜，增强学习者的境遇与情感体验；为学习者提供解决问题的方法和手段；为学习者合作交流提供更广泛的平台。那么，情境化教学策略就是需要为学习者提供与被理解内容相似的背景，从而使学习者能够更好地理解教学内容。针对具体教学内容的需要，我们可以选择合适的技术去创设适宜的情境，并可以总结出具有共性的、指导性的教学方法。在整合技术的藏族学生汉语理解性教学模型中，对情境化教学策略应用的具体分析如下。

（一）词义深化策略

语言是文化的载体，对于汉语的学习无法回避汉语文字所体现的蕴意。从传播学的角度而言，文字符号包含外延意义和内涵意义两个方面，所谓外延意义就是词典的书面解释，内涵意义是指符号和概念之间的评价关系，常常带有情感上的爱憎与评价上的高低等因素。②除了对于语言文字的外延意义理解，学习的主要过程在于对文本内涵意义的理解。如果脱离字词所使用的情境，而只是单纯地背诵记忆生字词，效果往往不佳。对于藏族学生的汉语学习而言，很多字词的含义往往难以理解教材或教师的语言表述，尤其是对于部分虚词而言，对于字典解析的外延意义，学生缺乏经验性的体会，正如调研中教师的普遍反映的那样，"本来（这些虚词）就难以解释，如果再加上语言交流障碍，更是很难说清楚"。因此，在生字词学习的过程中，应当结合文章中的具体应用置于应用的语境中进行理解。

---

① 李吉林. "情境教育"的探索与思考［J］.教育研究，1994，（1）：51–58.
② 南国农，李运林主编.教育传播学（第二版）［M］.北京：高等教育出版社，2005：72.

　　所谓词义深化策略，就是指对生字词的学习需要结合具体的应用情境，在学与教的过程中都应该联系其含义、新语境中的应用、已学语境中的应用、相近或相反的含义词汇等同时进行深化、联想，这有助于提高汉语生字词的理解效果。例如，在藏语类汉语教材第十一册《在德国——自己的花是让别人看的》这篇课文中，"脊梁"一词是个新词汇，也是理解文章内容的重点词汇之一，传统的教学方式只是孤立地识记词汇的字音字义，如前文典型问题分析课堂观察中显示这种方法的理解效果并不佳，学生很难体会看到花朵的脊梁而看不到盛开的鲜花的情境。根据词义深化策略，在学习"脊梁"这个词汇的过程中，如图 5-7 所示，不是单纯地背诵字典中的解析，而是在学习外延意义的基础上，根据图片直观地感受到了词汇的含义，并且对于课文中的原句进行了回顾，从而有效地加强了学习者对"脊梁"的理解。

脊梁——原指脊背。后来比喻作支撑人或物。

例句：花朵都朝外开，在屋子里只能看见花的脊梁。

图5-7　词义深化策略应用案例图示

（二）语境感知策略

　　在语用学研究领域，语境（context）是一个非常重要的概念，它主要包括以下几个方面：语言环境、发生言语行为的实际情况、关于世界的一般性知识、文化、社会和政治背景。[①] 从前期调研中可以得出，由于生长环境、语言环境与教材内容的差异性，许多藏族学生对于汉语教学内容情境缺失，从而造成了对于教学内容的理解障碍，由此笔者提出在教学过程中应该有效地应用语境感知策略，创设有利于学生理解的语境。正如前文所述，藏族学生对于汉语学习情境缺失主要包括两方面的内容，即文本知识情境缺失和经验性情境缺失。因此，在语境感知策略的应用过程中，也需要考虑这两方面的原因。

　　如前文在民族类汉语小学六年级第十一册课文《桂花雨》的教学过程中，教师在讲解摇落的"桂花可以做什么"的过程中，呈现了月饼的图片，并引导学生回忆八月十五吃月饼等事件来类比了解桂花糕，进而理解桂花的用途。然而学生反应不佳，原因就在于这样的情境创设忽略了学生的经验性特征，因为

---

　　① 孙燕青，董奇. 多媒体语境条件下的第二语言词汇学习［J］. 心理科学进展，2003，（11）：147–152.

对于绝大多数藏族学生而言，对八月十五吃月饼的习俗并不熟悉，对月饼以及桂花等物品也并没有形成已有的图式概念，因此忽略了学生经验性的情境创设很难达到理解的目的。而与此相反，在民族类汉语教材第十一册《丰碑》课文的教学中，由于课文内容讲述了在长征途中红军过草地爬雪山时发生的故事，然而藏族学生对于红军长征的历史背景较为模糊，且这种为了革命不惜牺牲自己生命的情怀很难用语言向小学生讲解清楚，由此可以在讲解过中以播放配有情境朗读的相似场景视频的形式，如图5-8所示，利用多媒体技术的重现性特征，为学生有效地创设感知的情境，让学生身临其境地感受到当时恶劣的自然环境，以及在这种环境中红军战士舍己为人的感人事迹，这种语境感知策略，可以有效地促进学生对于课文内容的理解。

图5-8　语境感知策略应用案例图示

（三）互惠教学策略

互惠教学最初由 Palincsar 在其 1982 年的博士论文中提出，后来在 1984 年与 Brown 一起合作的实验中进一步完善，在这两位研究者后期的论文中更是得到不断地发展。[①] 互惠教学的关注点在于，阅读理解教学中对阅读理解策略的设计，在其他研究者的基础之上，Palincsar 和 Brown 选择了 4 种即使是新手也能掌握的策略：预言、质疑、小结和澄清，他们认为这 4 项策略并不是随机挑选的活动，而是阅读理解效果较佳者常常用于阅读，而阅读理解效果偏低的学习者却极少报告使用的策略性活动。同时，这些策略能被认为能够帮助学生监控自己的理解，即"既能够培养理解，也能够培养理解监控"，所以应该特别关注。[①]Cohen 提出互惠教学应用时需遵循以下指导方针：第一，学生集体阅读指定的文章并对于重点内容进行符号标记；第二，随机选择一名学生担任"指导教师"，模拟教师的指导行为，但是在学生指导之前教师首先要示范此行为；第三，担任"指导教师"的学生用自己的话重述文章内容或对阅读作业的内容做小结；第四，学生讨论出现的理解困难也就是学生运用澄清策略之时，可以要求通过举例的方式加以说明；第五，学生提供一个主要概念的句子，借此指导学生了解主要概念及如何做结论或推论教材中未陈述的隐含概念，这一点需经常重复进行；第六，学生以文章中所强调的信息，去预言测验的题目；第七，讨论与文章相关的内容，并结合学生的日常生活做出推论，借以和别人分享与主题相关的个人经验；第八，老师和其他学生在任何时间给予反馈。[②]

在整合技术的藏族学生汉语理解性教学过程中，互惠教学策略的应用不仅可以有效促进篇章阅读理解，同样可以进行语言表达的训练，以这种社会情境参与的方式极大促进了学生的理解效果。然而，需要注意的是，由于藏族学生的汉语表达能力偏低，在互惠教学实施初始，教师可以首先选择表达能力较高的学生担任"指导教师"，这样可以使学生更多地关注互惠教学的核心，即强调的 4 项主要策略的应用，之后在策略应用娴熟的基础上，逐步强调学生的表达能力和效果。

---

① Palincsar A S，Brown A L. Reciprocal teaching of comprehension-fostering and comprehension-monitoring activities ［ J ］. *Cognition and Instruction*，1984，（1）：117–175.
② 转引自：马明胜.互惠教学简论［ J ］.天津市教科院学报，2006，（6）：44–46.

第六章　促进理解的汉语教学效果验证

> 理论脱离实践是最大的不幸。
>
> ——达·芬奇

　　本章是对于所提出的策略体系进行实验验证的环节，在具体实践的过程中，以3个主要的核心策略为主整合应用，选择了古诗词类教学内容、记叙文类教学内容和语法教学内容3种典型的教学内容进行实证研究。

第一节　促进理解的汉语教学策略有效应用研究设计

　　整合技术的藏族学生汉语理解性教学效果验证研究，是针对本书所提出的核心策略在教学实践中的应用效果进行分析。需要说明的是，策略在教学中的应用并非单一呈现的，与效果之间的关系也不是一一对应的，而是不同的策略配合使用，整合作用有效地促进了学生的理解效果。

　　本书是以小学高年级藏族学生的汉语课程教学为例进行的分析，因此在效果验证的过程中，笔者在与实验学校教师进行了多次集体备课、评课交流后，最终选择3种比较有代表性的教学内容作为主要的教学策略验证案例，即选择藏语类小学高年级汉语教材中的古诗词类教学内容、记叙文类教学内容，以及前期调研所反映出的藏族学生普遍理解效果较低的句子语法类教学内容，在后续实验的过程中分别选取不同类型的教学内容，设计了不同的教学策略进行效果验证。

　　效果验证实验采用准实验研究和行动研究两种方法，原因有二：其一在于采用多种研究方法能够更好地保障研究的有效性；其二在于根据所选择教学内容的分布数量，酌情采用合适的研究方法更为适宜。

　　本书的核心目的在于，促进藏族学生汉语学习理解，提升理解效果，整个研究过程遵循的核心理念是理解的表现观。在效果验证的评价部分采用了课堂观察和学生理解效果分析试卷两种形式相结合的方式。

一、课堂观察评价

课堂观察评价期望从会话、问题和情境3个方面来体现，分析了学生能够反映理解效果的行为体现，具体而言又包括两个维度：技术促进理解的教学应用分析和教师决策行为分析。后者又包括师生的提问与理答情况、课堂活动的组织情况以及课堂师生交互质量，如前文典型案例分析中所述，后3种行为充分体现了学生在教学过程中主动性的发挥，而学生的主动参与已经被证明可以有效地促进学生的理解效果[1]，具体分析方法如下。

第一个维度即观察多媒体技术在教学过程中的应用作用，即是否很好地发挥了促进学生理解的作用，通过结构化观察量表对于课堂教学过程中多媒体技术应用的频次、多媒体技术的呈现方式以及多媒体技术对于促进理解的作用进行呈现。

第二个维度是教师决策行为分析，具体而言又包括3种行为：①教师的提问与理答情况（通过结构化观察量表对于课堂教学中教师对于学生的提问频次、男女生提问比例、问题类型等做了观察分析）；②课堂活动的组织情况（通过结构化观察量表对于课堂观察中教师组织学生进行小组合作学习的频次、组织形式、持续实践、效果评价等方面做了分析）；③课堂师生交互质量（通过FLAS课堂互动分析方法对于师生言语互动的频次和各自的语言比率等做了量化分析，并通过首都师范大学王陆教授团队开发的分析软件对数据进行了生成处理）。

二、学生理解效果笔试评价

学生的理解效果试卷评价，依据本书前文提出的藏族学生汉语学习理解评价框架，依据每节课的教学内容和目标，从理解内容和理解层级两个维度进行编制，每次的评价试卷的编制都与任课教师进行了沟通修改，保障了试卷的信度。评价的方式采取实验班和对比班横向对比分析，实验班内部纵向对比分析采用两种采用数据相结合的方式，全面分析了策略对学生理解效果的影响作用。

---

① 〔美〕J. Michael Spector等主编. 教育传播与技术研究手册（*Handbook of Research on Educational Communications and Technology*）［M］.任友群等主译.上海：华东师范大学出版社，2012：144.

第二节　表达有声化策略有效应用研究

针对表达有声化策略的应用，以古诗词类教学内容为典型案例进行效果验证。因此，研究中首先对于古诗词类教学内容的特点以及主要的理解障碍做了分析，其次设计了以表达有声化策略为主的教学策略并进行了效果验证，最后对于实验过程进行了分析与反思。

一、研究背景

（一）古诗词体裁特点分析

从诗歌的形式上进行区分，古诗词包括：①古体诗，包括古诗（唐以前的诗歌）、楚辞、乐府诗。②近体诗，包括律诗和绝句。③词，又称为诗余、长短句、曲子、曲子词、乐府等。其特点如下：调有定格，句有定数，字有定声。字数不同可分为长调（91字以上）、中调（59～90字）、小令（58字以内）。④曲，又称为词余、乐府。元曲包括散曲和杂剧。散曲兴起于金，兴盛于元，体式与词相近。其特点如下：可以在字数定格外加衬字，较多使用口语。①

在藏语类小学汉语教材中，如表6-1所示，从第五册即三年级上学期开始出现古诗词，主要的体裁为绝句，包括五言绝句和七言绝句，也会出现个别词的学习，例如，第九册和第十册，也就是小学五年级教材中分别出现了两首词。

表6-1　藏语类小学《汉语》教材古诗词目录

体裁	出现时间	篇名
绝句	第五册	《咏鹅》《春晓》
绝句	第六册	《梅花》《江雪》
绝句	第七册	《静夜思》《赠汪伦》
绝句	第八册	《惜时》《明日歌》

---

① 人民教育出版社课程教材研究所[EB/OL]. http://www.pep.com.cn/gzyw/jszx/gkzl/gkfx/201008/t20100826_765392.htm.

体裁	出现时间	篇名
词	第九册	《忆江南》
绝句		《绝句》
绝句	第十册	《所见》《村居》《小儿垂钓》
词		《咏梅词二首》
绝句	第十一册	《滁州西涧》《望天门山》《泊船瓜洲》
绝句	第十二册	《鹿柴》《四时田园杂兴》《乡村四月》

（二）藏族学生汉语古诗词类教学内容分析

1. 教学目标分析

对于该古诗词的教学目标要求为：学习要求掌握的生字，会读会写，认识"滁、韦"两个字；学习要求掌握的词语，结合诗句了解它们的意义和用法；能正确、流利、有感情地朗读这三首古诗，正确理解古诗的意思；背诵古诗，引导学生想象诗中所描绘的意境，体会作者所表达的真挚情感。

2. 教学内容分析

依据现代认知心理学所倡导的知识分类理论，参考《全日制民族中小学汉语课程标准（试行）》解读、民族类小学高年级的汉语教材以及相关研究成果划分①，笔者提出，藏族小学汉语古诗词教学的主要内容如下。

（1）字词句知识

字词句知识是汉语教学的基础，也是所有阅读类型的文章所包含的内容。包括生字、词语、句子三方面的内容，在学习过程中属于陈述性知识。在古诗词语言，在精炼、节奏、押韵、平仄等方面要比其他文体严格得多。②

（2）句子语法知识

对于古诗词类教学内容而言，句子语法类知识包括修辞知识和诗词格律知识。民族类汉语新课标强调："了解常用的修辞手法（比喻、夸张、拟人、排比、对偶、反复、设问、反问）体会它们在课文中的表达效果。"表达效果是阅读理解的一个重要方面，不了解修辞手法，就谈不上体会表达效果。③ 例如，藏族地

---

① 万小燕.知识分类学说在古诗词教学中的应用研究［D］.上海：华东师范大学硕士学位论文，2009.

② 赵运昌.与古诗词语言特点相关的漏注误注词语［J］.语文教学通讯，1996，（10）：6-7.

③ 汉语课程标准研制组编写.全日制民族中小学汉语课程标准（试行）［M］.北京：人民教育出版社，2007：58-61.

区使用的汉语教材第九册中的《绝句》,其中"窗含西岭千秋雪","千秋"即千年,并非实指,而是夸张的修辞手法,表示时间久远。

不同类型的诗、词等各有特点,例如,词和音乐有密切的关系,具有如下特点:①每首词都有一个表示音乐性的调名,如"菩萨蛮""水调歌头""沁园春"等,称为词调。它们表明这首词写作时所依据的曲调乐谱,并非就是题目。②一首词大都分为数片,每片作一段,以分两片的为最多。③押韵的位置各个词调不尽相同,每个词调有它一定的格式。④不同于诗以五言、七言为基本句式,词大多是句子参差不齐的。作词大量地使用长短句,是为了更能切合乐调的曲度。⑤词、字、声配合更严密。词的字声组织基本上和近体诗相近似,但变化很多,作词要审音用字,以文字的声调来配合乐谱的声调。① 这些诗词格律知识是古诗词的主要特色之一,学习这些也有助于更好地理解诗词含义。然而由于内容较为生涩,也并非民族类小学阶段汉语教学的主要重点知识,可以在教学过程中以举例、对比、说明的方式加以介绍。

(3)古诗词内容相关知识

它包括作者简介、诗词的创作背景、诗词创作年代的社会背景等。对于背景知识的了解,有助于更好地理解古诗词的内容和表达的情感。例如,藏族地区使用汉语教材第九册中的《咏梅词二首》,同是以梅花为题材,同样的词牌,同样的题目,但立意却不相同。陆游的《卜算子·咏梅》撰写于作者被罢官流放之时,借咏梅表达封建时代正直而受排斥的大丈夫孤芳自赏的心境,充满了悲观孤寂而又无奈的情调;而毛泽东的《卜算子·咏梅》则洋溢着自信、昂扬、积极乐观的情感,赞颂了中国共产党和人民大无畏的革命斗争精神。

除此之外,20世纪70年代中叶,心理学家加涅在他的许多著作中综合了他本人和其他一些心理学家在这方面的研究成果,将学生的学习结果分为5大类:言语信息、智慧技能、认知策略、运动技能、态度。其中,智慧技能、认知策略属于程序性知识。典型的智慧技能是作为一组有层级组织的概念而存储的,通常用产生式或产生系统来表示。认知策略与智慧技能的区分在于,前者是处理内部世界的能力,后者是处理外部世界的能力,认知策略使用的先决条件是具备相应的智慧技能。② 其还认为智慧技能由以下4种知识构成:最简单的智慧技能是辨别,稍高一级的智慧技能是概念的应用,再高一级的智慧技能是规则

---

① 夏承焘,吴熊和.读词常识[M].北京:中华书局,1981:4-5.
② 皮连生主编.知识分类与目标导向教学——理论与实践[M].上海:华东师范大学出版社,1998:28.

的应用，最高级的智慧技能是解决问题或称高级规则。①

古诗词阅读中的智慧技能比较多，包括语言的敏锐能力、概括诗词思想和内容的能力、理解关键字词句的能力、快速阅读的能力、深度思考的能力、鉴赏和批判的能力、阅读过程中的思维能力（综合与分析的能力、想象和联想的能力等）、分析语言特色的能力、分析意象意境的能力等。

认知策略是应用规则对内调控的技能。策略性知识是关于如何使用陈述性知识和智慧技能去学习、记忆和解决问题的一般方法和技巧。古诗词中的策略性知识包括阅读目标的确定、阅读过程的调节、阅读障碍的克服、阅读方法的调整、阅读过程的反思等。

（三）藏族学生汉语古诗词学习已有水平分析

对于学习者学习古诗词之前的起始水平，笔者做了调研分析，主要从教学内容所涉及的诗词格律知识、古诗背景知识以及学习者的学习习惯等方面进行，如下所示。

1. 诗词格律知识理解效果较为薄弱

对于小学阶段所涉及的五言绝句、七言绝句等诗词格律知识的理解效果评价从识别和应用两个方面进行，结果表明评价正确率基本为半数，即分别为 51. 62%（五言绝句概念识别正确率）、53. 49%（七言绝句概念应用正确率）、41. 86%（七言绝句概念识别正确率）、51. 62%（七言绝句概念应用正确率）。

为了进一步分析学生的正确率是基于理解的表现还是随机概率的选择，笔者对于相应的格律知识的概念识记和应用选项做了相关分析，例如，界定什么是五言绝句，并判断所学的某首古诗是否为五言绝句。结果如表 6-2 显示，各自的相关度分别为 0. 703 和 0. 761，均大于显著系数 0. 05，说明学生对于格律知识的识别和应用不相关，选项属于随机概率事件。

2. 已有背景知识理解效果较低

学生对于古诗词作者的情况基本了解，选项正确率为 70. 54%，诗文的作者以前都有相关文献已经学习过，所以对于作者的简要信息大多数学生基本掌握；而对于诗文的写作背景绝大多数学生较为模糊，正确率仅为 19. 38%。访谈教师了解到，这部分内容并不是教师日常教学中的重点内容，大多数教师只是简要带过，也有部分教师根本不会提及写作背景相关信息。

---

① 转引自：皮连生，王敬美.以智慧技能为主要目标的教学设计［J］.湖南教育，1995，（6）：8.

表6-2　古诗词格律知识记忆与应用效果相关分析

项目	相关分析	七言绝句识别	五言绝句识别	五言绝句应用	七言绝句应用
七言绝句识别	Pearson相关性	1	0.096	−0.161	−0.060
	显著性（双侧）		0.541	0.302	0.703
	数量	43	43	43	43
五言绝句识别	Pearson 相关性	0.096	1	−0.048	0.027
	显著性（双侧）	0.541		0.761	0.862
	数量	43	43	43	43
五言绝句应用	Pearson 相关性	−0.161	−0.048	1	0.114
	显著性（双侧）	0.302	0.761		0.468
	数量	43	43	43	43
五言绝句应用	Pearson 相关性	−0.060	0.027	0.114	1
七言绝句应用	显著性（双侧）	0.703	0.862	0.468	
	数量	43	43	43	43

3. 学习过程习惯于以课本、教师为中心

良好的学习过程习惯，体现了学生的元认知策略的有效应用，对于学习效果具有重要的影响作用。为了了解学生的学习过程，笔者设计了一些可能出现的选项，包括机械记忆类的学习和有意义的学习两种，结果表明，在要求以学习步骤为顺序进行的三个步骤的依次选择中，学习者的主要选项顺序如下：①我会在上课以前先自己读一遍古诗，把不认识的生字查字典记下来；②会在上课的时候跟老师读古诗，把老师要求的生字拼音意思都记在书上；③会按照老师的要求把课后题都做会。

而且，在所有的选项中，排除顺序因素，出现频率最高的仍然是这3个选项，分别为22.34%、26.60%、21.28%。而其中被选频次最低的选项为"会问老师或者自己查参考资料，了解对于古诗和诗人介绍的一些信息"，被选率仅为4.26%；次低的为"会仔细听老师讲每一句诗的意思，不一定会背但一定要用自己的话说出每一句是什么意思"，被选率仅为10.64%；最后为"会把古诗背下来，如果上课没有背下，就下课后背诵"，被选率为14.89%。学习过程的选项说明，学生对于古诗词的学习是典型的以课本为中心，以教师为中心的被动学习。

（四）藏族学生古诗词教学理解难点分析

古诗词教学对于小学生而言，往往属于较难以理解的内容，对于藏族学生而言更是如此。那么，对于古诗词教学而言，理解难点如何提炼？在文献参考和前期调研的基础上，笔者提出藏族学生汉语古诗词教学理解难点如下。

1. 关键字词理解困难

古诗词具有高度凝练的特色，往往一个字、词就会隐含十分深远的意义，因此从古至今，不少文人骚客都醉心于古诗词中关键字词的推敲应用。而对于学生的学习而言，关键字词的理解往往会影响对整首诗词的理解和体会。如果教师不注重强化引导，对关键字词的理解往往会较为困难。例如，藏语类汉语教材第十一册《望天门山》的教学中，古诗题目中的"望"字就意境深远，一个"望"字，不仅仅体现了诗人的观察角度，而且对于整篇古诗的理解都具有提示的作用。古诗词中的关键字词句具有自身的特点：①多音字的识别，古诗词中常常会出现不同于现代白话文中的多音字，在学习者学习的过程中需要加以区分和识别，就像藏族地区使用的汉语教材第十二册《乡村四月》中的"才了蚕桑又插田"，"了"读音为 liao，而非 le，意思是"完成，结束"；②词语的精炼使用，不同于其他文体，古诗词中的词语常常以高度凝练的方式出现，一个字、一个词可能就代表了很复杂的意境，以藏族地区使用汉语教材第十册中的《村居》为例，"拂堤杨柳醉春烟"，"春烟"指水边如烟的水汽，并非如字面理解的烟雾；③不完整句式的特殊使用，古诗词中的句式常常并非完整的主谓宾句式，需要与前后的词句想联系，才可以理解缺失成分所指代的含义。

2. 诗词意境较难理解

古诗词中，往往会用到夸张、拟人等写作手法，如果教师在讲解的过程中不注重引导分析，虽然字面意思不难解释，但会造成学生对于诗词表达意境的理解障碍。例如，藏语类汉语教材第十一册中的古诗《泊船瓜洲》，对于"京口瓜洲一水间，钟山只隔数重山"诗句的理解，如果仅看字面意思，很容易只是简单地理解为"从京口到瓜洲仅一江之隔，而京口到南京也只隔着几座山"，但是对于作者想要表达的情感却很难体会，教师应该分析是因为诗人思念家乡的心飞过长江，飞过几座山，就到了家乡钟山，心理距离很近，特想"还"；而一道长江水，数重大山，山高水长，路途遥远，实际距离却是很远，无法"还"。作者通过心理距离和现实距离巨大反差的对比，表达了诗人人在旅途，却心系家乡的强烈思乡之情等。

二、研究概况

（一）研究对象

本书选择了某藏族小学六年级三班一个班级的学生进行教学设计干预，并对该实验班级学习效果通过前测和后测的方式进行效果的验证。

（二）研究时间

研究干预时间为两个课时，选择藏族地区汉语教材第十一册第五课《古诗三首》进行教学准实验，准实验的前测采用了上一学期古诗词的教学进行效果评价数据，因此准实验的后测也选择了相似的实践间隔，即大致两个月后进行评价，因此整体而言，该实验历时两个月。

（三）研究思路

由于古诗词类型的教学内容在教材中篇幅较少，因此采用了准实验的方法进行设计分析。具体的设计流程见图6-1。

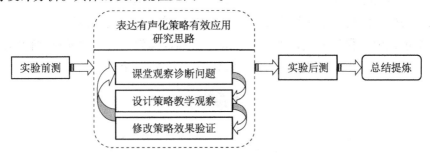

图6-1　表达有声化教学策略有效应用研究思路图

笔者选择民族类汉语课本小学六年级第十一册第5课古诗三首进行分析。该课文包含3首古诗，在教学课时上用了3个课时，对第一首古诗《滁州西涧》进行结构化课堂观察并拍摄了课堂实录，在分析教学行为的基础上，与任教教师沟通设计第二首古诗《望天门山》的教学策略，并在教学结束后总结优缺点，对于第三首古诗《泊船瓜洲》的策略设计做了改进，最后对于以表达有声化为主的策略体系进行了有效的总结和提炼。

三、表达有声化策略有效应用设计

对于古诗词类教学内容而言，在本书中主要强调了表达有声化策略的应用，同时配合使用了问题可视化和知识情境化中的相关策略。对于技术促进理解的古诗词教学而言，在本书中主要应用了笔者所在的由导师所带领的团队开发的

"小学语文古诗词卡拉 OK"教学软件,该软件收集了小学语文教材中所有出现的古诗词,每首古诗均主要包括 5 个模块的内容,即"作者背景""配乐朗读""诗意解析""练习创作"和"扩展阅读",软件截图如后文所示,从促进理解的汉语教学策略角度分析,表达有声化策略,以及配合其他策略的有效应用主要的策略表现如下。

（一）口诵心惟策略

正如前文所述,藏族学生对于汉语课文的阅读方法应用不当,往往存在"唱读"现象,而有感情地朗读对于理解效果具有较好的促进作用。"小学语文古诗词卡拉 OK"教学软件的创新之处在于,在设计的过程中从社会上广泛流行的卡拉 OK 歌唱娱乐软件吸取灵感,将古诗词的朗读示范环节细分为范读、领读、自读和断句 4 个环节。其中范读环节邀请电视台播音员进行标准朗读示范;领读环节采取分句领读并期望学生跟读的形式;自读环节主要是要求学生自行朗读,正如 KTV 中卡拉 OK 的歌唱软件那样,采取文字提示变色的形式,来引导学生的朗读韵律;断句环节采取学生自行练习的方式,通过自己标注分隔符并通过系统提示正解的强化方式,来保持朗读方法的训练效果。教师通过这种朗读示范策略的应用,进一步促进学生的理解效果,见图 6-2 和图 6-3。

图6-2 《望天门山》教学软件配乐朗读环节截屏图

（二）教学会话策略

前期调研表明,古诗词类的教学内容对于藏族学生而言较难理解,而教师也表示对此教学效果不佳,因为较难讲述清楚。从前文的古诗词理解重难点分析可以得出，古诗词类的内容主要的理解难点在于，关键字词的解析和诗词意境的理解。笔者针对此类问题提出教学会话策略，即指教学过程中引导学生基于古诗的核心问题进行讨论，强调通过结合学生生活经验的问题来引导学生理解，逐步建构对古诗词内涵的意义建构，并通过学生之间的讨论来主动参与到古诗词内涵意义建构的过程中，在这个过程中，学生不仅仅是接受教师对古诗词内容的翻译，还可以有效地促进理解效果。例如，在《望天门山》的教学过程中，首先提出核心问题，作者是在哪里"望"天门山的？并逐步分析诗词中一些关键字词的含义，例如，"开""相对出"等，与核心问题相对应，通过这种教学会话的形式引导学生理解诗词所表达的气势磅礴的韵味，从而进一步理解古诗。

图6-3　《泊船瓜洲》教学软件配乐朗读环节截屏图

（三）语境感知策略

对于古诗词教学而言，主要的难点在于对古诗词所创设的情境的感知，这对于藏族学生而言更是如此。高度凝练是古诗词的主要特点，其所表达的含义和创设的意境很难用语言讲解清楚，而调研中学生也普遍反映该部分内容较难理解。"小学语文古诗词卡拉 OK"教学软件的优势在于，通过图片、动画等技术形式，创设了古诗词所描述的场景，并且整合了写作背景、作者简介等有利于语境感知的教学内容，在硬件技术的支撑下，教师采用语境感知策略，可以有效地促进学生的理解效果，见图 6-4 和图 6-5。

图6-4 《望天门山》教学软件截屏图

图6-5 《泊船瓜洲》教学软件截屏图

四、研究过程与结果

（一）前测数据分析

1. 字词解释层级理解效果较高

字词句知识理解评价主要包括对于古诗词中的字音、字义的解释。前测评价数据显示字音部分的正确率达到了55.81%，字音部分的错误主要出现在前后鼻音不分、音调错误以及错误识字三方面；字义部分的正确率为84.30%，即绝大多数学生可以辨别诗词中正确的字义解析。

2. 细节提取层级理解效果较佳

从评价问卷中可以得出，学生对于古诗词原文的背诵复述效果较佳，正确率为 64. 34%。根据访谈了解到，对于诗词的背诵是教学强调的重点之一，而且背诵法在教学过程中十分普遍，很多课文内容老师都要求学生背诵，而当地的藏族学生对学习内容的背诵效果也较佳。

3. 辨析整合层级理解效果一般

学生对于古诗词主要内容的记忆理解效果一般，正确率为 54. 26%。主要的错误集中在对于关键字词的理解错误干扰选项。这说明学生对于古诗词主要内容基本可以掌握，但对于关键词的理解不牢固，容易受到相似选项的干扰。

此外，对于学习古诗词一般性的效果自我评价显示，选项集中在机械记忆和理解记忆上，40. 00% 的学生认为自己"对于学过的古诗我大多数都能理解是什么意思，但是我总是背了就忘掉"；这个选项与学生的实际情况基本一致，见图 6-6。学生对于古诗词主要内容的记忆理解效果一般，正确率为 54. 26%。此外，32.50% 的学生认为自己"对于学过的古诗也许不理解是什么意思，老师问起来我大多数都能背出来"，22. 50% 的学生认为自己"对于学过的古诗我大多数都能理解是什么意思，而且老师问起来我大多数都能背出来"，这也与量化评价的结果相似，如前所示，学生对于古诗词原文的背诵复述效果较佳，正确率为 64. 34%。

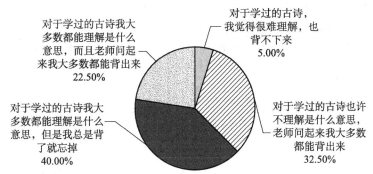

图6-6　古诗词学习效果评价分析

4. 评价判断层级理解效果较弱

学生对古诗词所表达的思想情感的理解效果较弱，正确率为 47. 29%。错误选项分布较为均匀。这说明学生对于古诗词所表达的思想情感理解模糊，整体掌握能力偏低。

5. 阅读方法掌握程度很低

学生对于古诗词朗读断句的能力十分薄弱，正确率仅为 12. 40%。笔者通过访谈了解到，造成这个结果的原因是两方面的：其一，当地的学生朗读课文更多倾向于"唱读"形式，即没有音调、没有停顿的朗读，而大多数教师只能基本做到用普通话朗读，对于古诗词的韵味很难把握，这就导致学生不太善于有感情、有停顿地朗读古诗词；其二，对于这种书面表示朗读停顿的手法在教学过程中较少强调，虽然也是教学目标之一，但是几乎没有老师会着重强调用分割线来标注停顿的方法，这也导致学生的朗读停顿效果普遍较低。

（二）研究过程分析

1. 课堂观察诊断问题过程

笔者对于第一首古诗《滁州西涧》的教学过程进行了无干预的结构化教学观察，目的在于诊断教师的教学问题，从而为策略地应用提供实践依据，观察过程见表6-3。

表6-3 《滁州西涧》教学流程记录

时间段	实地情况	教学内容	信息呈现方式	直接感受	分析与思考
2分钟	T："上节课我们简要大致了解了《滁州西涧》这首古诗，今天我们具体来学习。先请同学默写一遍这首古诗，请三位同学上讲台来黑板上默写，其余同学在练习本上默写。"	复习导入	讲述	学生不会默写，写的过程中会念出声音	学生的朗读技巧有待提高
6分钟	被点名的三位学生在黑板默写古诗，其余在练习本上写，3分钟后就有学生举手要求老师检查，老师陆续检查了几位学生的默写	复习旧知识	黑板	好、中、差的学生都有，有全部默写上的，有都没有写上的	学生的两极分化现象较为明显
1分钟	点评了三名学生的内容，强调要课后练习				
3分钟	T："我们的作者是中唐时期非常有名的田园诗人……哪位同学能举一首以前学过的田园诗呢" S：《春晓》…… T："大家集体背一遍《春晓》这首诗。" S：（大家齐背诵） T："很好，哪位同学知道这首诗的作者是谁？" S："李白""杜甫"…… 教师一一否定，并批评了这种乱猜的方式。 教师告诉了大家诗人的姓名，并简要介绍。 同时，介绍了与他类似的诗人王维，并介绍了名句"大漠孤烟直……"要求大家写在课本上背诵	以提问的方式介绍作者并回忆相似课文	讲述	教师回忆作者和文体类型的同时，复习回顾了已学课文，这种方法非常好 学生抢答气氛热烈，但略有混乱； 教师引经据典的方法值得肯定	可以看出教师的文学功底较为浑厚，可以对于相似文献信手拈来，这对于学生文学素养的提高很有帮助 学生对于诗人及写作背景较为陌生

续表

时间段	实地情况	教学内容	信息呈现方式	直接感受	分析与思考
1分钟	现在大家开始看标题，标题的意思是……	讲解标题	讲述	作为复习课，学生的反映都很好	
4分钟	T："好，现在开始看诗的前两句，大家集体背诵一遍前两句。" S：（集体背诵） T："这里边有个词非常重要，是哪一个？" S：大家集体回答"怜" T："对了，'怜'是什么意思？" S：…… T："'幽草'是什么意思？" S：…… T："不错，谁翻译一下前两句诗？" S1、S2、S3，教师分别点名让举手的几位学生回答，答案大致相当，基本符合标准答案	讲解诗句	讲述+黑板	学生自主抢答，每次都是固定的部分同学，教师应该有意识地关注不发言的学生	大致有1/3的学生对于这些已学知识复习识记效果不错
3分钟	学习后两句诗词大意，并分别以提问的方式复习了生字词的意思	讲解诗句	讲述+黑板	通过提问的方式复习了已学诗句的主要内容，观察发现部分学生是查看课本笔记来回答提问	
3分钟	请大家把第二句诗词翻译到练习本上检查	翻译评估	学生练习本	大多数同学在认真写，但是部分学生没有动笔	教师应该关注不服从纪律的学生
2分钟	三分钟后学生陆续举手要求老师检查	复习	讲述	教师无法照顾到每一位学生	如果是网络环境就可以分析每位学生的反馈
5分钟	开始讲解第三句诗词关键词意思及整体大意	讲解诗句	讲述+黑板		
3分钟	开始讲解第四句诗词关键词意思及整体大意	讲解诗句	讲述+黑板		

续表

时间段	实地情况	教学内容	信息呈现方式	直接感受	分析与思考
1分钟	T："谁能想象描述一下这首诗描述的环境是什么样子" 学生大多沉默，提问的学生也基本是复述的之前讲过的主要内容	感受诗歌意境	讲述	学生对于诗词意境很难想象	可以看出之前对于内容的识记只停留在机械背诵阶段
3分钟	教师要求大家拿出语文课本观看插图，并回答从插图中看到了什么 学生自主发言，回答插图中看到的东西 T："这首诗的描写有动有静，分别说说动是哪些，静是哪些。" 教师自己回答，学生附和补充	感受诗歌意境	课文插图	静态的课文插图很难创设诗词的意境，学生很难体会诗词意境 深入的静动描写分析，教师没有留过多时间给学生自己分析，而是直接告诉了正确答案	多媒体技术的作用再次可以发挥，创设情境
	T："这首诗表达了诗人怎样的思想感情？" 教师自己回答，学生附和补充	理解诗人表达的思想感情	讲述	教师没有让学生分析而是直接告诉了答案，学生大多也没有仔细记笔记	对于诗词的思想感情理解，教师作为非重点一带而过
2分钟	T："这首诗表达的态度是积极的还是消极的？" S1："积极" T："这首诗有作者喜爱的事物，也有不喜爱的事物……这部分内容大家了解就可以了。"	讲解诗人情感	讲述	对于诗人情感和写作背景方面的内容，教师讲解显得空洞无力，学生完全无法体会	这部分内容可以作为拓展内容，提供资料，建议有兴趣的同学课后学习
1分钟	T："这首诗讲解就结束了，大家课后预习后两首古诗。"	结束语	讲述		

根据课堂观察，可以做出如下分析。

（1）学生对于课文情境较为陌生

通过课堂教学观察可以得出，学生对于古诗词所描绘的情境较难体会，在教师提问学生进行场景描述的时候，效果不佳，而教师对于古诗词意境理解的讲解也较为枯燥。

（2）学生对于古诗词的学习以机械背诵记忆为主

从教学过程中可以看出，教师在教学过程中更加强调对于古诗的背诵记忆，而学生的反馈也表现出学生的背诵记忆效果较佳，不仅对该古诗的背诵，而且对于以前学过的相关古诗词也可以准确提取记忆，熟练背诵，但是对于古诗词的含义，乃至相关的背景作者信息等，掌握程度较低，可以得出学生对于古诗词的学习以机械背诵记忆为主。

2.《望天门山》实验研究分析

（1）研究过程分析

在对于古诗词教学现状观察分析的基础上，针对教学过程中所反映的主要问题，结合笔者所提出的以表达有声化为主的理解性教学策略，对于第二首古诗《望天门山》进行了准实验研究，教学过程见表6-4。

表6-4 《望天门山》教学流程记录

时间段	教学流程	教学内容	媒体使用	使用目的	教学目标
1分钟	复习导入	复习导入 T：请同学集体背诵一下《滁州西涧》这首诗，并略作点评。"《滁州西涧》描写了春天里的幽草、黄鹂，还有停在河上无人看管的小船，表达了作者淡淡的忧伤和一份宁静致远的感受，相比之下，今天要学的这首古诗就为同学们展现了华丽壮美的景象。"			
2分钟	标题讲解，引导学生想象	课文题目解析 T："首先大家来看看这首诗的题目，'天门山'，汉字都是可以望文生义的，大家来想想，这个叫做天门山的山，会是什么样子的？" S："像门一样耸立，非常高大……"	黑板	强调题目，并将"天门山"和"望"分开显示，加深记忆	了解诗文所描写的环境
3分钟	标题讲解，加深学生印象	图片创设情境，引导学生理解文眼"望" T："大家说得很好，天门山是在安徽省，是图县的东梁山和和县的西梁山的合成，两座山中间隔着一条长江，就像一扇高耸的大门一样，因此被称为"天门山"，大家看图片"对于这样一副宏伟壮大的天门山景象，作者李白用了一个'望'字，谁来说说'望'是什么意思？" 引导学生发言，得出"望"是指远远地看。 "那么同学们思考一下，作者李白是站在哪里来望这座天门山的呢？带着这个问题，我们来学习诗文内容，请同学们在学习的过程中思考，最后请大家回答。"	多媒体光盘图片	加深对诗文描写环境的印象	

续表

时间段	教学流程	教学内容	媒体使用	使用目的	教学目标
1分钟	作者简介	作者简介 T："这首诗的作者是李白，对于诗人李白，我们都不陌生了，这里先看一段对作者的简介。"	多媒体光盘作者简介部分	作者简介	了解作者简介
3分钟	回忆作者的其他已学诗文	拓展练习 T："对于李白的诗文，最大的特点在于浪漫、豪放、文笔夸张，我们以前也学过不少李白的诗文，大家来回忆一下都有什么？" 引导学生背诵已学诗文			回忆作者的其他已学诗文
5分钟	朗读诗文	口诵心惟策略有效应用 T："请同学们齐声朗诵一遍这首诗。" T："同学们读得很正确，但是少了一些韵味，古诗词一定要读出它的停顿、韵味和气势，下面先听示范的老师是怎么读的。"	多媒体光盘配乐朗读部分	范读领读自读	朗诵诗文，熟悉诗文内容；体会诗文朗诵的感觉
3分钟	朗诵断句	引导学生断句 大家有没有发现朗诵的过程中，需要在那些地方停顿一下，就会比较好呢？ T："首先来看第一句，大家齐读一遍……说说看需要在哪些地方停顿……"	多媒体光盘配乐朗读部分	断句	教师和学生一起断句，加深对朗诵停顿的印象
2分钟	了解诗文所描述的景物	T："如果说这首诗就是一幅画，那画里都画了哪些景物呢？请同学们在诗中迅速地找一找。" 引导学生发言，找出作者描写的天门山、楚江、碧水、青山、孤帆、日这些景物			了解诗文所描述的景物
	理解关键字词	基于会话理解古诗 讲解前两句古诗，引导学生理解重点字词 T："中断"是什么意思？为什么用"中断"？ S："指从中间断开，劈开。" T："表达了长江的气势汹涌。" T："回"是什么意思？ S："就是回旋。" T：引导学生理解"断""开""回"； "断"和"开"表现了长江水的汹涌澎湃； "回"也表现了天门山的坚固高大 T："谁来说说这句诗的主要意思？"	多媒体光盘词句解析部分	呈现诗文，并逐步呈现字词句翻译，及每一句诗的大意	了解诗词大意

时间段	教学流程	教学内容	媒体使用	使用目的	教学目标
6分钟	关键字词理解	基于会话理解古诗 讲解前两句古诗，引导学生理解重点字词 T："相对出"是什么意思？ S："就是面对面的意思"；"出"就是出现。	多媒体光盘词句解析部分	呈现诗文，并翻译大意，理解重点字词	了解诗词大意
		T：引导学生回答"相对出"，"相对出"是指左边一个右边一个依次出现，那么现在谁来回答刚开始的那个问题，作者是站在哪里来"望"天门山的？ 引导学生理解作者坐在一艘船上，缓缓前进，两边的青山相对出现的意境	多媒体光盘词句解析部分	呈现诗文	讲解诗句重点字词
5分钟	想象诗词表达的意境	理解诗词表达的意境 T："谁能用自己的话来说一下这首诗所描绘的这个景象呢？" T：引导学生回答"浩浩东流的长江水仿佛把天门山从中间劈开了一样，喷涌而出，而江水也被天门山所阻挡，在这里回转了方向，回旋的浪花汹涌澎湃。作者坐着一艘小船缓缓向前驶去，两边的青山相对出现，远远的天边还有一艘小船飘过来。" T："同学能不能用作者的语言，也就是这首诗来描述这个场景呢？"	多媒体光盘诗意理解部分	呈现诗文所表现的环境	
4分钟	练习巩固	通过软件练习题的习作，复习巩固已学内容 T："这首诗我们已经讲完了，大家有没有很好地理解呢？现在我们来做两道习题。"	多媒体光盘诗意理解部分	带领学生一起做练习题，巩固对诗文的理解	巩固对诗文的理解，体会作者表达的真挚情感
2分钟	古诗新唱	通过古诗新唱歌曲的学习，巩固古诗的理解记忆 T："最后，为了让大家能更好地背诵这首诗，我们把它编成了一首歌曲，大家一起来跟着唱一遍。"	视频	促进记忆背诵	古诗新唱，用歌曲的形式唱出古诗

（2）研究课堂观察

A. 教师的提问与理答

整节课中教师一共单独提问了学生 12 次，其中男生 6 次，女生 6 次，提问类型中有 5 次是属于陈述性问题提问，例如，朗读诗句等；7 次属于推理性提问，例如，这句诗表达了怎样的情感等。

B. 课堂师生交互质量

弗兰德斯互动分析把课堂行为分为教师语言、学生语言和沉默或混乱 3 大类，3 类行为在课堂行为中所占比例，可以表现课堂的构成结构。弗兰德斯系统编码中 1 ～ 7 列是表示教师语言，1 ～ 7 列数据的总和与总数的比则为教师比率，同理 8 ～ 9 列数据与总数的比则为学生比率。[①]

从图 6-7 中可以看出，本节课教师语言比率为 55. 7%，学生语言比率为 31. 9%，课堂沉寂比率为 12. 4%，教师语言约占课堂总时间的 1/2，表明课堂言语比率以教师语言为主。

此外，图 6-7 中从左上角到右下角的对角线上的各个单元格叫稳态格，编码落在这些格里，表示某种行为出现的时间超过 3 秒钟，表明持续地做某事。[②] 从图 6-7 中可见，沿对角线，从左上角到右下角的稳态格范围内使用频率最高的是（5-5）单元格，数据最大为 126，说明教师连续讲授幅度较大，（8-8）单元格数据均为 75，（9-9）单元格数据均为 48，说明学生课堂教学中学生回答教师提问和主动回答问题的时间比例也很大。（1-1）、（7-7）单元格内数据均为 0，表明课堂中没有教师以权威方式改变学生的行为语言。

分析矩阵红色标记的闭合矩形位于（3-3）、（3-9）、（9-9）、（9-3）所形成的区间内，说明课堂整体结构侧重于"探究创造模型"，主要体现在教师注重引用学生的发言结合讲授，但是又缺少（3-5）环节，表明教师对学生的言论评析较少。

教师倾向与风格由教师语言的直接影响与间接影响比率，以及积极影响与消极影响比率两部分构成。弗兰德斯互动分析把教师的语言分为直接和间接两类，直接和间接是就教师对教学的控制而言的，编码 1~4 所代表的是教师语言对学生的间接影响，编码 5~7 所表示的是教师语言对学生的直接影响，教师使用这两类语言频次的不同，表示了教师课堂教学的不同倾向和风格。其次，编码 1、2、3 表达的是教师对学生的积极强化影响，而编码 6、7 属于教师的消极强化，

[①] 王鉴. 课堂研究概论［M］. 北京：人民教育出版社，2007：172.

[②] 时丽莉."弗兰德互动分析系统"在课堂教学中的应用［J］. 首都师范大学学报（社会科学版），2004，（12）：163-165.

二者的比率反映了教师的不同倾向和风格。①

图 6-7 中显示，本节课中教师语言间接与直接影响的比率为 85%，小于 1 表明教师对学生施加直接影响，即在教学过程中重视直接讲授，注重对学生的直接指导。此外，同样表明教师语言对学生产生积极强化与消极强化的比率为 206.0%，大于 1，即表明本节课教师的语言主要对学生产生了积极强化影响。

弗兰德斯互动分析系统中还有两个十分重要的闭合区间，被称为积极整合格和缺陷格，（1-1，1-3，3-1，3-3）所构成的闭合区域内称为积极整合格，（7-6，7-7，8-6，8-7）构成的闭合区域内被称为缺陷格。② 从图 6-7 中可以看出，（1-1，1-3，3-1，3-3）所构成的积极整合格内合计数据为 52，（7-6，7-7，8-6，8-7）构成的缺陷格合计数据为 1，积极整合格内数据远大于缺陷格数据，表明师生之间语言上交流互动的气氛融洽。

图 6-8 显示了师生课堂中言语比率的动态曲线图，可以看出教师言语频率略高于学生言语，教师大都达到或超过了课堂语言比率的 50%，且形成了 15 次语言高峰，学生语言比率达到或超过 50% 的有 7 次。

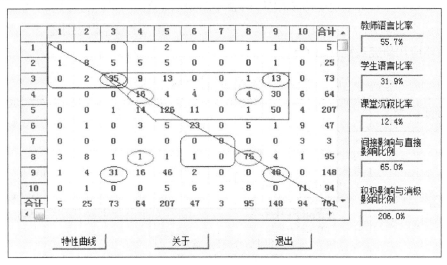

图 6-7 《望天门山》FLAS课堂互动分析

① 王鉴.课堂研究概论［M］.北京：人民教育出版社，2007：173-174.
② 王鉴.课堂研究概论［M］.北京：人民教育出版社，2007：173-174.

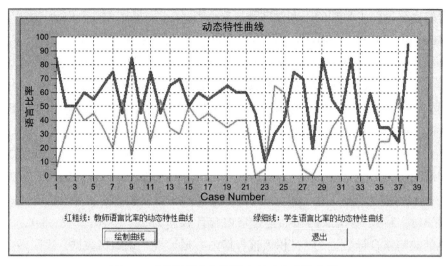

图6-8 《望天门山》课堂交互动态曲线分析

3.《泊船瓜洲》实验研究分析

（1）研究过程分析

在第一节技术促进理解的古诗词教学结束后，笔者与任教教师和学生进行了访谈交流，并对教学设计过程做了一些改进，第二次技术以表达有声化为主的策略应用研究过程见表 6-5。

表6-5 《泊船瓜洲》教学流程记录

时间段	教学流程	教学内容	媒体使用	使用目的	教学目标
2分钟	问题导入	问题导入 T："我们已经学过很多诗歌了，大家都还记得吗？我们来玩一个接龙游戏吧，老师说第一句，你们说第二句……天门中断楚江开……" S："碧水东流至此回" T："窗含西岭千秋雪……" S："门泊东吴万里船。" T："同学们记得都很好，今天我们需要再学一首古诗，跟大家背诵的诗句一样，都是七言绝句……"			问题导入，复习诗词格律知识
2分钟	标题讲解，引导学生想象	课文题目解析 T："大家先来齐读一遍题目"泊船瓜洲"，谁能解释一下这是什么意思？" S："泊船：停船靠岸，瓜洲：在长江北岸……" T："诗人把船停在瓜洲这个地方，他在想什么呢？"	黑板	理解诗文主题，即题目的含义	了解诗文所描写的环境

续表

时间段	教学流程	教学内容	媒体使用	使用目的	教学目标
5分钟	朗读诗文	口诵心惟策略有效应用 T："请同学们齐声朗诵一遍这首诗" T："同学们读得不错，比以前好多了，大家想不想再跟着老师读几遍呢？"（强调韵律）	多媒体光盘配乐朗读部分	范读 领读 自读	朗诵诗文，熟悉诗文内容
3分钟	朗诵断句练习	引导学生断句 T："上节课我们强调了断句，现在谁来给大家把这首诗该停顿的地方标出来？" S：（完成正确）	多媒体光盘配乐朗读部分	断句	教师和学生一起断句，加深对朗诵停顿的印象
7分钟	理解关键字词	基于会话理解古诗 讲解前两句古诗，引导学生理解重点字词 T："谁来说说诗的前两行的大概意思？" S："京口和瓜洲仅一江之隔，而京口到钟山也只隔着数重山。" T："说得很到位！在这两行诗中有三个地名，能在简图上标示出来吗？" T：（在地图上标出三个地方的位置）	多媒体光盘词句解析部分	呈现诗文，并逐步呈现字词句翻译，及每一句诗的大意	了解诗词大意
		T："同学们，在你们看来，诗人离家近还是远？" S："远……近……"（众说纷纭） T：（引导学生说明远近的原因，通过周围的地理位置促进学生理解）	图片	在地图中标出诗文中所涉及的地理位置	创设感知情境
7分钟	关键字词理解	基于会话理解古诗 讲解后两句古诗，引导学生理解重点字词 T："后两行的大意是什么？" S："春风又绿了长江南岸，明月什么时候照着我回去。"	多媒体光盘词句解析部分	呈现诗文，并翻译大意，理解重点字词	了解诗词大意
		T："说得非常好，这里有两个关键词需要重点理解"，引导学生回答"又""绿""还"的含义，体会作者的思想情感			讲解诗句重点字词
5分钟	想象诗词表达的意境	理解诗词表达的意境 T："遥望着美丽的故乡，遥想着家乡的亲人，诗人他怎能不问……？" S："明月何时照我还？" T："但是现实情况确是……？" S："京口瓜洲一水间，钟山只隔数重山。" T："大家从地图上看到了这个实际的距离，可是诗人用了'一水间''只'，为什么？" S："诗人很想念家乡。"	多媒体光盘诗意理解部分	呈现诗文所表现的环境	体会诗词所表达的意境

续表

时间段	教学流程	教学内容	媒体使用	使用目的	教学目标
3分钟	背景简介	诗人写作背景介绍 T:"诗人这么想念家乡,为什么不回去呢?介绍诗人写作背景。"	多媒体光盘作者简介部分	作者简介	了解作者简介
4分钟	练习巩固	通过软件练习题的习作,复习巩固已学内容 T:"这首诗我们已经讲完了,大家有没有很好地理解呢?现在我们来做两道题。"	多媒体光盘诗意理解部分	带领学生一起做练习题,巩固对诗文的理解	巩固对诗文的理解,体会作者表达的真挚情感
2分钟	古诗新唱	通过古诗新唱歌曲的学习,巩固古诗的理解记忆 T:"最后,为了能让大家更好地背诵这首诗,我们把它编成了一首歌曲,大家一起来跟着唱一遍。"	视频	古诗新唱,用歌曲的形式唱出古诗,促进记忆背诵	古诗新唱,用歌曲的形式唱出古诗,促进记忆背诵

(2)研究课堂观察

A. 教师的提问与理答

整节课中教师一共单独提问了学生 18 次,其中男生 10 次,女生 8 次,提问类型中有 8 次提问是属于陈述性问题提问,例如,朗读诗句等;6 次属于推理性提问,例如这句诗表达了怎样的情感等,有 4 次是属于创造性问题,如地理知识的综合应用等。

B. 课堂师生交互质量

从图 6-9 中可以看出,本节课教师语言比率为 48.9%,学生语言比率为 42.8%,课堂沉寂比率为 8.3%,教师语言约占课堂不足总时间的 1/2,表明课堂言语比率基本突出了学生为中心参与的特色。

从稳态格的角度分析,从图 6-9 中可见,沿对角线,从左上角到右下角的稳态格范围内使用频率最高的是(8-8)格,单元格数据为 174,说明学生回答问题积极踊跃。其次是(5-5)格,单元格数据为 117,说明教师也注重持续的言语讲授直接向学生输出教学信息。

图 6-9 中显示,本节课中教师语言间接与直接影响的比率为 72.8%,小于 1 表明教师对学生施加直接影响,即在教学过程中重视直接讲授,注重对学生的直接指导。此外,同样表明教师语言对学生产生积极强化与消极强化的比率为 168.0%,大于 1,即表明本节课教师的语言主要对学生产生了积极强化影响。

此外,从图 6-9 中可以看出,(1-1,1-3,3-1,3-3)所构成的积极整合格

内合计数据为 10，(7–6，7–7，8–6，8–7) 构成的缺陷格合计数据总数目为 5，
积极整合格内数据大于缺陷格数据，表明师生之间语言上交流互动气氛较为融洽。

分析矩阵，即由矩形所构成的闭合区间完整地位于（4–4）、(4–8)、(8–8)、(8–4)
所形成的区间内，说明课堂整体结构属于典型的"讲授 – 训练模型"，师生互动回
应流由"教师提问—学生回答教师的问题—教师在提问"等几个环节构成。

图 6-10 显示了师生课堂中言语比率的动态曲线图，可以看出教师言语频率
略高于学生言语，教师和学生的言语基本都在 50% 频率范围内上下浮动，表明
整个教学过程中师生互动频繁，通过师生会话的方式完成了整个教学过程。

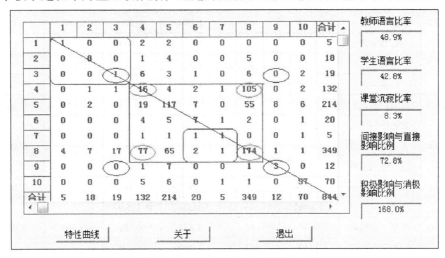

图6-9　《泊船瓜洲》FLAS课堂互动分析

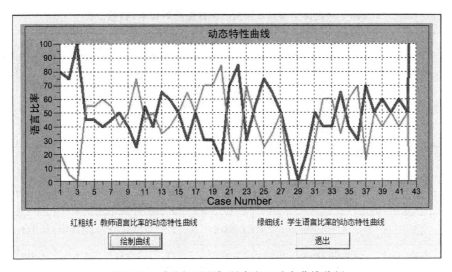

图6-10　《泊船瓜洲》课堂交互动态曲线分析

（三）后测数据分析

在前测同等间隔的时间段后，进行了后测实验分析，结果见表6-6。

从表6-6中可以看出，配对检验组的相关系数均小于显著性水平0.05，表明配对组均具有相关性，表6-7是有关配对的T检验结果，双侧配对T检验相关系数均小于0.05，表明前后测数据之间具有显著差异。

表6-6　古诗词理解效果前后测数据配对样本统计量表

项目		配对样本统计量（Paired Samples Statistics）					
		均值	数量	标准差	标准误差	相关分析	相关系数
Pair 1	前测字音	2.79	43	1.794	0.274	0.651	0.000
	后测字音	3.49	43	1.334	0.203		
Pair 2	前测字义	3.37	43	1.155	0.176	0.864	0.000
	后测字义	3.56	43	1.076	0.164		
Pair 3	前测诗词识记	1.98	42	1.093	0.169	0.663	0.000
	后测诗词识记	2.40	42	0.989	0.153		
Pair 4	前测诗词大意	1.6279	43	0.951 77	0.145 14	0.534	0.000
	后测诗词大意	2.1860	43	0.982 12	0.149 77		
Pair 5	前测诗词情感	1.4186	43	0.905 87	0.138 14	0.467	0.002
	后测诗词情感	2.0465	43	1.022 45	0.155 92		
Pair 6	前测朗读断句	0.37	43	0.874	0.133	0.363	0.017
	后测朗读断句	1.30	43	1.440	0.220		

表6-7　古诗词理解效果前后测数据配对样本T检验分析

项目		配对样本检验（Paired Samples Test）						
		成对差分			差分的95%置信区间		t	相关系数（双侧）
		均值	标准差	均值的标准误	下限	上限		
组1	前测字音-后测字音	−0.698	1.372	0.209	−1.120	−0.275	−3.334	0.002
组2	前测字义-后测字义	−0.186	0.588	0.090	−0.367	−0.005	−2.075	0.044
组3	前测诗词识记-后测诗词识记	−0.429	0.859	0.133	−0.696	−0.161	−3.232	0.002
组4	前测诗词大意-后测诗词大意	0.558 14	0.933 56	0.14237	−0.845 45	−0.270 83	−3.920	0.000
组5	前测思想感情-后测思想感情	0.627 91	1.000 55	0.15258	−0.935 83	−0.319 98	−4.115	0.000
组6	前测朗读断句-后测朗读断句	−0.930	1.387	0.212	−1.357	−0.503	−4.398	0.000

具体而言，前后测中古诗词断句技巧差异最大，后测均值高于前测值为 0.93，且离差值最大为 1.387，表明通过准实验研究大多数学生的断句技巧得到了较大的提升，但也有部分学生效果不明显，因此造成了后测学生内部水平差距较大，但是整体而言，前后测差异显著，得到了较大的提升。

其次是对于古诗词情感理解方面，也就是前文理解层级中所提到的评价判断层级，后测均值高于前测值为 0.627 91，且离差值次高为 1.000 55，双侧配对 T 检验相关系数为 0.000，表明前后测差异显著，具有较大的提升效果；

之后是对于古诗词大意理解层级，后测均值高于前测值为 0.558 14，且离差值次高为 0.933 56，双侧配对 T 检验相关系数为 0.000，表明前后测差异显著，说明准实验研究对于古诗词的大意理解也起到了较好的促进作用。

五、表达有声化策略有效应用研究反思

通过对以表达有声化为主的教学策略在古诗词类教学内容中进行的准实验研究，从整合技术的理解性教学角度反思分析如下。

（一）口诵心惟策略可以提升藏族学生对古诗词内容阅读方法的有效应用

古诗词教学一向都强调朗读的重要性，强调从诵读中理解古诗含义，体会文字所表达的意境。而藏族学生的阅读方法较为欠缺，学生的唱读现象表明其并没有真正体会古诗词的韵律，因此为了有效地促进理解，应当强调表达要素的重要性，通过强调口诵心惟策略，有效地强化朗读技巧，并利用多媒体教学软件工具等技术提供朗读示范、跟读训练和自读评价等方法，可以有效地促进藏族学生对汉语古诗词类教学内容的理解效果。

（二）教学会话策略有助于引导藏族学生对古诗词内容的正确理解

在本实验中，大量应用教学会话策略和口诵心惟策略相结合的方式，通过提问的形式来强调学生的口诵心惟技巧；通过讨论的形式来理解重难点内容。古诗词的理解往往需要抓住核心字词，因此对于问题的提出需要与古诗核心紧密相连，例如，在《望天门山》这首诗中，应当引导学生理解文眼"望"的含义，就会体会到作者的观察位置，感受到古诗所描绘的动态的情境，这有助于促进学生的理解。

（三）语境感知策略可以优化学生对古诗词内容的情感体验

如前文所述，古诗词中的理解难点在于诗词意境较难体会，主要原因之一在于古诗词所描绘的情境与藏族学生的生活经验差距较大，因此通过语境感知策略来创设情境，被认为是可以有效促进学生理解且经常被应用的教学策略。然而，需要注意的是，古诗词所表达的意境，如果单纯地用直观形象的图片、视频来展现，将会扼杀学生的想象力，且不利于古诗词意境的体会，因此强调语境感知策略应用的过程中，需要教师引导学生在直观感受的基础上加以联想，体会古诗词所表达的情感。此外，对于写作背景和作者简介，最好可以在需要学生理解诗词情感的时候加以陈述，以故事的形式告诉学生，有助于诗词情感的理解，过早的介绍对于理解的促进效果并不佳。

第三节　问题可视化策略有效应用研究

一、研究背景

问题可视化策略的主要特征在于，以图解的形式呈现、交流问题。在此选择了句子语法类教学内容作为典型案例分析，因为笔者在前期调研中得出，学生普遍认为汉语教学中的语法内容属于最难理解的内容。此外，如前文所示，笔者对于藏族学生汉语学习的特殊性分析得出，由于藏语、汉语两种语系语法结构具有较大的差异，语法内容是藏族学生主要的理解困难内容。因此本书着重对针对问题可视化策略选择语法教学做了准实验研究，期望可以有效地促进藏族学生的语法理解效果。对于藏族学生汉语句子语法类教学内容的分析如下。

（一）教学目标分析

分析教材内容可以得出，该地区使用的民族类汉语教材第十一册课本中，共分为24篇课文，每4篇分为一个单元。每一篇课文都会介绍1～2语法知识点，整个教材包含了46个语法知识点，课程标准要求在教学过程中需要对这些语法知识点进行理解和应用。

（二）教学内容分析

根据介入课堂教学的时间，笔者选择了第四、五、六单元的语法内容进行设计。笔者对于这些语法知识点进行了分类整理，结果见表6-8。

表6-8 藏语类小学《汉语》教材语法点目录

语法归类	出现频率	应用举例
副词	8次	"不妨""根本""反正""一旦""凡是""恐怕"等
代词	2次	"哪里""如何"
动词	2次	"发觉""好似"
形容词	2次	"一般""极为"
习语/俗语	2次	"吃力""恨不得"
介词	1次	"叫"
连词	1次	"否则"

二、研究概况

(一)研究对象

我们选择了合作市藏族小学六年级三班进行教学设计干预,并选择起始水平以及班级构成整体相似的二班学生作为对照班级,通过对两个班级进行前测和后测的方式进行理解效果的验证。这个研究过程历时一个月,以平均每个星期进行一次准实验过程的频率逐步实施。

(二)研究思路

研究思路,见图 6-11.

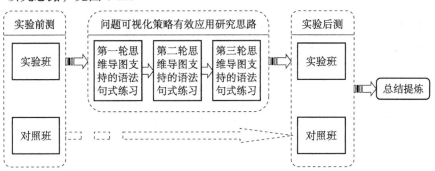

图6-11 问题可视化教学策略有效应用研究思路图

笔者选择民族类汉语第十一册教材的第四至六单元进行实验设计过程,每一个单元教学完成后,在综合练习部分,通过使用思维导图训练学生对于该单元语法知识的理解应用能力,主要实验步骤为:思维导图支持的语法句式应用小组合作讨论交流—对学生的作品进行汇总展示—作品分析,对于相似的句型进行归类、错误的句式进行分析—总结评价各自的理解效果。

三、问题可视化策略有效应用设计

（一）主题组织策略

在本书中，主要用到的是主题组织策略，即借助 Mindermanger 软件，对于每个单元所涉及的语言内容进行复习总结，通过分组合作、汇报语法应用效果、集体评价、主题归类的顺序，有效地强化对于句子语法的理解效果。

（二）教学会话策略

在本书中，教学会话策略更关注的是学习者之间的会话，通过小组协作学习的形式，集思广益，讨论交流，共同完成对于句子语法应用的练习，之后要求以小组汇报的形式，在全班范围内进行成果展示，并对于各小组的汇报成果进行共同点评、反馈。

在技术手段的选择应用上，笔者选择了思维导图工具，思维导图作为帮助学生认知的工具，在美国发起并被广泛使用。东尼·博赞在 20 世纪 60 年代最早创造了一种记笔记的方法——思维导图，思维导图能够帮助我们形成简单并吸引眼球的笔记。[1] 思维导图呈现的是一个思维过程，学习者能够借助思维导图提高发散思维能力，可以通过思维导图理清思维的脉络，并可供自己或他人回顾整个思维过程[2]，思维导图有 4 个基本的特征：①注意的焦点清晰地集中在中央图形上；②主题的主干作为分支从中央向四周放射；③分支由一个关键的图形或者写在产生联想的线条上面的关键词构成，比较不重要的话题也以分支形式表现出来，附在较高层次的分支上；④各分支形成一个连接的节点结构。因此，思维导图在表现形式上是树状结构的。[3] 不少研究已经对思维导图在促进学生理解方面的研究做了证实[4][5]，因此，笔者在语法教学的过程中，主要应用思维导图工具对语法知识的学习进行支持。

---

① Brinkmann A. *Graphical Knowledge Display-Mind Mapping and Concept Mapping as Efficient Tools in Mathematics Education* ［M］. Mathematics Education Review，Germany：The University of Duisburg，2003：36.

② 赵国庆，陆志坚."概念图"与"思维导图"辨析［J］.中国电化教育，2004，（8）：42-45.

③ 东尼·博赞，巴利·博赞.思维导图［M］.北京：中信出版社，2009:34.

④ 吴一鸣.利用概念图工具促进小学生概括文章主题能力的实验研究［D］.北京：北京师范大学硕士学位论文，2008：51.

⑤ 林建才，董艳，郭巧云.思维导图在新加坡小学华文教学中的实验研究［J］.中国电化教育，2007，（10）：65-68.

四、研究过程与结果

(一)研究过程分析

通过利用思维导图软件,在实验班内教授第四、五、六单元练习的过程中,对于语法句式部分进行强化练习。每次的活动环节基本相似,均是通过小组合作学习的方式,基于对学过的语法句式进行发散思维造句联系,利用思维导图工具评价呈现学生作品,并共同分析每个句式,见图6-12。

图6-12 语法类内容教学过程图例

作为一个语法练习的教学环节,在现实教学课时量的分配上也无法有独立的课堂进行,因此在与任教老师商议后,在每个单元复习课堂设计了这个技术促进语法理解的教学环节,每次时间为15~20分钟,分别有5分钟的小组讨论的环节;10~15分钟的成果展示评析环节,由于现实的硬件环境有限,本应由学生自己展示的环节调整为学生陈述、教师辅助呈现的方式。

(二)研究效果分析

对于语法教学的准实验研究,共历时约3个星期,在准实验过程中对于实验班级进行过3次训练强化,在准实验之前,对于实验班级和对比班级的语法内容理解效果进行了前测分析,在准实验结束时,又将相似难度的内容在实验班级和对照班级进行了评价测试,结果见表6-9和表6-10。

表6-9 语法理解效果前后测数据独立样本T检验统计量表

项目	班级	N	M	SD	标准误差
语法前测	实验班	40	9.8286	4.402 44	0.744 15
	对照班	38	12.2609	3.780 54	0.788 30

项目	班级	N	M	SD	标准误差
语法后测	实验班	40	10.9167	2.63357	0.43893
	对照班	38	6.7200	2.99333	0.59867

表6-10 语法理解效果前后测数据独立样本T检验分析

项目		方差方程的Levene检验		均值方程的T检验					差分的95%置信区间	
		F统计量观测值	sig.差异系数	t	df	差异系数（双侧检验）	均值差值	标准误差值	下限	上限
语法前测	假设方差相等	0.903	0.346	2.173	56	0.034	2.43230	1.11910	0.19047	4.67413
	假设方差不相等			2.244	51.974	0.029	2.43230	1.08405	0.25696	4.60763
语法后测	假设方差相等	0.022	0.882	−5.787	59	0.000	−4.19667	0.72519	−5.6477	−2.7455
	假设方差不相等			−5.653	47.355	0.000	−4.19667	0.74233	−5.6897	−2.7035

　　基于Mindmanger工具软件的主题组织策略对于藏语学生的汉语语法理解具有良好的促进作用，如表6-9和表6-10所示，语法理解效果前测实验班和对照班级的问卷显示具有较大的差异（显著性系数0.346>0.05，则说明方差具有齐性，假设方差相等，双侧检验差异系数0.034<0.05，则该数据的差异性显著），均值比较得出实验班级语法内容理解效果低于对照班级（实验班级均值为9.8286，对照班级为12.2609），且实验班内的离差值为4.40244，大于对照班级的3.78054，表明实验班级在前测阶段对于汉语语法理解的效果班级内部水平参差不齐，且整体较弱。

　　而通过3次的实验强化后，结果如表6-9和表6-10所示，实验班级的语法理解效果高于对照班级，（实验班级均值为 10.9167，对照班级为 6.7200），且实验班内的离差值为 2.633 57，低于前测离差值，且低于对照班级的 2.993 33，表明实验班级在后测阶段对于汉语语法理解的效果班级内部水平差异降低，且整体有所提升。同样，后测效果表明语法理解效果实验班和对照班级的问卷显示具有较大的差异（显著性系数 0.882>0.05，则说明方差具有齐性，假设方差相等，双侧检验差异系数 0.000<0.05，则该数据的差异性显著）。

由此可以证明，基于思维导图软件工具的主题组织策略，对于藏语学生的汉语语法理解效果具有良好的促进作用。

五、问题可视化策略有效应用研究反思

本书主要通过问题可视化策略有效应用于语法教学内容来验证促进理解的效果，具体实践过程中主要采用了基于思维导图软件工具的主题组织策略及教学会话策略，小组合作过程中要求每组学生集思广益，发散思维，有效地训练了学生的语法理解应用能力；在成果展示的过程中，对于每个小组的每一个作品均进行评析，共同分析语法应用的有效性，从而强化学生的理解和应用。在该活动设计的过程中，成果展示环节更能促进学生对语法内容的理解。事实也证明，通过 3 次实验环节，学生的理解表现都会越来越佳，这也能从问卷评价中反映出来，实验班级的前后测评价具有很大的差异性，且后测成绩远高于对照班级。

（一）主题组织策略可以有效地促进意义建构

主题组织策略是问题可视化策略中的核心子策略之一，主要特点在于突出可视化策略所强调的以图解的方式呈现、交流问题，对于本书所选择的句子语法教学内容而言，主要的理解障碍在于理解意义建构过程中没有很好地理解概念之间的关系，通过主题组织策略的应用，可以有效地将无规则的语言应用进行系统的归类。利用思维导图进行的意义建构过程，不仅可以引导学生进行正确的主题归类，同样可以呈现学生的错误理解，这种正向引导和反向强化相结合的作用，有助于学生更好地理解和应用。

（二）教学会话策略实施需要明确会话规则

在教学会话策略实施过程中，需要反思的是学生的参与积极性和课堂纪律性之间的关系，这种组间竞争、组内合作的方式极大地吸引了小学生。因此，在第一次实验的过程中，学生都非常积极踊跃，但也从侧面表现出课堂纪律有些混乱；在第二次活动的过程中，教师加强了对学生的约束，于是参与的

积极性有所降低；第三次活动才真正有效地结合二者的优势，学生对活动目的和内容已经比较熟悉，也能在较好的保持课堂纪律的基础上有效地参与其中。

第四节　知识情境化策略有效应用研究

知识情境化策略在汉语教学过程中应用的频率较高，在此选择藏语类小学高年级汉语教材中主要的内容体裁，即记叙文类教学内容作为典型案例进行效果验证。因此，研究中首先对于记叙文类教学内容的特点以及主要的理解障碍做了分析，其次设计了以知识情境化为主的教学策略，并进行了效果验证，最后，对于实验过程进行了分析与反思。

一、研究背景

（一）记叙文体裁特点分析

1. 叙事记叙文

对于体裁的划分，目前并无定论，小说、戏剧、诗歌和散文是比较常见的文体划分方式，而议论文、说明文、记叙文等又属于另外一种分类方式了，这两种划分形式有所交叉。在小学语文教材所选的篇章分类中，以及教师的日常描述中，往往会用叙事记叙文和写景记叙文的方式来进行区分。写景记叙文也往往指代散文体裁，在本书中不再追本溯源地细致划分，就以藏语类小学语文教材中最为常见的叙事记叙文和散文进行分析。

记叙文是指记人、叙事、写景、状物等类的文章。古代的记、传、序、表、志等，现代的消息、通讯、简报、特写、传记、回忆录、游记等，都属于记叙文的范畴。一般而言，其具有线索清晰、时空具体等特性，在教学过程中往往需要引导学生厘清文章思路线索，从而有效地理解文章结构和内涵。

2. 散文

散文在民族类汉语课文中占有一定的比例，在学生情感态度倾向调研中，散文体裁的文章被认为是"最难理解的"课文，因此有必要分析散文体裁文章的特点，以及理解难点所在，从而有效地促进理解效果。

散文是指与诗歌、小说、戏剧并称的一种文学体裁，是一种最灵活、最自由的文体。它语言精练，文采隽永；它情思飞扬，意境深邃；它思路开阔，包容量大，但又紧紧围绕作者的意图而不"越轨"。通过文献整理可以得出，散文体裁的文章一般具有 3 个特点。[①]

1）篇幅短小，比较广泛。同小说、剧本比，散文的篇幅是短小的。散文不像小说、剧本那样必须具备较完整的故事情节和鲜明的人物形象，所以题材也可以显得十分广泛了。

2）散而不乱，形式灵活。虽然散文体裁的文章一般看似言之无物，然而却有一条主线,表达了深刻的情感,因此散文固有"形散而神不散"之称。所谓"形散"主要是说散文取材十分广泛自由，不受时间和空间的限制，表现手法不拘一格。而"神不散"主要是从散文的立意方面说的，即散文所要表达的主题必须明确而集中，无论散文的内容多么广泛，表现手法多么灵活，无不为更好地表达主题服务。

3）意境深邃，语言优美。散文一般都采用第一人称，借助想象与联想，由此及彼，由浅入深，由实而虚地依次写来，可以融情于景、寄情于事、寓情于物、托物言志，表达了作者的真情实感。

散文的体裁特点是，对于语言的要求是比较高的，因此很好地理解散文，需要学习者具备一定的文学功底，并可以进行逻辑推理、评价分析散文的内涵。

（二）藏族学生汉语记叙文学习已有水平分析

1. 学生对于词汇知识理解效果不佳

笔者在前期调研中得出，学生对于陈述性知识中的词汇知识掌握情况不佳，词汇是理解课文的重点所在，因此在教学的过程中需要强化词汇理解的知识。

2. 学生对于语法知识理解效果较弱

对于记叙文类课文而言，语法知识属于句式的应用，这与除古诗词之外的其他类型的内容一致，而在前期调研中可以得出，学生对于语法、句式知识的掌握较弱，且属于理解过程中的主要障碍，因此，在教学过程中需要强化练习。

[①] 张桂凤. 把握散文特点 教出散文精彩——小学散文教学策略刍议［J］. 儿童发展研究，2012，
（2）：41-45

3. 学生对于篇章内容理解效果层级偏低

从理解的层级分析，通过前期的多次调研分析可以得出，六年级的学生已经具有一定的提取细节的能力，然而，学生的逻辑推理、辨析整合和评价赏析层级效果偏低。而且较之于故事脉络清晰的记叙文，散文体裁的内容更为抽象，学生的理解效果更为薄弱。

（三）藏族学生记叙文教学理解难点分析

对于叙事记叙文，通常会有明晰的主线，对于学生而言较好理解，往往理解难度较大的是写景记叙文，也就是常说的散文体裁。通过大量的文献分析[1][2]，以及访谈调研藏族学生对散文的理解障碍归因，笔者得出，对于散文体裁的教学内容，具有以下理解难点。

1. 文章结构难以明晰

叶圣陶先生曾指出："作者思有路，遵路识斯真。"因为散文具有形散神不散的特点，因此最难理解的知识点在于文章的结构难以明晰。也正因为如此，许多学生才会对散文体裁的文章发出"不知道讲了什么意思"的感慨。作为第二语言的藏族学生汉语教学而言，对于散文文章结构的梳理，更是十分困难。

2. 重点词句难以理解

对于重点词句的理解，是理解散文的前提条件，然而更多的藏族学生的字词解析能力较弱，因此较难理解重点词句所表达的含义。

3. 思想感情难以理解

散文所表达的思想情感，是文章的灵魂所在，是需要仔细体会方能感悟的。然而这对于藏族学生的学习而言较为困难，因此也是造成散文体裁的文章难以理解的主要原因

二、研究概况

（一）研究对象

我们选择了合作市藏族小学六年级三班学生作为研究对象，选择评析班级二班作为对照班级，通过前期调研可以得出，这两个班的学生前期学习效果水

---

① 陈丽，袁文娟. 酿出浓浓的"语文味"——小学写景叙事类散文教学方法谈［J］. 教学新探，2010，（3）：25–26.

② 唐志新. 入语境，品意境，悟心境——例谈小学散文教学的教学策略［J］. 江苏教育研究，2010，（11）：62–63.

平相似，学生来源构成相似，汉语课程任课教师背景也相似，均为对藏语不太熟悉的汉族教师。在实验过程中，对六年级三班的教学进行设计干预，并对该实验班级学习效果以前测和后测的方式进行效果的验证。

整个研究历时 3 个星期，以每周一节课的频率进行行动干预，包括课前与任课教师交流，集体备课、修改的阶段，课程教学实施的阶段，以及课后交流反思的阶段 3 个环节。

（二）研究思路

对于以知识情境化为主的教学策略的有效应用研究，采用行动研究的方法进行验证，主要的研究设计思路见表 6-11。

表6-11　知识情境化教学策略有效应用研究思路图

	目标	计划	行动	观察	反思
第一轮行动研究的设计	设计促进理解的汉语教学策略的有效应用	设计以"知识情境化策略"为主的教学活动	以《小溪流的歌》课文为例，开展促进理解的汉语教学策略有效应用分析	通过课堂观察学生的理解反馈，以及实验班级和对比班级的理解效果评测问卷分析效果	分析活动的效果，以及促进理解的汉语教学策略应用效果
第二轮行动研究的设计	修订促进理解的汉语教学策略的有效应用	修订以"知识情境化策略"为主的教学活动	以《珍贵的教科书》课文为例，开展促进理解的汉语教学策略有效应用分析	通过课堂观察学生的理解反馈，以及实验班级和对比班级的理解效果评测问卷分析效果	分析活动的效果，以及促进理解的汉语教学策略应用效果
第三轮行动研究的设计	优化促进理解的汉语教学策略的有效应用	优化以"知识情境化策略"为主的教学活动	以《在德国——自己的花是让别人看的》课文为例，开展促进理解的汉语教学策略有效应用分析	通过课堂观察学生的理解反馈，以及实验班级和对比班级的理解效果评测问卷分析效果	分析活动的效果，以及促进理解的汉语教学策略应用效果

三、知识情境化策略有效应用研究过程

（一）第一轮行动研究分析

1. 第一轮行动研究计划

选择民族类汉语教材第十一册《小溪流的歌》课文为案例进行教学行动研究。

（1）教学目标分析

通过教材分析，可以得出该课程教学要求包括：

学习要求掌握的生字，会读，会写。认识"挠、蝌、蚪、蹬"四个字。

学习要求掌握的词语，了解它们的意思和用法。

复习介词"叫"的使令用法和动词"感觉"的用法，能够熟练使用。

有感情地朗读课文，注意把握小溪流欢快、活泼的情感基调。

学习小溪流自强不息、勇往直前的精神。

（2）教学策略设计

A. 部件强化策略

部件记忆策略的应用体现在对于生字词的呈现区分部件的特色，例如，拼音的声母、韵母区分呈现颜色；生字呈现书写结构等，强调字词的部件特征有助于更好地理解记忆。

B. 词义深化策略

语义深化策略的应用，具体而言，就是对于所出现的生字词，将其读音、释义、组词、文章中的应用等相关内容联系记忆理解，深化语义，从而更好地促进学生的理解。

C. 语境感知策略

该课文属于童话故事，如果局限于单纯的课文讲解，较难体会到生动有趣的语言情境，因此采用了情境感知的策略，将故事场景再现，通过图片、动画、音频的方式模拟小溪流的历程。

D. 故事语法建模策略

该课文的重点之一是梳理故事发展的结构，故事语法建模策略的体现，在于以结构化的形式来总结梳理课文，引导学生思维建模，作为该行动研究的第一次环节，笔者设计了以图解方式呈现教学结构的思路，并逐步引导学生理解课文结构。

E. 教学会话策略

教学会话策略在该类内容教学过程中的主要应用，在于结合学生的实际生活经验，对教学内容中的核心问题进行分析和比较，教师通过提问的方式引导学生对核心问题进行讨论分析，从而理解教学内容重难点。

2. 第一轮行动研究行动过程

该课程在"农远工程"模型二环境下，即多媒体教室环境中开展，教师行动过程记录见表6-12。

表6-12　《小溪流的歌》教学流程记录

时间段	教学流程	教学内容	媒体使用	使用目的	教学目标
2分钟	生字学习	通过部件强化策略等理解字词含义； 理解生字词结构、拼音、组词学习等，并以提问学生的形式进行复习巩固	文字	引起注意	奠定理解课文的基础，扫清词汇障碍
3分钟	文章体裁分析	教师以提问的形式讲解童话体裁的特点，并以已学课文《狮子和山羊》为例做了复习巩固			
1分钟	初步感知	通过图片创设童话情境，并朗读课文形成初步感知	图片	创设情境	通过课文朗读，使学生建立起对课文初步感知的印象
6分钟	理解课文	理解小溪流乐观友善的性格体现 T：这条快乐的小溪流从山谷里流出来，欢快的唱着歌，它首先遇到了谁？ S：太阳，月亮。 T：是的，"太阳出来了，太阳向他微笑，月亮出来了，月亮也向他微笑"，我们知道，太阳是在什么时候出现？月亮呢？ S：白天、晚上。 T：所以小溪流白天晚上都在奔跑，文中用了哪一个词语？ S：不分日夜。 这条乐观小溪流很有礼貌，不断地向遇到的东西打招呼，对它们说"你好，你好！" T：这几个词语表现了小溪流的特点，大家圈画出来。 T：文中有一些表现小溪流性格的词语，大家标记出来，并请同学回答。 S：玩耍，拍拍……	动画 文字	创设动画情境 重难点强调	让学生更好地感悟这种童话语言 通过重点词汇的理解来分析小溪流的性格
3分钟	初步感知	理解小溪流遇到困难勇往直前的性格 T：小溪流笑着，跑着，突然有巨大的石块拦住了他的去路，小溪流是怎么做的？大家自己默读一遍课文，然后请同学来回答。 S：一股劲儿冲了下去。 讲解了"一股劲儿""叫"等词汇的含义和用法。	图片 文字	创设动画情境 重难点强调	带着问题默读课文，识别细节内容 通过重点词汇的理解来分析小溪流的性格

时间段	教学流程	教学内容	媒体使用	使用目的	教学目标
4分钟	朗读并理解课文	对比分析小溪流积极上进的性格体现 T:小溪流在狭长的山谷里奔流了很久,后来来到一个拐弯的地方,又遇到了谁? S:古树桩、野草。 T:他们是怎么说的? S:古树桩、野草之间的对话。 T:小溪流一直往前奔跑,要去干什么呢? 原来小溪流不断向前,是为了帮助大家。	图片文字	重难点强调	通过重点词汇的理解来分析小溪流的性格,以及语法的应用
		小溪流和旁边,其他的小溪流汇聚在一起,就逐渐长大变成了一条小河,小河继续向前,和旁的其他的小河汇聚在一起,就逐渐长大变成了一条大江,大江仍然继续向前,又变成了什么?大江唱歌,继续向前,历经千辛万苦终于汇入了海洋。	图片	创设动画情境	理解小溪流助人为乐的精神
			图片	创设动画情境	感知小溪流的成长阶段
4分钟	表演环节	角色扮演活动强化学生的主动性参与。 请几位同学来表演课文中所涉及的人物,包括小溪流、卵石、树叶、小蝌蚪、枯树桩、枯黄的草等,其余同学来诵读课文,引导表演者。	文字	呈现活动内容要求	通过学生角色扮演来感受词汇的特点
2分钟	梳理课文框架	总结梳理课文框架,并提炼情感。 T:这篇课文我们已经学完了,下面我请同学们来梳理一下小溪流的成长过程,谁来说说小溪流的成长过程是怎样的?在每个阶段,它的歌声有怎样的特点?在路上,他分别遇到了谁? S:永远不放弃的;有礼貌的;小草、石块…… T:(寄语)我们今天学习了《小溪流的歌》这篇课文,知道了小溪流积极向上,每天都前进,这样才能获得快乐,每天都过得很充实。希望同学们也能像这条小溪流一样永远前进,积极向上,不怕困难,但同时也不能骄傲,要虚心、乐观。	图表	梳理文章框架	通过引导学生对课文框架的梳理,深入理解课文结构

3. 第一轮行动研究观察

对于第一轮行动研究效果的观察,从两个方面进行:第一部分是课堂观察,分析了教师对促进学生理解的行为体现,具体而言又包括 4 个维度:技术促进理解的教学应用分析、教师的提问与理答情况、课堂活动的组织情况、课堂师生交互质量;第二部分是问卷分析,具体分析了学生的理解效果,观察结果如下。

（1）技术促进理解的教学应用分析

整节课中共使用多媒体15次，使用了图片、文字、动画3种形式，有7次用语创设教学情境，1次呈现了教学课文内容，3次是强调教学的重难点，4次用于总结和复习过程。从呈现目的上来讲，该课堂对于技术促进理解的教学应用方面主要用于复习巩固、创设情境、总结梳理3个方面，具体针对了汉语字词的知识可视化呈现、情境创设感知、故事语法策略进行结构化总结梳理等几个方面，课堂教学过程截图见图6-13。

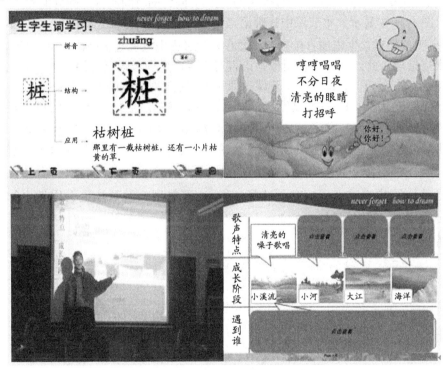

图6-13　《小溪流的歌》教学过程图例

（2）教师的提问与理答

整节课中教师一共单独提问了学生9次，其中男生5次，女生4次，提问类型中有5次是属于陈述性问题提问，例如，找出原文中的句子等；2次属于推理性提问，例如，小溪流的歌声有怎样的特点等。

（3）课堂活动的组织情况

该课程中有一次小组合作学习活动，即角色扮演小溪流和不同事物的对话，活动时间大约是4分钟，属于角色扮演类型，采取了小组活动的形式，学生参与的积极性较高，但对于活动的分工，教师没有给予明确的指导，活动中分工不明确，整个活动过程较为混乱，尚未达到预期的效果。

（4）课堂师生交互质量

从图 6-14 中可以看出，本节课教师语言比率为 65.4%，学生语言比率为 25.1%，课堂沉寂比率为 9.5%，教师语言高于学生，表明课堂结构仍然是以教师语言为主。

从图 6-14 中可见，沿对角线，从左上角到右下角的稳态格范围内使用频率最高的是（5-5）单元格数据最大为 340，说明教师连续讲授幅度极大，（8-8）单元格数据均为 79，说明课堂教学中学生回答问题的时间所占比例也很大。

图 6-15 中显示，本节课中教师语言间接与直接影响的比率为 15.7%，小于 1，表明教师对学生施加直接影响，即在教学过程中重视直接讲授，注重对学生的直接指导。此外，同样表明教师语言对学生产生积极强化与消极强化的比率为 102.3%，大于 1，即表明本节课教师的语言主要对学生产生了积极强化影响。

此外，从图 6-15 中可以看出，（1-1，1-3，3-1，3-3）所构成的积极整合格内合计数据为 16，（7-6，7-7，8-6，8-7）构成的闭合区间即区缺陷格为 1，表明师生之间互动气氛融洽，教师在该课堂中没有对学生构成消极影响的言论。

闭合矩形位于（3-3）、（3-9）、（9-9）、（9-3）所形成的区间内，说明课堂整体结构侧重于"探究创造模型"，主要体现在教师注重引用学生的发言结合讲授，但是又缺少（3-8）和（3-9）环节，表明教师对学生的言论评析较少。

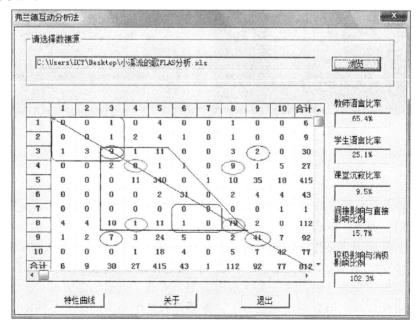

图 6-14 《小溪流的歌》FLAS课堂互动分析

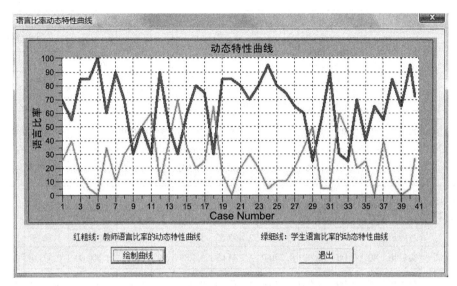

图6-15 《小溪流的歌》课堂交互动态曲线分析

图 6-15 显示了师生课堂中言语比率的动态曲线图，可以看出教师言语频率略高于学生言语，教师和学生的言语基本都在60%，形成了12次语言高峰；学生的言语高于60%的有4次，表明整个教学过程中仍然是教师的语言高于学生的语言比率。其中，19~29分钟内师生言语交互疏离，分析课堂实录得知该部分时间段主要为学生的表演环节，教师干预较少，因为言语交互较为疏离。

（5）学生理解效果评价

对于汉语文学习效果的评价，采用单样本 *T* 检验，将检验值（test value）设为每个测试题总分的60%，第一次行动研究效果评测结论见表 6-13。

表6-13 记叙文类教学内容理解第一次行动研究单样本*T*检验分析

项目		N	最小值	最大值	M	SD	检验量	df	差异系数（双侧检验）	均值差异	95%置信区间内的差异性	
											下限	上限
生字理解(检验值= 3)	实验班	40	0.00	5.00	4.075 0	1.525 64	4.456	39	0.000	1.075 00	0.587 1	1.562 9
	对照班	38	0.00	5.00	3.947 4	1.334 52	4.376	37	0.000	0.947 37	0.508 7	1.386 0

项目		N	最小值	最大值	M	SD	检验量	df	差异系数（双侧检验）	均值差异	95%置信区间内的差异性	
											下限	上限
词汇理解(检验值=2.4)	实验班	40	0.00	4.00	0.800 0	1.090 75	−9.277	39	0.000	−1.600 00	−1.948 8	−1.251 2
	对照班	38	0.00	4.00	1.368 4	1.403 11	−4.532	37	0.000	−1.031 58	−1.492 8	−0.570 4
细节提取(检验值=4.8)	实验班	40	0.00	8.00	7.050 0	2.074 88	6.858	39	0.000	2.250 00	1.586 4	2.913 6
	对照班	38	0.00	8.00	7.000 0	2.493 23	5.439	37	0.000	2.200 00	1.380 5	3.019 5
逻辑推理(检验值=7.2)	实验班	40	0.00	12.00	8.700 0	2.884 09	3.289	39	0.002	1.500 00	0.577 6	2.422 4
	对照班	38	0.00	12.00	7.736 8	3.977 53	0.832	37	0.411	0.536 84	−0.770 5	1.844 2
辨析整合(检验值=6)	实验班	40	0.00	10.00	5.950 0	3.463 73	−0.091	39	0.928	−0.050 00	−1.157 8	1.057 8
	对照班	38	0.00	10.00	5.421 1	3.116 06	−1.145	37	0.259	−0.578 95	−1.603 2	0.445 3

从表6-13中可以看出，在第一次行动研究结束后，实验班和对照班的差异并不显著，且两个班级对于词汇理解部分以及篇章理解的辨析整合层级效果均不佳，均值均小于评价达标值。如实验班词汇理解部分低于评价达标值为 −1.6，对照班词汇理解部分低于评价达标值为 −1.031 58；实验班辨析整合层级低于评价达标值为 −0.05，对照班低于评价达标值为 −0.578 95。

此外，实验班的均值均略高于对照班级，具体而言，实验班级的逻辑推理层级理解效果最佳，学生均值高于评价达标值 1.500 00，但是差异系数 0.002 < 0.05，说明实验班级内部对于该题项的理解具有显著差异；而对照班级学生均值高于评价达标值 0.536 84，差异系数为 0.411 > 0.05，说明对照班级内部对于该题项的理解整体偏低，不具有显著差异；

生字理解和篇章理解的细节提取层级，实验班均值略高于对照班，但差异不显著，且两个班级的均值均高于评价达标值，如实验班生字理解部分高于评价达标值 1.075 0，对照班生字理解部分高于评价达标值 0.947 37；实验班细节提取层级高于评价达标值 2.250 00，对照班高于于评价达标值 2.200 00，说明这两部分的理解效果普遍较佳。

4. 第一轮行动研究反思

在第一轮行动研究结束后，研究者和教师进行了反思交流，总结如下。

（1）教师行动反思

在第一轮教学行动结束之后，任教教师从技术应用、教学活动组织和学生理解效果3个方面做了反思，任教教师辛老师提出：

> 就技术在教学中的应用而言，生字词不同颜色表示拼音，动画书写汉字的呈现方式非常好，有助于学生的记忆，创设情境的方式直观生动，有了课文情境的支持，讲授过程变得更为轻松，否则让学生体会童话的拟人手法比较困难，还有对于重难点词汇的标注强化也很好，这样学生对应该重点理解的词汇语法就会特别清楚；但是小溪流与卵石等所遇见的事物动作交流的方式要是用动画的形式表现出来会更好，图片比较死板，课文场景现在是紧扣课文内容的，如果更丰富一些会更好。

对于教学活动组织情况的反思认为，

> 学生喜欢多媒体上课，但会经常出现上课时间不够用的情况，我这节课是掐着时间来上的，我觉得哪个表演的环节没有做好，上课之前应该再准备一下，比如给他们做一些头饰之类的，这样表演起来就会特别像，而且没有演练过学生动作就会比较忸怩，如果准备充分一些会更好。

对于学生理解效果的反思认为，

> 这个班里的学生两极分化现象比较严重，你也看到了，前边做的几个同学，上课特别积极，回答问题也特别好，后边的一些上课只是乱喊瞎起哄，说不出来什么还浪费时间。很多学生就喜欢你把重点内容写在黑板上，他们抄下来背会，让他们上课发言，理解性的问题都不会的。

（2）研究者行动反思

笔者通过拍摄记录第一轮行动研究的教学过程，从以下3个方面进行了深入反思。

A. 对技术促进理解效果的反思

对于童话体裁的教学内容，教师和学生在教学的过程中都将更多的关注点放在了卡通情境上，因此极大地吸引了学生的兴趣和注意力，然而对于课文结构梳理的关注有所欠缺。

B. 对教学过程的反思

笔者在课堂观察中感觉到，教师对于媒体技术的呈现起着掌控性的作用，这位教师具有较高的文学素养，因此对于文章讲解拓展能力较佳，对于一幅图片也可以信手拈来地拓展讲授。但因此带来的弊病在于，教师过多地占用了学生主动思考和回答的时间，正如本书之前所分析的典型案例那样，对于有助于促进学生理解效果的拓展、推理性问题，教师没有耐心引导学生思考和回答，而是短暂的提问后就公布了正确答案，而且在媒体技术介入课堂后，师生的视觉主体发生了变化，所谓视觉主体是指师生视觉目光主要的关注对象，而教师面对这种变化却忽略了课本教材，更多的是围绕媒体呈现的内容来进行讲解。此外，对于教师的提问积极配合的也只是固定的部分同学，对于其他的大多数同学，尤其是坐在后排的同学，教师没有给予足够的关注，对他们的理解效果也无法观察。

C.对教师反思的反思

在访谈交流的过程中，笔者对于教师的反思内容也进行了进一步的反思，可以得出，教师对于媒体技术的应用更多强调直观性和形象性，直观形象对于学生的理解效果而言只停留在情境体验层级，对于其他有助于促进理解的层级并无过多关注，例如，对于故事语法策略所设计的对于篇章内容进行结构化梳理，教师表示在教学过程中较少用到这种方法。此外，从教师的反思访谈中还可以得出，教师对于教学理念更多的停留在机械记忆阶段，这也是许多教师共同具有的特性，他们提出告诉学生正确答案后让他们进行背诵记忆是最有效的教学方法，然而这种方法导致的结果最直观的体现就在于，统一大型考试中学生的阅读理解效果普遍不佳，因此笔者在交流过程中也试图让教师明白，虽然在课堂中发挥教师主导学生主体的理念会对于目前的教学造成冲击，例如，带来课堂时间难以把握等问题，但坚持探索，必将产生良好的影响。

（二）第二轮行动研究分析

1. 第二轮行动研究计划

选择民族类汉语教材第十一册《珍贵的教科书》课文为案例进行教学行动研究。之所以选择这篇课文作为第二轮行动研究的教学内容，是因为《小溪流的歌》《珍贵的教科书》这两篇课文的共性在于教学重难点均强调对于课文结构的梳理和理解，因此可以有效地反映笔者所提出的可视化教学效果。

（1）教学目标分析

通过教材分析，可以得出该课程教学要求包括如下内容。

学习要求掌握的生字，会读，会写。认识"嘶、啸"两个字。

学习要求掌握的词语，了解它们的意思和用法。

掌握"恨不得"的用法，能够造出正确的句子。掌握"发觉"的用法，能熟练应用。

有感情地朗读课文，并能够根据提示复述课文。

理解课文内容，体会今天幸福生活的来之不易。

（2）教学策略设计

A. 部件强化策略

在第一轮行动研究中，部件强化策略的应用得到了较好的反馈效果，因此，在第二轮行动研究的设计过程中，仍然采用了原有的设计方式，即对于生字词的呈现区分部件的特色，如拼音的声母、韵母区分呈现颜色；生字呈现书写结构等，强调字词的部件特征有助于更好地理解和记忆。

B. 语境感知策略

该课文讲述了抗日战争时期发生的故事，学生对于故事的背景会较为模糊，此外，从第一轮行动研究中得出，师生对于课文朗读较为忽略，而有感情地朗读课文对于学生的初步感知具有较好的促进作用，因此，在第二轮设计过程中，对于情境感知策略有图片背景情境创设和情境朗读感知动画两种方式。

C. 故事语法建模策略

在第二轮的行动研究设计中，对故事语法建模策略的呈现方式做了调整，由第一轮的顺序结构形式更改为更为简洁的概念图的方式，此外，还对学生活动环节做了较为明确的设计。

D. 教学会话策略

在第一轮的行动研究中，教学会话策略应用存在的主要问题在于，很难将有限的课堂教学时间留给学生进行思考和讨论，更急于公布正确答案让学生背诵、记忆，在第二轮行动研究过程中，更倾向于引导教师将更多的时间留给学生自己讨论和分析，逐步强调学生的主动参与性。

2. 第二轮行动研究行动过程

该课程在"农远工程"模型二环境下，即多媒体教室环境中开展，教师行动过程记录见表6-14。

表6-14 《珍贵的教科书》教学流程记录

时间段	教学流程	教学内容	媒体使用	使用目的	教学目标
6分钟	复习导入	复习上节课内容《延安，我 文背景，从而导入新课内容			

时间段	教学流程	教学内容	媒体使用	使用目的	教学目标
3分钟	创设情境	根据图片内容，教师介绍故事发生的背景	图片	创设情境	讲解课文背景
3分钟	初步感知	通过动画形式的课文情境朗读示范，使学生对课文内容形成了初步的感知	动画	朗读示范	初步感知课文内容
2分钟	提出问题	教师提出问题：①课文分为几个部分？②为什么说珍贵的教科书？提问学生简要回答，请大家记住问题讲解完后再分析	文字	重点内容呈现	使学生带着问题学习
6分钟	理解课文	理解"盼书"的过程 T：文中这句话中，如果去掉"多么"那表达的情感是不是一样？ S：那就表达不出孩子们迫切需要教科书的心情。	图片	创设情境	让学生感受故事情境
		教师讲解了重点语句的含义，并引导学生理解教科书珍贵的第一个原因"非常渴望有书"	文字	重难点强调	强化重难点内容
7分钟	理解课文	理解"取书"的过程 T："读书用的纸，是从党中央文件里节省出来的"这句话说明了什么？ S：纸张非常珍贵。	图片	创设情境	让学生感受故事情境
		引导学生理解教科书珍贵的第二个原因"纸张珍贵"	文字	重难点强调	强化重难点内容
10分钟	理解课文	理解"护书""爱书"的过程 通过朗读等方式感知课文内容，并重点讲解了"跨""恨不得"等词汇，并分析指导员用生命保护教科书的感人情境，引导学生理解教科书珍贵的第三个原因"指导员用生命换来的"	图片	创设情境	让学生感受故事情境
			文字	重难点强调	强化重难点内容
7分钟	总结梳理课文框架	总结梳理课文框架，并进行情感提炼 T：大家回顾一下课文刚开始提到的两个问题，课文分为几个部分？为什么说教科书是珍贵的？ S：四个。因为书是指导员用生命换来的；因为书的纸张是党中央节省下来的；因为我们一直没有书……	图表	梳理文章框架	通过引导学生对课文框架的梳理，深入理解课文结构

3. 第二轮行动研究观察

（1）技术促进理解的教学应用分析

整节课中共使用多媒体 19 次，使用了图片、文字、动画 3 种形式，有 9 次用于创设教学情境，4 次呈现了教学课文内容，1 次是强调教学的重难点，5 次用于总结和复习过程。从呈现目的上来讲，该课堂对于技术促进理解的教学应用方面主要用于复习巩固、创设情境、总结梳理 3 个方面，具体针对了汉语字词的知识可视化呈现、情境创设感知、故事语法策略进行结构化总结梳理等几个方面，见图 6-16。

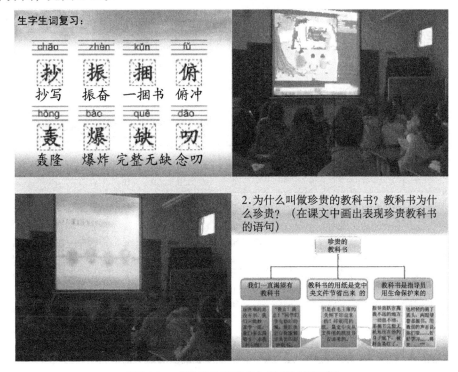

图6-16 《珍贵的教科书》教学过程图例

（2）教师的提问与理答

整节课中教师一共单独提问了学生 11 次，其中男生 6 次，女生 5 次，提问类型中有 7 次是属于陈述性问题提问，例如，找出原文中的句子等；4 次属于推理性提问，例如，"指导员趴在离我不远的地方，一动也不动。那捆书完整无缺地压在他的身下，已经被鲜血染红了。——说明了什么？"。

（3）课堂师生交互质量

从图 6-17 中可以看出，本节课教师语言比率为 71.1%，学生语言比率为

26.2%，课堂沉寂比率为 2.7%，教师语言高于学生，表明课堂结构仍然是以教师语言为主。

从图 6-17 中可见，沿对角线，从左上角到右下角的稳态格范围内使用频率最高的是（5-5）单元格数据最大为 495，说明教师连续讲授幅度极大，（8-8）单元格数据均为 156，说明学生课堂教学中学生回答问题的时间比例也很大。

图 6-17 中显示，本节课中教师语言间接与直接影响的比率为 10.5%，小于 1，表明教师对学生施加直接影响，即在教学过程中重视直接讲授，注重对学生的直接指导。此外，同样表明教师语言对学生产生积极强化与消极强化的比率为 700%，远大于 1，即表明本节课教师的语言主要对学生产生了积极强化影响。

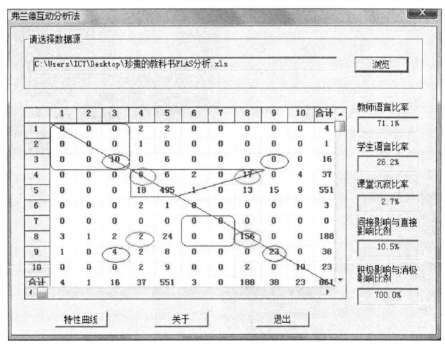

图6-17 《珍贵的教科书》FLAS课堂互动分析

此外，从图 6-17 中可以看出，（1-1，1-3，3-1，3-3）所构成的积极整合格内合计数据为 10，（7-6，7-7，8-6，8-7）构成的闭合区间即区缺陷格为 0，表明师生之间互动气氛融洽，教师在该课堂中没有对学生构成消极影响的言论。分析矩阵闭合矩形位于（4-4）、（4-8）、（8-8）、（8-4）所形成的区间内，说明课堂整体结构属于"讲授训练模型"，师生互动回应流由"教师提问、学生回答教师的问题、教师在提问"等几个环节构成。

图 6-18 显示了师生课堂中言语比率的动态曲线图，可以看出教师言语频率略高于学生言语，在课堂的前 13 分钟内，师生的课堂交互较为疏离，与课堂实录分析结合可以得出这部分的学生回答主要是听朗读示范和学生自由朗读课文的时间段。在 13~35 分钟的时间段内，师生之间的交行较为频繁。

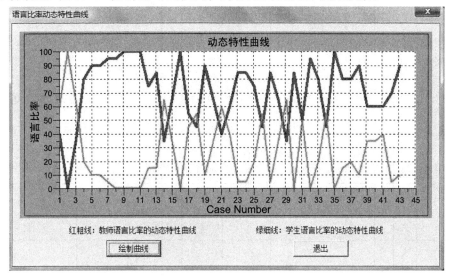

图6-18 《珍贵的教科书》课堂交互动态曲线分析

（4）学生理解效果问卷分析

对于汉语文学习效果的评价，同样采用单样本 T 检验，将检验值设为每个测试题总分的 60%，第二次行动研究效果评测结论见表 6-15。

表6-15 记叙文类教学内容理解第二次行动研究单样本T检验分析

项目		N	最小值	最大值	M	SD	检验量	df	差异系数（双侧检验）	均值差异	95%置信区间内的差异性	
											下限	上限
生字理解(检验值=3)	实验班	40	0.00	5.00	4.324 3	1.081 51	7.448	39	0.000	1.324 32	0.963 7	1.684 9
	对照班	38	0.00	5.00	3.791 7	1.284 66	3.019	37	0.006	0.791 67	0.249 2	1.334 1

续表

项目		N	最小值	最大值	M	SD	检验量	df	差异系数（双侧检验）	均值差异	95%置信区间内的差异性	
											下限	上限
词汇理解(检验值=2.4)	实验班	40	0.00	4.00	2.4865	1.44571	0.364	39	0.718	0.08649	-0.3955	0.5685
	对照班	38	0.00	4.00	1.0833	1.31601	-4.901	37	0.000	-1.31667	-1.8724	-0.7610
细节提取(检验值=4.8)	实验班	40	8.00	8.00	8.0000	0.00000						
	对照班	38	6.00	8.00	7.8333	0.56466	26.317	37	0.000	3.03333	2.7949	3.2718
逻辑推理(检验值=2.4)	实验班	40	0.00	4.00	2.3333	1.30931	-0.306	39	0.762	-0.06667	-0.5097	0.3763
	对照班	38	0.00	4.00	2.3750	1.52693	-0.080	37	0.937	-0.02500	-0.6698	0.6198
辨析整合(检验值=6)	实验班	40	0.00	9.00	6.9722	2.43177	2.399	39	0.022	0.97222	0.1494	1.7950
	对照班	38	0.00	10.00	5.7917	3.47637	-.294	37	0.772	-.20833	-1.6763	1.2596
评价判断(检验值=3.6)	实验班	40	0.00	6.00	1.8108	1.44986	-7.506	39	0.000	-1.78919	-2.2726	-1.3058
	对照班	38	0.00	2.00	1.0000	1.02151	-12.469	37	0.000	-2.60000	-3.0313	-2.1687

从表6-15中可以看出，在第二次行动研究结束后，实验班和对照班的差异逐渐开始凸显，尤其是针对第一次行动研究效果评价中词汇理解和辨析整合效果

不佳的现象做了调整后效果显著。最为明显的是词汇理解层级，如实验班词汇理解部分高于评价达标值 0.086 49，对照班词汇理解部分低于评价达标值为 –1.316 67，且实验班差异系数为 0.718 > 0.05，说明班级内部不具有显著差异，对于该题项的理解整体较高。辨析整合层级也具有较大提高，实验班辨析整合层级高于评价达标值为 0.972 22，对照班词汇辨析整合层级低于评价达标值为 –0.208 33，且实验班差异系数为 0.022 < 0.05，说明实验班内具有一定的差异性，对照班级的差异系数为 0.772 > 0.05，说明班级内部不具有显著差异，对于该题项的理解效果整体较低，表明策略效果对部分学生产生了影响。

此外，生字理解和篇章理解的细节提取层级仍然保持较高的理解达标效果，实验班均值略高于对照班，但差异不显著，且两个班级的均值均高于评价达标值，如实验班生字理解部分高于评价达标值为 1.324 32，对照班生字理解部分高于评价达标值 0.791 67；实验班细节提取层级所有学生选项均为满分，对照班高于评价达标值为 3.033 33。

逻辑推理层级和评价判断层级的理解效果均不佳，学生均值均低于评价达标值，如实验班词汇理解部分低于评价达标值为 –0.066 67，对照班词汇理解部分低于评价达标值为 –0.025 00，差异系数分别为 0.762 和 0.937，均大于系数常模 0.05，表明班级内部对于该题项的理解差异不显著，整体较低；而实验班评价判断层级低于评价达标值为 –1.789 19，对照班评价判断层级低于评价达标值为 –2.600 00，且差异系数均为 0.000 < 0.05，表明班级内部对于该题项的理解差异显著，学生的两极分化现象明显。

4. 第二轮行动研究反思

在第一轮行动研究结束后，研究者和教师进行了反思交流，总结如下：

（1）教师行动反思

任课教师辛老师对于第二次行动研究的过程做了如下反思：

就技术在教学中的应用而言，情境示范朗读的这个环节特别好，上课从来没有见学生们听得这么入神过，这里的孩子对于课文朗读经常就是唱读，听完示范朗读他们自己的朗读就会好一点，而且我发现平常在做题的时候，如果是我示范朗读一遍，学生的做题就会做得特别好，所以以后上课先让他们听一遍这样的朗读我觉得很好。对于教学活动组织情况的反思认为，我觉得这节课是记叙文，跟上次的童话比起来那个课更适合用多媒体上课，这个重要的是对课文内容的理解，不过对教科书为什么珍贵的这三个原因设计得很好，我以前上课从来没有这样讲过，以前上课就是读课文，一段一段地讲解就可以了。对于学生理解效果的反思认为，我觉得通过提问为什么教科书是珍贵的，再总结出三个主要的原因，这样来理解课文，学生可能更清楚一点，不过我们还是更强调让学生把课文背下来，这样最省事。

（2）研究者行动反思

笔者通过拍摄记录第二轮行动研究的教学过程，从以下3个方面进行了深入反思。

A. 对技术促进理解效果的反思

笔者在课后对于部分同学进行了访谈，就"这节课有没有听懂？""你觉得这节课和以前上过的《小溪流的歌》哪篇课文你觉得学得更好？"等问题来访谈学生对于课文的理解效果，所有的学生均表示这节课听懂了，大多数学生表示这节课学得更好，因为明白了教科书珍贵的原因。

B. 对教学过程的反思

由于在备课设计阶段，笔者与教师强调了让学生更多参与的问题，因此这节课教师提问了更多的学生，

C. 对教师反思的反思

教师对于技术的应用更多地停留在情境创设的层次。由于笔者之前的设计更多地强调了情境创设，因此这次教师反思中，他的认识仍然停留在通过技术手段来呈现丰富生动的情境帮助学生理解课文。在与笔者的交流过程中，教师才逐渐意识到对于课文的设计，尤其是在记叙文中这种结构化的教学策略方式也属于技术的支持，虽然只是文字呈现，但呈现的方式不同，对于学生的理解效果会造成不同的影响。

（三）第三轮行动研究分析

1. 第三轮行动研究计划

选择民族类汉语教材第十一册《在德国——自己的花是让别人看的》课文为案例进行教学行动研究。

（1）学习目标分析

以《在德国——自己的花是让别人看的》课文为例进行分析，学习目标为：

• 学习要求掌握的生字，了解它们的意义和用法，能辨析一些形近字，认识"莞"字。

• 学习要求掌握的词语，了解它们的意义和用法，并会灵活应用。

· 学习指示代词"任何"和动词"包含"的用法,能仿照课文中的例句造句,并能够在具体的语言环境中正确运用。

· 理解课文大意,了解一些德国的民俗风情,培养学生良好的道德观念。

（2）教学内容分析

课程标准提出,这个单元的课文都为世界各地的民俗风情,通过学习,旨在让学生在欣赏优美语言文字的同时,了解异域文化,扩大自己的视野,提高阅读兴趣。

以《在德国——自己的花是让别人看的》课文为例,该课文的核心点在于理解"自己的花为什么是让别人看的",因为从身边的实际情况可以得出,我们养花是为了自己欣赏,是为了自己陶冶情操,但是在德国,"奇"在于自己的花是让别人看的,通过分析"自己的花是种给别人看的,而自己也可以看到别人的花",从而推理出"人人为我,我为人人"的高尚情操,在理解课文的基础上也了解了异国风情。

值得一提的是,本书在课程标准的教学建议中提出"可将以前学过的老舍先生的《养花》读一遍,从中发现共同之处——与人分享养花的快乐,由此导入本课教学"。而在前文学习者态度倾向调研的过程中,笔者发现,在民族类汉语第十册教材中,学生普遍反映在"最难理解"的课文排行分析中,《养花》高居榜首,学生难以理解的原因是关键词提取包括"看不懂""没意思""不喜欢"等,可以得出,散文类型的教学内容较之于其他内容,学生较为缺乏兴趣,也更难理解内容。因此,笔者对于这篇课文的选择也具有一定的典型代表性。

（3）教学策略设计

A. 词义深化策略

语义深化策略体现在对于词汇学习的过程中,将字音、字形、字义及拓展应用以知识网络的形式将知识可视化,从而促进学生对词汇知识的理解效果。语义深化策略在之前的实验研究中得到了较好的效果反馈,因此在此继续强化应用。

B. 语境感知策略

有研究证明,情境创设在散文教学中应用,有利于学生情感的发展和审美情趣的提高。[①]情境感知策略在本课文中的体现在于,对德国风情的感知,通过

---

① 黄晓英. 运用情境教学进行现代散文教学的研究[D]. 南昌：江西师范大学硕士学位论文，2003.

视频、图片、音频的形式创设真实的感知情境，从而有助于学生的体会和理解。

C. 口诵心惟策略

对于第二语言教学而言，学生对于新知识的学习期望是能有读音标准、情感充沛的示范朗读，而在之前的准实验研究中也发现，学生对于朗读示范的效果反映良好。而散文体裁的课文更为强调通过朗读进行情感的体验，因此笔者设计了朗读强化策略，在上课伊始，通过标准配音的示范朗读使学生初步感知课文，其后在课文讲解过程中强调带着感情朗读课文。

D. 故事语法建模策略

故事建模策略是散文体裁内容中所重点强化的策略，在本书中，主要体现在引导学生归纳概括如何体现德国人"屋内的奇""街道的奇""永远的奇"，从而进一步归纳出"人人为我，我为人人"的社会风尚。

E. 教学会话策略

它具体体现在通过问题的方式引导学生对于教学内容的理解，并注重对学生教学内容的归纳、概括、提炼的能力训练，强调学生对于理解过程的有声化表达。

2. 第三轮行动研究行动过程

通过田野观察的方法，笔者以课堂教学流程的顺序记录了课堂教学过程，见表6-16。

表6-16　《在德国——自己的花是让别人看的》教学流程记录

时间段	教学流程	教学内容	媒体使用	使用目的	教学目标
2分钟	问题导入	呈现课文题目，并提问题目中的奇怪之处，结合同学的生活实际让大家回答这个问题，并带着问题进行课文学习	文字	强化问题	引起学生注意，带着问题进行学习
3分钟	示范朗读	通过聆听课文示范朗读音频，初步感知课文，并画出课文的陌生词汇	音频	示范朗读	初步感知课文
2分钟	字词理解	通过语义深化策略，呈现课文生字词，并要求同学们朗读识记	文字	理解生字词	奠定理解课文的基础，扫清词汇障碍

续表

时间段	教学流程	教学内容	媒体使用	使用目的	教学目标
5分钟	朗读课文回答问题	多媒体呈现两个细节问题，让学生带着问题朗读课文，并回答两个细节提取的问题 T：作者是第几次到德国，中间隔了多长时间？德国给作者留下了怎样的印象，作者发出了怎样的感叹？（S：两次，隔了四五十年，奇丽的景色，奇特的民族！） 大家说得很好，这就是德国留给作者的印象，奇丽的景色，奇特的民族！有一个字被重点强调"奇"，"奇"是什么意思呢？与众不同的，跟我们不一样的，那么课文中哪些句子表现了这种"奇"呢？	文字	重难点强调	呈现问题内容，强化学生注意
6分钟	理解课文	引导学生理解德国的特色之一："屋里奇" T：谁来说说你认为这两段中哪句话表现了德国的"奇"呢？ S：家家户户都养花…… T：很好，在这两段中，这句话完整地体现了第一个"奇"，请一位同学来朗读一下这一句。 谁来说说，这句话中奇在哪里？来问问大家，咱们班哪些同学家里不养花？（学生部分举手）有这么多同学不养花，那能说"家家户户都养花吗"？ S：不能。 T：他们养花跟我们中国有什么不一样？老师说中国的花，你们来读课文中德国的情形： 在中国，喜欢花的人才养花，在德国（S：家家户户都养花）；在中国，把花养在屋子里，在德国（S：把花栽种在临街窗户的外边），在中国，我在家里就能看到一朵朵争奇斗艳的花，在德国（S：花朵都朝外开，在屋子里只能看见花的脊梁）。 也就是说，在德国，在屋子里看不到一朵朵美丽的花朵，只能看到？（S：花的脊梁） T：奇不奇啊？这句话用三个字来概括，表现了德国的那个地方很奇？（S：屋里奇）	文字图片	重难点强调	通过重点语句的理解来分析这篇散文的文眼：德国的奇
6分钟	理解课文	引导学生理解德国的特色之二："街道奇" T：很好，这段话是文章的重点，请一位同学来读一遍。 这段话中有3个词语，是我们以前没有学过的，我们先来认识一下，同学们看这两张图片，谁来说说，哪幅图片更能体现"花团锦簇"，哪幅图片更能体现"姹紫嫣红"？为什么？这两个词是什么意思？（播放正确答案）花团锦簇是强调了花的数量很多，姹紫嫣红描绘了花的颜色很多。 T：通过这两个词，大家可以想象是怎样的场景呢？ S：花很多，颜色也很多。 T：大家可以想象一下，德国的大街上到处都是花，五颜六色的，让大家的眼睛忙的看不过来了，所以说就是"应接不暇"	图片文字	重难点强调	通过重点语句的理解来继续分析这篇散文的文眼：德国的奇

续表

时间段	教学流程	教学内容	媒体使用	使用目的	教学目标
4分钟	理解课文	引导学生理解德国的特色之三："永远奇" T："又是"表达了什么意思？（S：再一次），这是作者季羡林先生，隔了多久之后再一次到德国呢？（S：四五十年前）半个世纪过去了，季羡林先生也由二十几岁的年轻人变成了满头满发的老人，半个世纪后的德国却仍然像几十年前那样，不是一年，也不是两年，而是四五十年，街道变宽了，人们变富裕了，熟悉的人们也都变老了，但是美丽没有变，家家户户仍然种着花，街道上仍然是花的海洋，我们可以断言，德国一定会继续这样下去，这是一种永远奇。请大家带着自己的感情，朗读一遍	图片文字	重难点强调	通过重点语句的理解来继续分析这篇散文的文眼：德国的奇
3分钟	总结归纳	总结归纳重点语句 T：我们一共总结了这篇课文中三个重点的句子，大家说说，到现在，课文刚开始提出的那个问题，为什么自己的花是让别人看的，这个问题的答案找到了吗？	文字	总结归纳	通过对重点语句的分析，理解课文的线索：德国的奇
2分钟	重点提炼	领悟文章表达的情感 T：我们一起来读一读这句话。这就是问题的答案，德国是个优秀的民族，从养花这件事就可以看出（S：人人为我，我为人人），这种崇高的境界，正是因为大家都是想（S：人人为我，我为人人），所以才会有这样奇丽的风景，才有了我们这篇课文的题目（S：在德国，自己的花是让别人看的）	图片文字	重点提炼	体验文章所表达的核心情感
3分钟	概括主要内容	总结梳理课文主要内容 根据故事语法建模策略，梳理概括文章的主要内容，总结复习课文，并培养学生的辨析整合能力。 T：学完了这篇课文，谁来给我们大家总结一下这篇课文的主要内容呢？ S：在德国，自己的花都种在外边，在屋里只能看到花的脊梁，走在大街上，都能看到别人家养的花，体现了人人为我，我为人人的高尚情操	图表	梳理文章主要内容	通过引导学生对课文框架的梳理，深入理解课文主要内容
3分钟	情境朗读	语境感知策略应用，促进学生理解体会 根据朗读强化策略，在课文讲解结束后，再次朗读课文，并观赏德国风情，在朗读和观赏过程中再次体验，再次领悟	视频	情境创设	通过朗读强化，深入体会散文的内涵及表达的情感

3. 第三轮行动研究观察

（1）技术促进理解的教学应用分析

整节课中共使用多媒体18次，使用了图片、文字、音频、视频4种形式，有2次用于创设教学情境，5次呈现了教学课文内容，6次是强调教学的重难点，5次用于总结和复习过程。从呈现目的上来讲，该课堂对于技术促进理解的教学应用方面主要用于复习巩固、创设情境、总结梳理3个方面，具体针对了汉语字词的知识可视化呈现、情境创设感知、朗读强化以及教学会话策略等几个方面，见图6-19。

图6-19 《在德国——自己的花是让别人看的》教学过程图例

（2）教师的提问与理答

整节课中教师一共单独提问了学生14次，其中男生5次，女生9次，提问类型中有9次是属于陈述性问题提问，例如，找出原文中的句子等；2次属于推理性提问，如"变化是有的，但是美丽没有改变，其中美丽指什么？"。3次属于创造性问题，例如，应用重点词句进行造句练习等。所有学生的回答教师均给予了及时的反馈。

（3）课堂师生交互质量

A. 课堂结构

从图 6-20 中可以看出，本节课教师语言比率为 52.5%，学生语言比率为 45.1%，课堂沉寂比率为 2.4%，教师语言略高于学生语言比率，表明整合课堂教学突出了以学生为中心的特色。

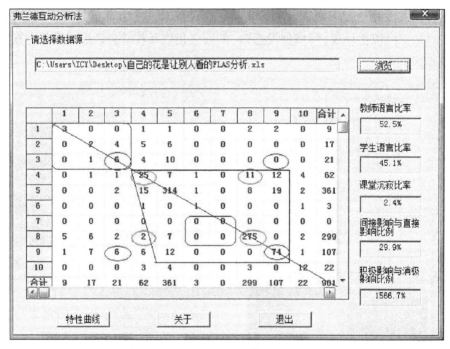

图6-20　《在德国——自己的花是让别人看的》FLAS课堂互动分析

从图 6-20 中可见，沿对角线，从左上角到右下角的稳态格范围内使用频率最高的是（5-5）单元格数据最大为 314，说明教师连续讲授幅度极大，（8-8）单元格数据均为 275，说明学生课堂教学中学生回答问题的时间也很大。（7-7）单元格数据为 0，表明课堂中没有教师以权威方式改变学生行为的语言。

B. 教师倾向与风格

图 6-20 中显示，本节课中教师语言间接与直接影响的比率为 29.9%，小于 1，表明教师对学生施加直接影响，即在教学过程中重视直接讲授，注重对学生的直接指导。此外，同样表明教师语言对学生产生积极强化与消极强化的比率为 1566.7%，远大于 1，即表明本节课教师对学生的鼓励赞扬语言比率较大，主要对学生产生了积极强化影响。

此外，图 6-20 中可以看出（1-1，1-3，3-1，3-3）所构成的积极整合格内合计数据为 16，（7-6，7-7，8-6，8-7）构成的闭合区间即区缺陷格为 0，表明师生之间互动气氛融洽，教师在该课堂中没有对学生构成消极影响的言论。

闭合矩形位于（3-3）、（3-9）、（9-9）、（9-3）所形成的区间内，说明课堂整体结构属于"探究创造模型"，即主要的教学环节由"教师接受学生观点，并以此发展课程教学，学生主动表达自己的观点，教师再次接受学生的观点"等几个环节构成。

C. 师生言语比率动态

图 6-21 显示了师生课堂中言语比率的动态曲线图，可以看出教师言语频率略高于学生言语，在课堂的前 13 分钟内，师生的课堂交互较为疏离，与课堂实录分析结合可以得出这部分的学生回答主要是听朗读示范和学生自由朗读课文的时间段。在 13~35 分钟的时间段内，师生之间的交行较为频繁。在课堂的前 7 分钟内，师生的课堂交互较为疏离，与课堂实录分析结合可以得出这部分的学生回答主要是听朗读示范和学生自由朗读课文的时间段。其余所有的时间段内，师生之间的交互较为频繁，主要为通过提问的方式进行课文理解的过程。

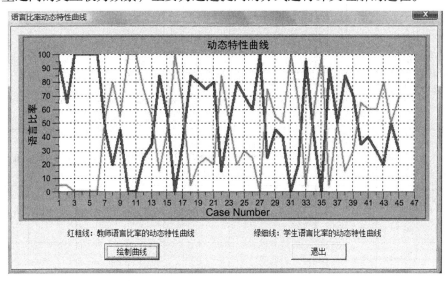

图6-21　《在德国——自己的花是让别人看的》课堂交互动态曲线分析

（4）学生理解效果问卷分析

对于汉语文学习效果的评价，将检验值设为每个测试题总分的 60%，单样本 T 检验效果评测结论见表 6-17。

表6-17 记叙文类教学内容理解第三次行动研究单样本T检验分析

项目		N	最小值	最大值	M	SD	检验量	df	差异系数（双侧检验）	均值差异	95%置信区间内的差异性	
											下限	上限
生字理解(检验值=3)	实验班	40	1.00	5.00	4.486 5	0.901 28	10.032	39	0.000	1.486 49	1.186 0	1.787 0
	对照班	38	0.00	5.00	4.076 9	1.494 61	3.674	37	0.001	1.076 92	0.473 2	1.680 6
词汇理解(检验值=3)	实验班	40	3.00	5.00	4.722 2	0.701 47	14.731	39	0.000	1.722 22	1.484 9	1.959 6
	对照班	38	0.00	5.00	3.423 1	2.100 92	1.027	37	0.314	0.423 08	−0.425 5	1.271 7
细节提取(检验值=2.4)	实验班	40	0.00	4.00	2.918 9	1.605 17	1.966	39	0.057	0.518 92	−0.016 3	1.054 1
	对照班	38	0.00	4.00	2.461 5	1.816 17	0.173	37	0.864	0.061 54	−0.672 0	0.795 1
逻辑推理(检验值=2.4)	实验班	40	0.00	4.00	1.405 4	1.480 61	−4.086	39	0.000	−0.994 59	−1.488 3	−0.500 9
	对照班	38	0.00	4.00	1.076 9	1.598 08	−4.222	37	0.000	−1.323 08	−1.968 6	−0.677 6
辨析整合(检验值=2.4)	实验班	40	0.00	4.00	1.692 3	0.928 19	−3.888	39	0.001	−0.707 69	−1.082 6	−0.332 8
	对照班	38	0.00	4.00	1.054 1	1.200 60	−6.819	37	0.000	−1.345 95	−1.746 2	−0.945 6

续表

项目		N	最小值	最大值	M	SD	检验量	df	差异系数（双侧检验）	均值差异	95%置信区间内的差异性	
											下限	上限
评价判断(检验值=2.4)	实验班	40	0.00	4.00	1.500 0	1.029 56	-4.457	39	0.000	-0.900 00	-1.315 8	-0.484 2
	对照班	38	0.00	4.00	1.000 0	1.105 54	-7.703	37	0.000	-1.400 00	-1.768 6	-1.031 4
思维导图(检验值=2.4)	实验班	40	0.00	4.00	1.783 8	1.857 94	-2.017	39	0.051	-0.616 22	-1.235 7	0.003 3
	对照班	38	0.00	4.00	0.400 0	1.000 00	-10.000	37	0.000	-2.000 00	-2.412 8	-1.587 2

从表6-17中可以看出，由于第三次评价测试的题型做了一些调整，对篇章理解部分由选择题型更改为开放式问答题型，因此学生对于逻辑推理、辨析整合以及评价判断层级的理解效果均低于评价达标均值。然而，同样可以看出，在第三次行动研究结束后，实验班和对照班的差异逐渐凸显。如实验班生字理解部分高于评价达标值为1.486 49，对照班级高于评价达标值1.076 92；实验班词汇理解部分高于评价达标值为1.722 22，对照班词汇理解部分高于评价达标值为0.423 08；实验班细节提取层级高于评价达标值为0.518 92，对照班级高于评价达标值0.061 54。

此外，对于篇章理解的逻辑推理、辨析整合和评价判断，以及对于课文结构思维导图的绘制效果分析可以得出，实验班和对照班的效果均不够理想，均低于评价达标值，但是实验班的效果略高于对照班级。如实验班逻辑推理层级低于评价达标值为-0.994 59，对照班级低于评价达标值为-1.323 08；实验班辨析整合层级低于评价达标值为-1.082 6，对照班词汇理解部分低于评价达标值为-1.345 95；实验班细节提取层级低于评价达标值为-0.900 00，对照班级低于评价达标值为-1.400 00。

值得一提的是，在第三次行动研究结束后，在前两次完成部分思维导图的基础上，对于文章结构理解的评价采用了开放式绘图的方式，部分结果如图6-22所示，实验班学生能够以较为清晰的方式描绘课文结构，这也证明达到了较好的理解效果。

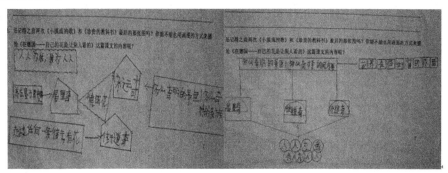

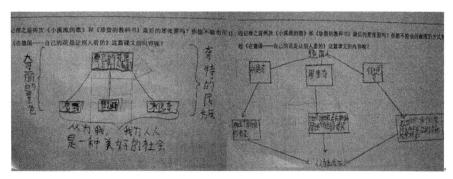

图6-22　记叙文类教学内容理解评价学生概念图作品部分图例

4. 第三轮行动研究反思

在第三轮行动研究结束后，研究者和教师进行了反思和交流，总结如下。

（1）教师行动反思

在第三轮教学行动结束之后，任课教师辛老师提出：就技术在教学中的应用而言，

　　　图片技术对于不同街道的对比非常好，这样能让学生很直观地明白德国人养花的奇特之处，这三次课上下来，自己的提问能力也有所提升，可以根据教学目标来提出一连串的核心问题来引导学生上课了，这个比以前逐句逐段讲授的效果好多了。

对于教学活动组织情况的反思认为，

　　　这个朗读接龙的活动还是很有意思，以前就只是让学生单独朗读、分组朗读、齐声朗读，比较死板，也有很多学生会浑水摸鱼，不好好读，这

个朗读接龙的活动，让每个学生都认真听别人读到哪里了，自己读的时候也会好好读。

对于学生理解效果的反思认为，

可以感觉到，学生上课回答问题越来越积极了，而且他们能说出很多我以前没想到的答案，这方面好多了。

（2）研究者行动反思

笔者通过拍摄记录第三轮行动研究的教学过程，从以下3个方面进行了深入反思：

A. 对技术促进理解效果的反思

从课堂教师分析来看，教师无论是对于硬件技术的操作，还是对于教学策略的应用，都日趋娴熟，也逐步取得了很好的效果。技术的作用也逐步凸显出来，在强调"情境""问题"和"表达"的教学过程中，有效地结合具体的硬件技术，可以有效地促进学生的理解效果。

B. 对教学过程的反思

通过两周的教学研究，学生逐步适应了多媒体教室的教学环境，由刚开始的好奇和不安，逐步根据教师的引导开始关注教学内容本身，这次课程教师的问题设计环节很连贯，而学生的配合也十分默契，整个教学过程逐步达到了一种和谐的状态。

C. 对教师反思的反思

从教师的反思中可以看出，教师也逐步开始认可这种教学方式的转变所带来的好处，虽仍会抱怨教学准备的时间过长，但是教学效果也逐步凸显，对于多媒体教室的教学也逐步产生了兴趣，甚至请求研究者可以在后续培训个人的软件操作能力。这表明教师对于技术在传统教学中的介入表示认可和接受，并开始积极应对这种变化。

四、知识情境化策略有效应用效果分析与反思

对于以知识情境化策略为主的整合技术的理解性教学效果的验证，包括学生主动性参与行为的课堂观察分析和理解性教学评价问卷数据分析共同构成，问卷研究数据分析见表6-18和表6-19，通过3轮的行动研究，可以得出如下一些研究结论。

表6-18　知识情境化策略有效应用研究效果均值检验分析

项目		第一次行动研究学生理解效果评价（均值）		第二次行动研究学生理解效果评价（均值）		第三次行动研究学生理解效果评价（均值）	
		实验班	对照班	实验班	对照班	实验班	对照班
生字理解		4.075 0	3.947 4	4.361 1	3.791 7	4.472 2	4.040 0
词语理解		0.800 0	1.368 4	2.500 0	1.083 3	4.771 4	3.440 0
篇章理解	细节提取	7.050 0	7.000 0	8.000 0	8.000 0	2.918 9	2.461 5
	逻辑推理	8.700 0	7.736 8	2.333 3	2.375 0	1.388 9	1.040 0
	辨析整合	5.950 0	5.421 1	6.972 2	5.791 7	1.206 8	0.945 2
	评价判断			1.805 6	1.090 9	1.108 1	1.045 6

注：由于每次行动研究后测评的问卷，不同的调研各维度内容满分不同，因此在该独立样本分析中不同批次行动研究后测之间，不具有比较性

表6-19　知识情境化策略有效应用研究效果独立样本T检验分析

项目		方差方程的Levene检验		均值方程的T检验							
		统计量观测值	差异系数	检验量	df	差异系数（双侧检验）	均值差值	标准误差值	95%置信区间内的差异性	
									下限	上限
第一次行动生字理解	假设方差相等	0.161	0.689	-0.392	76	0.696	-0.127 63	0.325 25	-0.775 41	0.520 15
	假设方差不相等			-0.394	75.499	0.695	-0.127 63	0.324 12	-0.773 25	0.517 99
第一次行动词汇理解	假设方差相等	3.347	0.071	2.003	76	0.049	0.568 42	0.283 75	0.003 29	1.133 56
	假设方差不相等			1.990	69.840	0.050	0.568 42	0.285 57	-0.001 16	1.138 00
第一次行动细节提取	假设方差相等	0.178	0.674	-0.096	76	0.923	-0.050 00	0.518 33	-1.082 34	0.982 34
	假设方差不相等			-0.096	72.096	0.924	-0.050 00	0.520 78	-1.088 13	0.988 13
第一次行动逻辑推理	假设方差相等	4.918	0.030	-1.229	76	0.223	-0.963 16	0.783 76	-2.524 15	0.597 84
	假设方差不相等			-1.219	67.270	0.227	-0.963 16	0.790 12	-2.540 12	0.613 81

项目		方差方程的Levene检验		均值方程的T检验							
		统计量观测值	差异系数	检验量	df	差异系数（双侧检验）	均值差值	标准误差值	95%置信区间内的差异性	
									下限	上限
第一次行动辨析整合	假设方差相等	0.592	0.444	-0.708	76	0.481	-0.528 95	0.747 33	-2.017 39	0.959 50
	假设方差不相等			-0.710	75.782	0.480	-0.528 95	0.745 29	-2.013 39	0.955 50
第一次行动思维导图	假设方差相等	0.527	0.470	-0.597	76	0.552	-0.863 16	1.444 66	-3.740 45	2.014 13
	假设方差不相等			-0.596	74.643	0.553	-0.863 16	1.447 78	-3.747 51	2.021 20
第二次行动生字理解	假设方差相等	2.198	0.144	-1.860	58	0.068	-0.569 44	0.306 12	-1.182 20	0.043 31
	假设方差不相等			-1.794	43.228	0.080	-0.569 44	0.317 42	-1.209 48	0.070 59
第二次行动词汇理解	假设方差相等	0.191	0.664	-3.821	58	0.000	-1.416 67	0.370 80	-2.158 90	-0.674 43
	假设方差不相等			-3.904	52.928	0.000	-1.416 67	0.362 89	-2.144 55	-0.688 79
第二次行动细节提取	假设方差相等	6.178	0.016	-0.292	58	0.771	-0.041 67	0.142 49	-0.326 90	0.243 57
	假设方差不相等			-0.238	23.000	0.814	-0.041 67	0.175 28	-0.404 25	0.320 92
第二次行动逻辑推理	假设方差相等	1.417	0.239	0.113	58	0.910	0.041 67	0.368 84	-0.696 65	0.779 99
	假设方差不相等			0.110	44.110	0.913	0.041 67	0.380 48	-0.725 09	0.808 42
第二次行动辨析整合	假设方差相等	9.104	0.004	-1.549	58	0.127	-1.180 56	0.761 98	-2.705 83	0.344 72
	假设方差不相等			-1.445	37.809	0.157	-1.180 56	0.817 20	-2.835 16	0.474 05
第二次行动评价判断	假设方差相等	0.002	0.960	-2.002	56	0.050	-0.714 65	0.357 00	-1.429 80	0.000 50
	假设方差不相等			-2.182	54.999	0.033	-0.714 65	0.327 50	-1.370 97	-0.058 32

续表

项目		方差方程的 Levene 检验		均值方程的 T 检验							
		统计量观测值	差异系数	检验量	df	差异系数（双侧检验）	均值差值	标准误差值	95%置信区间内的差异性		
									下限	上限	
第二次行动思维导图	假设方差相等	9.785	0.003	−1.429	59	0.158	−1.505 63	1.053 75	−3.614 17	0.602 91	
	假设方差不相等			−1.325	37.394	0.193	−1.505 63	1.136 18	−3.806 94	0.795 68	
第三次行动生字理解	假设方差相等	3.229	0.077	−1.392	59	0.169	−0.432 22	0.310 51	−1.053 56	0.189 12	
	假设方差不相等			−1.277	36.006	0.210	−0.432 22	0.338 52	−1.118 76	0.254 32	
第三次行动词汇理解	假设方差相等	58.758	0.000	−3.473	58	0.001	−1.331 43	0.383 40	−2.098 88	−0.563 98	
	假设方差不相等			−3.011	27.134	0.006	−1.331 43	0.442 16	−2.238 46	−0.424 39	
第三次行动细节提取	假设方差相等	1.745	0.192	−1.101	59	0.275	−0.488 89	0.443 94	−1.377 20	0.399 42	
	假设方差不相等			−1.077	47.594	0.287	−0.488 89	0.453 87	−1.401 65	0.423 88	
第三次行动逻辑推理	假设方差相等	0.017	0.898	−0.865	59	0.390	−0.348 89	0.403 20	−1.155 69	0.457 91	
	假设方差不相等			−0.853	49.105	0.398	−0.348 89	0.409 00	−1.170 76	0.472 98	
第三次行动辨析整合	假设方差相等	8.024	0.006	2.261	59	0.027	0.652 22	0.288 42	0.075 10	1.229 35	
	假设方差不相等			2.363	58.068	0.022	0.652 22	0.276 02	0.099 72	1.204 72	
第三次行动评价判断	假设方差相等	1.762	0.190	1.801	59	0.077	0.507 78	0.281 97	−0.056 45	1.072 01	
	假设方差不相等			1.820	53.653	0.074	0.507 78	0.279 00	−0.051 66	1.067 21	
第三次行动思维导图	假设方差相等	33.316	0.000	−3.402	58	0.001	−1.416 67	0.416 43	−2.250 24	−0.583 10	
	假设方差不相等			−3.797	56.246	0.000	−1.416 67	0.373 11	−2.164 02	−0.669 32	

（一）促进理解的汉语教学策略有效促进了藏族学生汉语理解效果

对于行动研究效果的评测，笔者在每一次行动研究实施后都针对相关的内容对于实验班级和对照班级进行了对比分析，结果见表6-19，整体而言，实验班级的理解效果均值普遍高于对照班级，由此可以肯定行动研究对于促进藏族学生汉语理解是有效的。

（二）促进理解的汉语教学策略有效促进了词汇内容理解

为了有效地分析每次行动研究的效果在实验班级和对比班级之间的差异性，笔者选择了独立样本 T 检验的方式进行分析，检验其差异的显著程度。通过对于三次行动研究的实验效果分析可以得出，实验班和对比班效果差异显著的内容之一是词汇理解，如表6-18所示。第一次行动研究后实验班级词汇理解效果低于对照班级（均值为 $0.8 < 1.3684$），并且效果差异显著，如表6-19所示（显著性系数为 $0.071 > 0.05$. 则说明方差具有齐性，假设方差相当，双侧检验差异性系数为 $0.049 < 0.05$，则该数据的差异性显著）；然而第二次行动研究实验班级的词汇理解效果明显高于对照班级（均值为 $2.5 > 1.0833$），评价同样体现在词汇理解效果差异显著（显著性系数 sig=$0.664 > 0.05$，则说明方差具有齐性，假设方差相等，双侧检验差异性系数为 $0.000 < 0.05$，则该数据的差异性显著）；从第三次行动研究均值分析也可以，看出实验班级的效果明显高于对照班级（均值 $4.7714 > 3.4400$）。同样词汇理解效果差异仍然显著（显著性系数 $0.006 < 0.05$，则说明方差不具有齐性，假设方差不相等，双侧检验差异性系数为 $0.022 < 0.05$，则该数据的差异性显著）。

（三）篇章理解效果差异逐步体现

从数据分析中可以看出，行动研究效果对于篇章理解的促进效果在逐步体现，从均值分析对比可以看出，整体而言实验班级的理解效果在三次的行动研究效果评价中均高于对照班级效果，但是差异性不显著。第一次行动研究 T 检验分析得出，篇章理解部分所有的维度实验班级和对照班级差异效果均不显著。第二次行动研究 T 检验分析得出，评价判断层级具有一定的差异性，显著性系数 sig=$0.960 > 0.05$，则说明方差具有齐性，假设方差相等，双侧检验差异性系数为 $0.050 = 0.05$，则该数据具有一定的差异性。第三次行动研究 T 检验分析得出，辨析整合层级和思维导图对于篇章理解可视化呈现的维度，实验班级和对照班级均具有显著差异性，显著性系数分别为 0.006、0.000，均小于 0.05. 则说明方差不具有齐性，假设方差不相等，双侧检验差异性系数为 0.022 和 0.00，均小于 0.05，则该数据的差异性显著。从表 6-18 的均值分析也可以看出实验班级的效果明显高于对照班级（均值为 1.2068 ＞ 0.9452）。

（四）语境感知策略促进了学生的情感体验

通过知识情境化策略的有效应用，较好地促进了学生在文本会话过程中的情感体验，从而有效地促进了学生的理解效果。然而，值得注意的是，创设的情境如果可以结合学生的实际生活经验，会取得较好的教学效果，以《在德国——自己的花是让别人看的》教学为例，为讲解德国养花奇特的过程，呈现了大家在街道上随处可见的街景照片和德国的街景照片进行对比，可以让学生深切地理解文章的核心"自己的花是让别人看的"。此外，笔者在调研中发现，情境朗读视频的效果要比单一的音频朗读或者图片创设情境的效果更佳，这与迈耶所提出的双通道传播假设相符，藏族学生在边听、边看的过程中，可以更好地形成理解效果。

（五）教学会话策略有效促进了学生的课堂主动参与度

从课堂观察中的师生问答频率，以及课堂师生语言比率分析可以看出，随着行动研究的逐步实施，藏族学生的课堂主动参与度逐步提升，这不仅体现在课堂问答频率增多，弗兰德互动分析中学生语言比率增多，同样体现在学生主动发言、抢答问题的频率增多，这可以说明促进理解的汉语教学策略应用，有效地促进了学生的课堂主动参与度。而正如前文所述，学生的主动参与能在一定层面上反映学生的理解，因此同样证明促进理解的汉语教学策略应用有效地促进了学生的理解。此外，值得反思的是，从教学过程中可以发现，学生的理解能力远比教师期待的要好，随着信息化的普及，对于这些藏族学生而言，文化的差异性并不是不可逾越的障碍。在引导学生理解表达的过程中，需要尽可能地给学生思考的时间，并强调学生对于理解过程的表达，可以有效地促进学生的理解效果。

（六）故事语法建模策略有效促进了藏族学生记叙文结构梳理能力

如前文所述，学习结构图的梳理，对于学生来说本身就是一个图式修正、调整与重建的过程，因此对于文章结构作为主要理解难点的记叙文类教学内容而言，提高学生对文章结构的梳理能力，可以有效地促进学生的理解效果。在行动研究过程中，通过故事语法建模策略，有效地引导学生对教学结构进行了梳理，前两次的行动研究效果评价中都是通过将不完整的结构图进行补充的方式进行评级，在第三次的行动研究中，通过要求学生绘制思维导图的方式来评价对于教学内容结构的梳理效果，结果如表 6-19 所示，实验班与对照班的效果差异显著，实验班的内容结构梳理效果远高于对照班级。由此可以证明，促进理解的汉语教学策略有效促进了藏族学生记叙文结构梳理能力，同时也促进了学生的理解。

第七章　促进理解的汉语教学研究结论及教学建议

> 懂得还不等于已知，理解还不等于知识。为了取得牢固的知识，还必须进行思考。
>
> ——苏霍姆林斯基《给教师的建议》

一、研究的主要结论

（一）"理解困难"是小学高年级藏族学生汉语学习过程中的主要障碍

在研究初期，笔者在大量前期调研课堂的观察中，总结出一个现实问题，即"理解困难"是小学高年级藏族学生汉语教学过程中的主要障碍。然而作为一个模糊概念，需要对于"理解"效果细化评价指标，笔者基于扎根理论研究方法指导，依据大量的文献研究，从理解内容、理解层级和理解影响因素3个方面构建了理解的评价框架，并依据此框架，对我国安多藏区进行了抽样调研分析，在甘肃省甘南藏族自治州和青海省海南藏族自治州抽取了部分学校进行了实地调研，结果表明在小学高年级汉语教学中：句子语法内容被认为最难理解的；篇章阅读过程中辨析整合层级理解效果最低；而低语境的语言环境、母语负迁移是藏族学生汉语学习过程中的主要影响因素。

（二）会话、问题和情境是促进藏族学生汉语理解的教学中的核心要素

在实地调研发现问题的基础上，需要逐步地解决问题。笔者在理论推衍和文献分析的基础上，构建了适合藏族地区汉语教学实际现状的理解教学模型。该模型包括7个要素，分别为会话、问题、情境、教学环节、学习者、文化背景和技术支持。其中，会话、问题和情境属于显性要素，即在理解性教学过程中所必备的要素，处于模型三角位置，表明3个要素的组合具有稳定性，也反映了理解性教学模型的特殊性；学习者要素是核心要素，包含了学习者的动机、策略和已有知识3个内部子要素；教学环节要素反映了理解性教学一般的教学步骤流程，包括4个步骤；文化背景要素和技术要素隐性存在于该模型之中，即对于藏族学生的理解性教学具有影响效果，技术支持贯穿于教学过程始终，

以显性硬件技术和隐性教学设计的形式支持理解性教学始终，所有的要素同时存在于文化背景之中。

（三）表达有声化、问题可视化和知识情境化共同组成了促进理解的汉语教学策略体系

理论模型在具体教学中的应用，需要细化为可操作性的教学策略，笔者从大量的课堂视频实录分析中进一步总结了藏族地区小学汉语教学中的典型问题，结合理解性教学模型的核心要素，将模型的应用提出了三大主要的教学策略，分别为表达有声化教学策略、问题可视化教学策略以及知识情境化教学策略，每个策略又各自从汉语教学的字词层级、句子语法层级和篇章层级细分为 3 个子策略。例如，表达有声化教学策略包括语音再认策略、口诵心惟策略以及教学会话策略；问题可视化策略又包括部件强化策略、主题组织策略和故事语法建模策略；知识情境化教学策略又包括词义深化策略、语境感知策略和互惠策略，策略体系的构建有效地将理论模型与实际教学结合起来。

（四）通过实证研究表明，促进理解的汉语教学策略可以有效地促进小学高年级藏族学生的理解效果

对于理解性教学策略在具体教学实践中的应用，笔者将教学内容依据文章体裁和藏族学生汉语学习的理解难点进行划分，分为古诗词类教学内容、记叙文类教学内容以及语法类教学内容 3 大类目，并分别通过准实验研究和行动研究的方法进行了效果验证，实证研究中关于理解效果的评价通过学生课堂主动参与性行为观察，以及依据前文的理解调研框架及每次教学实验的具体内容而编制的理解性调研试卷调研相结合进行，实证研究表明：

1）整体而言，应用了促进理解的汉语教学策略的实验班级学生理解效果高于对照班级的学生，表明促进理解的汉语教学策略有助于促进学生的理解。

2）促进理解的汉语教学策略在具体应用过程中，需要结合具体的教学内容进行整合应用。研究表明，以表达有声化策略为主的整合策略有助于古诗词类教学内容的理解效果提升；以问题可视化策略为主的整合策略有助于结构化和系统化内容的理解；以知识情境化策略为主的整合策略有助于汉语应用语境的理解。

3）在理解效果表现方面，促进理解的汉语教学策略有效促进了学生的课堂主动参与度（学生的课堂回答问题频率和质量，以及学生课堂语言比率都有所提升）；有效促进了藏族学生记叙文结构梳理能力（实验班利用思维导图，用图解的方式呈现课文结构的有效率远高于对照班级）；有效促进了词汇理解和句子语法理解效果（实验班级词汇、句子语法的理解效果数据持续高于对照班级）；逐步促进了篇章阅读理解中的辨析整合层级效果（实验班级篇章阅读理解的辨析整合，评价判断等层级评价数据在多次行动研究中逐步高于对照班级）。

4）具体而言，语音再认策略、部件强化策略、词义深化策略等整合应用有利于促进汉语字词理解；主题组织策略、教学会话策略等对于句子语法理解应用效果较佳；口诵心惟策略、教学会话策略和语境感知策略等结合应用更有助于古诗词类理解效果的提升；故事语法建模策略等可视化策略的应用对于记叙文类知识结构梳理效果明显。

二、促进理解的汉语教学策略建议

促进理解的汉语教学，是指在教学的过程中，以理解为起始出发点和主要的评价依据，在理解的基础上进行应用、评价与创新。基于本书所提出的研究结论，对于汉语为非母语的小学高年级藏族学生的汉语教学提出如下策略和建议。

（一）教师的理解是教学的基础

教师是教学过程中的引导者，为了有效地促进学生的理解效果，首先教师的理解应该是前提和基础条件。这里所提出的教师理解包含两方面的含义，即对于教学内容的理解和对于多元文化的理解。为了更好地促进学生的理解效果，首先需要教师能够深入理解教学内容，民族语言类教材相对而言参考辅助资料较少，因此需要教师广泛阅读，准确把握教学目标和要求，教师对于教学内容的研读理解程度将极大地影响学生的教学效果；其次，如前文所述，民族地区的汉语授课教师，大多数为汉语为母语的教师，以汉族教师为主，这一特征在中青年教师群体中尤为显著，那么还需要教师理解学生所属民族的文化特性，具有多元文化的视野，在相互理解的基础上，有效地开展教学。

（二）学生的理解是教学的起点

以学生为主体，以学为中心的理念已经成为共识。在促进理解的汉语教学过程中，学生的理解应该作为教学的起点。这里同样包含两方面的含义，即关注学生的前理解，并以理解作为教学效果评价的基本标准。从奥苏贝尔所提出的有意义学习的角度而言，新旧知识之间建立起联系的时候，才可以产生较好的学习效果，然而如前文所述，因为汉语教师与学生之间的文化差异性等原因，使得很多教师在教学过程中忽略了学生的前理解基础，这并不利于学生对于新知识的理解，因此强调在教学的过程中教师要关注学生的前理解效果，在此基础上有效地调整教学内容和方法；其次，如本书所提出的表现的理解观，即在教学的过程中，要通过提问、观察、作业反馈等各种可以表现出学生理解效果的方式来进行形成性评价，从而不断地改善学生的理解效果。

（三）有声化表达有助于语言内涵的理解

汉语课程的教学，其特殊性在于隶属于第二语言的学习，因此在教学过程中需要遵循语言学的规律与理论。如前期调研所示，藏族学生在汉语学习的过程中朗诵能力普遍较低，这主要表现为无法准确地发音、较难正确地停顿朗诵、"唱读"现象明显等，这在一定程度上反映出学生对于阅读内容并未有效理解。因此，有声化表达是指教学过程中强化对于篇章内容的诵读，有效地以问题为引导强调学生口头语言表达能力，并且在教学过程中注重学生之间的协作与交流，以小组形式进行讨论、总结、发言，如前文实验所证明的，有声化表达有助于学生对于语言内涵的理解。

（四）明确的任务导向促进知识的理解

教师对于教学内容的系统研读，应该将教学内容进行重组与优化，要明确课堂教学的任务。在教学时，教师可以选择适当的教学策略，单元与单元之间，单元内部内容之间都有一定的结构，在教学中教师需要对此结构化。明确的教学任务会引导学生的注意力，有助于师生向共同的教学方向努力。

（五）可视化的结构梳理有利于理解内容体系

传统的课堂板书或者学生笔记都是采用文字为主的时间顺序记录方法，这种记录并不利于对于整体结构的把握和思维的发散。如前文调研所述，学生对于篇章阅读理解程度较低，尤其是对于辨析整合能力的运用，这表明学生对于文章结构的理解程度不佳。因此，建议教师在教学过程中，应用思维导图、概念图等绘制工具，引导并带领学生以图示的方法将教学内容结构可视化，这样有助于学生对于逻辑结构的理解。此外，还应引导学生在自主学习的过程中，善于应用可视化的方法进行归纳和总结，大量研究表明可视化的方法有助于训练清晰的思维，而思维可视化的训练将逐步影响思维的有效、创造等特征，这对于学习的本质将起到良好的改善作用。

（六）良好的教学情境是促进理解的有效环境

如前文调研所述，绝大多数的汉语教学发生在传统的口耳相传的环境中，教师对于知识的解释主要通过口头讲授进行，这对于缺乏共同生活情景的内容、对于没有具体实物指代的内容，如虚词等，造成了很大的理解障碍。因此，教师在汉语教学的过程中，应该通过各种方法和工具创设良好的教学情境，来帮助学生有效地理解。如借助信息技术工具，通过多媒体素材的呈现，丰富地再现真实场景，使学生直观感受；通过小组合作、角色扮演等协作学习的方法，使学生情感投入。如本书实验所述，良好的教学情境有助于促进学生的理解效果，是促进理解教学所应该具备的有效环境。

附 录
Appendix

附录1 藏族学生汉语学习理解层级效果调研

你的姓名是：_____ 你的性别是：_____（男生／女生）

你的年龄是：_____（岁） 你的班级是：_____

你的学校是：_____ 你的民族是：_____（族）

一、石头汤

一天，又刮风又下雨，一个讨饭的穷人又冷又饿，来到一户富人家门口躲雨。仆人看到了，走出来要赶他走。穷人可怜巴巴地说："大哥，你行行好，让我进去在你们的火炉旁把衣服烤干吧！"仆人心想，这人怪可怜的，也不费自己什么，就让他进去了。

穷人在火炉边烤干了衣服。然后又求仆人借他一口锅，他好煮锅石头汤暖和暖和身子。

仆人一听，感到很奇怪，说："石头汤？我从来没见过，今天倒要看看你是怎么做的。"他给穷人在火上架了一口锅。穷人舀了一些水放入锅中，又从怀里掏出一块石头放进水里。

不一会儿，水煮沸了，仆人说："你放点盐呀。"他说着就给了穷人一些盐，又找来了一些调料，最后还找来一些青菜和肉末给穷人。不一会儿，石头汤就煮成了。仆人尝了尝味道还真不错。其实石头还是石头，不过是借口罢了，美味可口的青菜肉末汤是真的。

Q1：联系上下文，推想一下下面词语的意思（4分）：

可怜巴巴：_____ 美味可口：_____

Q2：仆人为什么让穷人进去？（2分）（在你认为正确的选项前"○"内打"√"）

○ 以前认识他　○ 比较同情他　○ 让他进来拿锅　○ 看他怎样做汤

Q3：穷人借锅要做什么？（2分）（在你认为正确的选项前"○"内打"√"）

○ 回家做饭　○ 煮石头汤　○ 烧点开水　○ 做一个菜

Q4：请你说说看，为什么这个穷人煮出来的石头汤味道还真不错？（4分）

_____

Q5：这篇文章主要讲了什么故事？请用自己的话简要概括出来？（4分）

_____

Q6：从这个小故事中我们可以知道什么？（4分）（在你认为正确的选项前"○"内打"√"）

○ 穷人很聪明　○ 仆人很聪明　○ 富人受骗了　○ 富人很聪明

你为什么这么认为？请用两句话说明你的理由：

_____

_____

二、天安门

天安门广场位于首都北京的中心，它是世界上最宽广、最壮观的城市广场。//

广场北端是天安门，天安门红墙绿瓦，雕梁画栋，显得雄伟壮丽。天安门前是金水河，河上横跨着五座汉白玉桥，这就是金水桥。金水桥两边有一对汉白玉华表，上面雕刻着蟠龙花纹，在蓝天白云下，显得格外挺拔。

登上天安门城楼向南眺望，整个广场尽收眼底。广场中央矗立着高大的人民英雄纪念碑，碑身上是毛泽东同志题写的"人民英雄永垂不朽"八个金光闪闪的大字。广场南端是毛主席纪念堂，东西两侧，中国革命博物馆、中国历史博物馆与巍峨壮丽的人民大会堂遥遥相对。

天安门是新中国的象征。1949年10月1日，北京30万人在天安门举行了开国大典。人民领袖毛泽东在天安门城楼上向全世界庄严宣布：中华人民共和国政府成立了！从此，天安门广场成了全国各族人民无比向往的地方。

清晨，东方露出淡淡的曙光，天安门城楼在晨曦中显现出它的雄姿，庄严的升旗仪式就在这时开始，五星红旗与旭日一同升起。

每当节日到来，天安门广场是花团锦簇，姹紫嫣红，无数盆鲜花组成一个个大花坛，把广场装点得犹如五彩缤纷的大花园。入夜，华灯齐放，礼花飞舞，天安门广场一片辉煌，来自祖国各地的人们翩翩起舞，纵情歌唱，鲜花与彩灯辉映，礼花伴歌声齐飞。

Q1：联系上下文，推想一下下面词语的意思：（4分）

旭日：_____ 永垂不朽：_____

Q2：文章的第三自然段分别介绍了广场中央、南端和东西两侧的建筑物，请按照文章中的介绍把下列建筑物的序号本别填写在示意图的方框内（A，E建筑物已经标出）：（4分）

A. 天安门 　　　B. 人民英雄纪念碑 　　　C. 毛主席纪念堂

D. 人民大会堂 　　E. 中国革命博物馆 　　F. 中国历史博物馆

Q3：文章分为四段。第一大段已经标出，请用"//"进行划分其余三段内容。（4分）

Q4：概括出第三、四大段的段落大意。（4分）

第三大段：_____

第四大段：_____

Q5：从文章中可以感受到作者怎样的感情？（4分）

_____

附录2　藏族学生汉语学习理解影响因素调研

你的姓名是：_____ 你的性别是：_____（男生 / 女生）

你的年龄是：_____（岁）你的班级是：_____

你的学校是：_____ 你的民族是：_____（族）

以下15道是单项选择题，答案没有对与错，在与你真实情况最相近的选项前"○"内打"√"。

Q1：你在课堂中，咨询同学问题交流是用的什么语言？

○ 藏语　　　○ 汉语　　　○ 主要用藏语，有时也用汉语

○ 主要用汉语，有时也用藏语

Q2：你在学校里课外时间，跟同学们交流主要用什么语言？

○ 藏语　　　○ 汉语　　　○ 主要用藏语，有时也用汉语

○ 主要用汉语，有时也用藏语

Q3：你的汉语课老师，用什么语言来讲课？

○ 藏语　　　○ 汉语　　　○ 主要用藏语，有时也用汉语

○ 主要用汉语，有时也用藏语

Q4：你在家里的时候，跟父母交流主要用什么语言？

○ 藏语　　　○ 汉语　　　○ 主要用藏语，有时也用汉语

○ 主要用汉语，有时也用藏语

Q5：你在家和邻居朋友们交流主要用什么语言？

○ 藏语　　　○ 汉语　　　○ 主要用藏语，有时也用汉语

○ 主要用汉语，有时也用藏语

Q6：你周围的亲朋好友中，他们主要都使用什么语言？

○ 藏语　　　○ 汉语　　　○ 主要用藏语，有时也用汉语

○ 主要用汉语，有时也用藏语

Q7：你喜欢学习汉语吗？

○ 非常喜欢　　○ 比较喜欢　　○ 感觉一般　　○ 不太喜欢　　○ 讨厌

Q8：你觉得学习汉语对自己的生活有帮助吗？

○ 非常有帮助　○ 有帮助　　○ 感觉一般　　○ 没有帮助　　○ 讨厌

Q9：你觉得你的爸爸妈妈对于汉语的态度如何？

○ 他们也不喜欢汉语　　　○ 他们对我的汉语学习没有要求

○ 会说几句汉语就可以了　○ 和其他的课程一样差不多就可以了

○ 他们非常重视我的汉语成绩，要我一定学好

Q10：汉语文课和藏语文课，你更喜欢学哪一个？

○ 汉语文，因为我觉得学好汉语以后更有用

○ 藏语文课，因为我要学好我的本民族语言

○ 两个都喜欢，我觉得是一样重要的

Q11：你在学习汉语文这门课的过程中会有什么感受？

○ 非常快乐满足　　　○ 比较喜欢　　　○ 跟其他的课感觉一样，差不多

○ 很难理解，压力大　○ 非常痛苦，很讨厌上汉语文课

Q12：你会更加努力地学习汉语吗？为什么？

○会，因为我喜欢学习汉语

○会，因为我觉得学好汉语将来非常有用

○会，因为我爸爸妈妈要求我努力学习汉语

○会，因为我想考个好成绩

○不会，我觉得汉语没有藏语重要，学好藏语就可以了

○不会，我不想学习汉语

Q13：你希望自己的汉语水平达到什么层次？

○非常流利，和藏语一样　　　　○能说清楚自己想说的话就可以了

○能听懂老师讲课的内容就可以了　○简单地会说几句就可以了

○我不想学习汉语

Q14：你认为自己的汉语水平怎么样？

○很好　　○比较好　　○一般　　○比较差　　○非常差

如果你认为自己的汉语水平不太好，那么你觉得主要是什么原因呢？

○我自己不够努力　　○课本上的内容太难了

○老师讲得不好　　　○我们班的学习风气不好

○我不想学习汉语

如果你认为自己的汉语水平很好，那么你觉得主要是什么原因呢？

○我自己努力的结果　　○课本上的内容很简单

○老师讲得很好　　　　○我们班是重点班，都很好

○我考试运气比较好

Q15：你觉得汉语课文里最难的是哪一部分？

○汉语拼音不会念　　○汉语生字不会写

○汉语句子语法很难　　○汉语课文看不懂

以下表格里的 39 道题目，请仔细看左边的具体描述，在与你真实情况最相近的空格内打"√"。

具体描述	和我的情况完全一样	和我的情况比较像	说不清	大多数时间不是这样	从来没有这样过
1. 在汉语学习中我会思考以前学到的知识与新知识之间的联系					
2. 我会经常用汉语生词造句自己练习					

具体描述	和我的情况完全一样	和我的情况比较像	说不清	大多数时间不是这样	从来没有这样过
3. 学习新的汉语生词时，我会把生词的声音与形象相结合以便于记忆					
4. 我会通过在脑海中想象可能会用到这个词语的情况来记忆汉语生词					
5. 我将汉语生词、句型和惯用法写在卡片上以便更好的记忆					
6. 我经常复习汉语课文					
7. 我会把新学的汉语生词重复说或者抄写多次					
8. 我模仿汉族人说汉语					
9. 我用不同的方法来使用所学过的汉语生词					
10. 我总是努力用汉语交谈					
11. 我经常看一些汉语电视节目或电影，并且记下一些汉语句型和惯用法					
12. 听别人说汉语和用汉语和人交谈对我来说都是一种享受					
13. 听到不懂的新词或句子，我会记录下发音或句子，过后再查阅词典					
14. 我会经常比较汉语和藏语之间相同和不同的地方					
15. 遇到新词和新句型时，我通常回想一下它和我的藏语中哪些词语相近					
16. 对于不太熟悉的汉语词语我就猜它的意思					
17. 在用汉语交谈想不起某些表达时，我就借助手势或其他方式来表达					
18. 如果想不起用准确的单词来表达，我就用与之意义最相近的词语或短语来代替					
19. 当我和汉族朋友说话时，我试着用汉语思考说话的人接下来要说什么					

续表

具体描述	和我的情况完全一样	和我的情况比较像	说不清	大多数时间不是这样	从来没有这样过
20. 听别人说话的时候，虽然我可能没有办法理解每一个字，但是我通过理解关键词来猜测句子的意思					
21. 我通过一切途径来练习汉语					
22. 我会留意我所犯的汉语错误，并以此帮助自己改正错误提高汉语水平					
23. 有人说汉语时，我都会注意听					
24. 我试着找出学好汉语的办法					
25. 我尽可能地找机会读汉语					
26. 对于如何提高自己的汉语，我有明确的想法和目标					
27. 我经常回想自己在汉语学习中的进步					
28. 每当害怕用汉语时，我就努力放松自己					
29. 尽管我可能会出错，但我还是鼓励自己说汉语					
30. 每当在汉语学习取得进步时，我就奖励自己					
31. 我会留意在学习或运用汉语时自己会不会感到紧张					
32. 我会写语言学习日记来记录自己学习过程中的感受					
33. 学习期间，我会和别人交流学习汉语的心得体会					
34. 如果我听不懂，我会请说话的人放慢速度、再说一遍或者用我懂的话解释一下					
35. 当我讲汉语时，我请汉语说得好的人改正我的错误					
36. 我和其他同学一起练习汉语					
37. 我经常从汉语老师那里寻求帮助					
38. 我上课经常用汉语来提问题					
39. 我努力学习汉族的文化					

附录3　课堂结构化观察量表

执教者		教学内容			授课班级	
学校		时间		学科	观察者	
时间段	观察到的事件		教师提问与理答情况 共（　）次			

提问问题类型： （包括个别提问和全班性提问，次数可以以"正"字的形式标注）	A.选择性提问：（　　）次
	B.陈述性提问：（　　）次
	C.推理性提问：（　　）次
	D.创造性提问：（　　）次

个别提问对象及理答情况： A. 回答正确，表扬 B. 回答正确，没有反馈 C. 回答不上，批评	男生：
D. 回答不上，没有反馈 E. 回答不上，老师给出答案 F. 回答不上，老师引导	女生：

多媒体技术的应用 共（　）次

	视频	音频	动画	图片	文字	电脑	实物	其他
创设情境								
教学内容呈现								
重难点释义								
拓展资源								
总结复习								
学生练习								
其他								

活动组织情况 共（　）次

活动时长	活动类型	活动形式	活动评价 （从不好到很好，采取1到5评价）			
			活动目标	活动分工	学生参与	教师指导

活动类型：A.讨论辩论　B.角色扮演　C.小组游戏　D.合作探究　E.动手实践　F.其他

活动形式：A.邻桌活动　B.单组活动　C.全班分组活动

附录4 古诗词教学内容理解效果评价试卷（前测）

你的班级是：_____ 你的姓名是：_____

Q1：给以下加点的字注音，注意音调

林樾_____ 莺飞_____ 蓬头_____ 学垂纶_____ 纸鸢_____

Q2：给加点的字选择正确的解释，在正确的词语前"〇"内打"√"

（1）歌声振林樾 　〇振荡 　〇振奋

（2）意欲捕鸣蝉 　〇捕捉 　〇捕捞

（3）忙趁东风放纸鸢 〇老鹰 　〇风筝

（4）路人借问遥招手 〇借出去 〇向人打听

Q3："七言绝句"有什么特点？在下列正确的选项"〇"内打"√"

〇一共是由六句诗组成，每句诗都是七个字

〇一共是由四句诗组成，每句诗都是七个字

〇一共是由四句诗组成，每句诗都是五个字

〇一共是由七句诗组成，每句诗都是四个字

Q4："五言绝句"有什么特点？在下列正确的选项"〇"内打"√"

〇一共是由六句诗组成，每句诗都是七个字

〇一共是由四句诗组成，每句诗都是七个字

〇一共是由四句诗组成，每句诗都是五个字

〇一共是由七句诗组成，每句诗都是四个字

Q5：《所见》属于什么文体？在下列正确的选项"〇"内打"√"

〇词牌名 　〇七言绝句 　〇五言绝句 　〇五言律诗

Q6：《村居》属于什么文体？在下列正确的选项"〇"内打"√"

〇词牌名 　〇七言绝句 　〇五言绝句 　〇五言律诗

Q7：你是否了解诗人韦应物、李白、王安石？请将下列描述和相对应的作者之间连线。

中国唐代诗人，诗风雄奇豪放，想象丰富，被称为伟大的浪漫主义诗人。	中国唐代诗人，诗风恬淡高远，以善于写景和描写隐逸生活著称。	北宋丞相，也是中国杰出的政治家、文学家、思想家、改革家，被称为"唐宋八大家"之一

韦应物	王安石	李白

Q8：你是否了解古诗《滁州西涧》《望天门山》《泊船瓜洲》这三首诗的写作背景？请将下列描述和相对应的古诗之间连线。

这首诗是作者任刺史时所作，他深为朝中政治腐败而忧虑，也十分关心民生疾苦，但他无能为力，想要辞官隐退，却又被逼无奈又无法辞官，写出了诗人陷入了进退两难的地步。	诗人写作此诗时，已是55岁的老人了，在奉命离开家乡到京城任职的路途中写下了这首诗，表达了作者思念家乡的情怀。	这首诗是作者25岁第一次离开家乡去游览山河的时候所做，作者年轻浪漫，充分显示了丰富的想像力，赞美了大自然的神奇壮丽，表达了诗人乐观豪迈的情感

《滁州西涧》	《望天门山》	《泊船瓜洲》

Q9：请你写出空白地方的诗句

（1）儿童散学归来早，＿＿＿＿＿＿＿。

（2）＿＿＿＿＿＿＿，侧坐莓苔草映身。

（3）牧童骑黄牛，＿＿＿＿＿＿＿。

Q10："意欲捕鸣蝉，忽然闭口立"的这两句诗是什么意思？在下列正确的选项"○"内打"√"

○想要捕捉那些鸣叫的蝉，（他）忽然闭上嘴巴站了起来。

○想要捕捉树上鸣叫的知了，（他）忽然停止唱歌一声不响地站立在树下。

○正想要抓住那些鸣叫的知了，忽然它们都不叫了。

Q11："草长莺飞二月天，拂堤杨柳醉春烟"的这两句诗是什么意思？在下列正确的选项"○"内打"√"

○早春二月小草长出了嫩绿的芽儿，黄莺在天上飞着，堤旁的杨柳仿佛在春天的烟雾里醉得直摇晃。

○ 二月里草也长大了，黄莺也飞回来了，堤旁的杨柳让春天的烟雾熏醉了。

○ 二月份的时候大雁飞回来了，草也长出来了，春风吹的杨柳像烟雾一样飘动。

Q12："路人借问遥招手，怕得鱼惊不应人"的这两句诗是什么意思？在下列正确的选项"○"内打"√"

○路人远远地向他招手问问题，害怕鱼儿受到惊吓不敢走近。

○听到有过路的人问问题忙招手让他快走，怕他惊动了鱼儿，鱼儿不再答应我。

○听到有过路的人问路，连忙远远地摆了摆手，生怕惊动了鱼儿，不敢回应过路人。

Q13：《所见》这首诗表达了诗人怎样的思想感情？在下列正确的选项"○"内打"√"

○表现了一个悠然自得的牧童形象。

○以儿童生活为题材，刻画了垂钓小儿几分纯真、无限童趣和一些专注。

○诗人赞美了大自然的神奇壮丽，表达了乐观豪迈的情感。

Q14：《村居》这首诗表达了诗人怎样的思想感情？在下列正确的选项"○"内打"√"

○表现了诗人对春天来临的喜悦和赞美，把早春的迷人与醉人渲染得淋漓尽致。

○表达了诗人对家乡的强烈依恋，是恋恋不舍的思乡爱乡之情。

○诗人赞美了大自然的神奇壮丽，表达了乐观豪迈的情感。

Q15：《小儿垂钓》这首诗表达了诗人怎样的思想感情？在下列正确的选项"○"内打"√"

○表现了作者希望在急剧变化的社会潮流中寻找一点自由和宁静的情感。

○表现了一个悠然自得的牧童形象。

○以儿童生活为题材，刻画了垂钓小儿几分纯真、无限童趣和一些专注。

Q16：在朗读过程中需要停顿的地方划"/"线。

（1）意欲捕鸣蝉，忽然闭口立。

（2）草长莺飞二月天，拂堤杨柳醉春烟。

（3）路人借问遥招手，怕得鱼惊不应人。

Q17：你觉得古诗词学习过程中，最大的困难是什么？在下列与你情况最相似的选项"○"内打"√"

○老师要求我们有感情有停顿地朗读古诗，我觉得这很难。

○古诗中的每个生字都有自己的意思，我觉得很难理解是什么意思。

○我觉得我很难体会诗人要表达的主要思想感情。

○古诗中很多字我都不会念，尤其是经常读错声调。

Q18：在学习一首新的古诗的时候，你通常会怎样开始学习？下面有一些选项，请你按照你真实的学习过程选择相应的序号填在括号内，如果没有用到的选项就不要选择，每个括号内只能填一项。

第一步（　　　）——第二步（　　　）——第三步（　　　）

a. 我会在上课的时候跟老师读古诗，把老师要求的生字拼音意思都记在书上。

b. 我会在上课以前先自己读一遍古诗，把不认识的生字查字典记下来。

c. 我会按照老师的要求把课后题都会做。

d. 我会问老师或者自己查参考资料，了解对于古诗和诗人介绍的一些信息。

e. 我会把古诗背下来，如果上课没有背下，就下课后背。

f. 我会仔细听老师讲每一句诗的意思，不一定会背但一定要用自己的话说出每一句是什么意思。

Q19：你一般在学习一首新的古诗的时候，都会达到什么效果？在下列与你情况最相似的选项"○"内打"√"

○对于学过的古诗，我觉得很难理解，也背不下来。

○对于学过的古诗也许不理解是什么意思，老师问起来我大多数都能背出来。

○对于学过的古诗我大多数都能理解是什么意思，但是我总是背了就忘掉。

○对于学过的古诗我大多数都能理解是什么意思，而且老师问起来我大多数都能背出来。

附录5　古诗词教学内容理解效果评价试卷（后测）

你的班级是：_____　　　你的姓名是：_____

Q1：给以下加点的字注音，注意音调

草涧_____　　中断_____　　泊船_____　　数重山_____　　野渡_____

Q2：给加点的字选择正确的解释，在正确的词语"○"内打"√"

（1）独怜幽草涧边生　　○可怜　　○喜爱

（2）碧水东流至此回　　○回家　　○回旋

（3）京口瓜洲一水间　　○黄河　　○长江

（4）春风又绿江南岸　　○吹绿　　○绿色

Q3："七言绝句"有什么特点？在下列正确的选项"○"内打"√"

○一共是由六句诗组成，每句诗都是七个字

○一共是由四句诗组成，每句诗都是七个字

○一共是由四句诗组成，每句诗都是五个字

○一共是由七句诗组成，每句诗都是四个字

Q4："五言绝句"有什么特点？在下列正确的选项"○"内打"√"

○一共是由六句诗组成，每句诗都是七个字

○一共是由四句诗组成，每句诗都是七个字

○一共是由四句诗组成，每句诗都是五个字

○一共是由七句诗组成，每句诗都是四个字

Q5：《望天门山》属于什么文体？在下列正确的选项"○"内打"√"

○词牌名　　　　○七言绝句　　　　○五言绝句　　　　○五言律诗

Q6：《滁州西涧》属于什么文体？在下列正确的选项"○"内打"√"

○词牌名　　　　○七言绝句　　　　○五言绝句　　　　○五言律诗

Q7：你是否了解诗人韦应物、李白、王安石？请将下列描述和相对应的作者之间连线。

中国唐代诗人，诗风雄奇豪放，想象丰富，被称为伟大的浪漫主义诗人。	中国唐代诗人，诗风恬淡高远，以善于写景和描写隐逸生活著称。	北宋丞相，也是中国杰出的政治家、文学家、思想家、改革家，被称为"唐宋八大家"之一

韦应物　　　　　　　王安石　　　　　　　李白

Q8：你是否了解古诗《滁州西涧》《望天门山》《泊船瓜洲》这三首诗的写作背景？请将下列描述和相对应的古诗之间连线。

这首诗是作者任刺史时所作，他深为朝中政治腐败而忧虑，也十分关心民生疾苦，但他无能为力，想要辞官隐退，却又被逼无奈又无法辞官，写出了诗人陷入了进退两难的地步。

诗人写作此诗时，已是55岁的老人了，在奉命离开家乡到京城任职的路途中写下了这首诗，表达了作者思念家乡的情怀。

这首诗是作者25岁第一次离开家乡去游览山河的时候所做，作者年轻浪漫，充分显示了丰富的想像力，赞美了大自然的神奇壮丽，表达了诗人乐观豪迈的情感

《滁州西涧》　　　　　　　《望天门山》　　　　　　　《泊船瓜洲》

Q9：请你写出空白地方的诗句

（1）春潮带雨晚来急，＿＿＿＿＿＿＿。

（2）＿＿＿＿＿＿＿，碧水东流至此回。

（3）京口瓜洲一水间，＿＿＿＿＿＿＿。

Q10："独怜幽草涧边生，上有黄鹂深树鸣"这两句诗是什么意思？在下列正确的选项"〇"内打"√"

〇幽静的草孤独地生长在河边，河岸上茂密的丛林深处有黄鹂在鸣叫。

〇只有作者可怜生长在河边幽静的野草，还有那丛林深处鸣叫的黄鹂。

〇作者偏爱那生长在河边幽静的野草，河岸上茂密的丛林深处不时传来鸣叫的黄鹂声。

Q11："两岸青山相对出，孤帆一片日边来"这两句诗是什么意思？在下列正确的选项"〇"内打"√"

〇两岸边的青山，就像扑面而来一样相对着不断现出，一艘小船从天水相接处的远方驶来。

〇岸边的青山在两边出现，孤独的帆船从太阳旁边过来。

〇岸边的青山相对出去消失了，一大片孤单的船从太阳升起的地方划过来。

Q12："春风又绿江南岸，明月何时照我还"这两句诗是什么意思？在下列正确的选项"〇"内打"√"

〇春风吹绿了长江南岸，明亮的月亮什么时候照着我返回岸边呢？

〇春风又染绿了长江南岸的植物，明月什么时候还照亮我呢？

〇春风又把江南大地吹绿了，明月啊你什么时候可以照着我回到故乡呢？

Q13：《滁州西涧》这首诗表达了诗人怎样的思想感情？在下列正确的选项"○"内打"√"

○表现了作者希望在急剧变化的社会潮流中寻找一点自由和宁静的情感。

○表达了诗人对家乡的强烈依恋，是恋恋不舍的思乡爱乡之情。

○诗人赞美了大自然的神奇壮丽，表达了乐观豪迈的情感。

Q14：《望天门山》这首诗表达了诗人怎样的思想感情？在下列正确的选项"○"内打"√"

○表现了作者希望在急剧变化的社会潮流中寻找一点自由和宁静的情感。

○表达了诗人对家乡的强烈依恋，是恋恋不舍的思乡爱乡之情。

○诗人赞美了大自然的神奇壮丽，表达了乐观豪迈的情感。

Q15：《泊船瓜洲》这首诗表达了诗人怎样的思想感情？在下列正确的选项"○"内打"√"

○表现了作者希望在急剧变化的社会潮流中寻找一点自由和宁静的情感。

○表达了诗人对家乡的强烈依恋，是恋恋不舍的思乡爱乡之情。

○诗人赞美了大自然的神奇壮丽，表达了乐观豪迈的情感。

Q16：在朗读过程中需要停顿的地方画"/"线。

（1）独怜幽草涧边生，上有黄鹂深树鸣。

（2）两岸青山相对出，孤帆一片日边来。

（3）春风又绿江南岸，明月何时照我还。

Q17：请解释一下你做16题划分的原因是什么？

_____

_____

Q18：你觉得古诗词学习过程中，最大的困难是什么？在下列与你情况最相似的选项"○"内打"√"

○老师要求我们有感情有停顿地朗读古诗，我觉得这很难。

○古诗中的每个生字都有自己的意思，我觉得很难理解是什么意思。

○我觉得我很难体会诗人要表达是主要思想感情。

○古诗中很多字我都不会念，尤其是经常读错声调。

Q19：在学习一首新的古诗的时候，你通常会怎么开始学习？下面有一些选项，请你按照你真实的学习过程选择相应的序号填在括号内，如果没有用到的选项就不要选择，每个括号内只能填一项。

第一步（　　　）——第二步（　　　）——第三步（　　　　）

a. 我会在上课的时候跟老师读古诗，把老师要求的生字拼音意思都记在书上。

b. 我会在上课以前先自己读一遍古诗，把不认识的生字查字典记下来。

c. 我会按照老师的要求把课后题都会做。

d. 我会问老师或者自己查参考资料，了解对于古诗和诗人介绍的一些信息。

e. 我会把古诗背下来，如果上课没有背下，就下课后背。

f. 我会仔细听老师讲每一句诗的意思，不一定会背但一定要用自己的话说出每一句是什么意思。

附录6　《小溪流的歌》理解效果评价试卷

你的班级是：_____　　　你的姓名是：_____

Q1：给以下加点的字注音，注意音调。

低吟_____　　卵石_____　　漂浮_____　　枯树桩_____　　牢骚_____

Q2：写出下列词语的正确解释。

（1）忧愁_____　　　（2）不是玩的_____

Q3：请将下列搭配合理的短语之间连线。

清澈的	树叶	狭长的	微笑
悠扬的	歌声	甜美的	脚步
枯黄的	泉水	沉重的	小巷

Q4：下列用"叫"造句的句子，请将你认为"叫"字用法一致的两个句子间连线。

我有一个好朋友，他的名字叫扎西。	我叫了你好几声都没听见。
这叫我怎么办才好？	我们的语言老师叫李老师。
小狗"汪汪"的叫个不停。	清脆的回声叫人听了就会忘记忧愁。

Q5：请用"感觉"造句，注意要写两个用法不一样的句子。

感觉_____

感觉_____

Q6：请你写出空白地方的词句。

小溪流_____奔流，_____玩耍。他一会儿_____岸边五颜六色的卵石，一会儿_____沙地上才伸出脑袋来的小草。

Q7：小溪流唱着歌儿不断前进，请你按照课文的描述顺序完成这幅图中空白的地方（说明：五角星的图形里填写歌声的特点）。

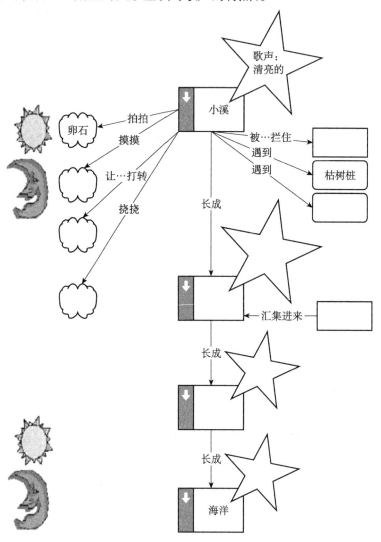

附录7　《珍贵的教科书》理解效果评价试卷

你的班级是：_____　　你的姓名是：_____

Q1：给以下加点的字注音，注意音调。

卧倒_____　　振奋_____　　一捆书_____　　完整无缺_____　　念叨_____

Q2：写出下列词语的正确解释。

（1）恨不得_____　　（2）兴高采烈_____

Q3：请将你认为"省略号"的用法一致的两个句子间连线。

"时间快到了……"扎西还没说完声就响了。　　"快卧倒……"指导员刚喊出口，炸弹就爆炸了。

"啦啦啦……"卓玛哼着歌儿向前走。　　　　我扑到指导员身上大声喊："指导员，指导员……"

老爷爷病得很严重，念叨着"水……水……"。　　指导员嘴里念叨着："书……书……"。

Q4：请用"恨不得""发觉"和"发现"造三个句子。

恨不得_____

发觉_____

发现_____

Q5：请根据课文内容，将下列搭配合理的句子之间连线。

没有桌椅　　　　　　　　就用锅烟灰在墙上刷一块

没有黑板　　　　　　　　就拿黄土块代替

没有粉笔　　　　　　　　就坐在地上，把小板凳当桌子

没有书　　　　　　　　　只能抄一课学一课

Q6：请你按照课文的描述顺序完成这幅图中括号内空白的地方。

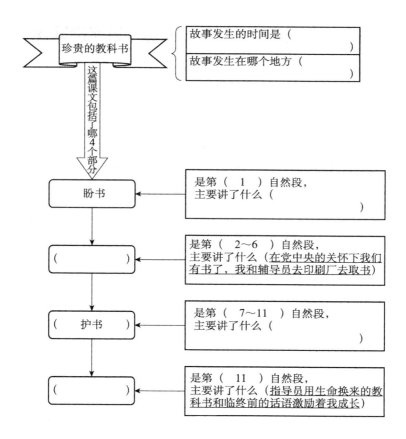

Q7：请用自己的话说一说为什么说这是"珍贵"的教科书。

_____

_____

附录8 《在德国——自己的花是给别人看的》理解效果评价试卷

你的班级是：_____ 你的姓名是：_____

Q1：给以下加点的字注音，注意音调。

德国____ 姹紫嫣红____ 栽种____ 花团锦簇____ 莞尔一笑____

Q2：请将正确的词语解释之间连接起来。

花朵簇拥在一起，形容十分华丽的样子。　　　　花团锦簇

意味深长，值得仔细琢磨和体会。　　　　　　　应接不暇

形容眼镜忙的看不过来　　　　　　　　　　　　莞尔一笑

微微地笑了一下　　　　　　　　　　　　　　　姹紫嫣红

形容各种颜色的花艳丽好看　　　　　　　　　　耐人寻味

Q3：选词填空，请根据短文内容将正确的词语填入括号内。

　　　　包含　　　　任何　　　　看上去

指导员走了，他（　　）十分镇定，安详。指导员临终前的话，（　　）着对我们的期望，从那以后，我们都努力学习，（　　）困难也无法阻止我们。

Q4：请用括号里的词语完成句子。

（1）煤矿是我国的稀有资源，＿＿＿＿＿＿＿＿＿＿＿＿＿＿＿。（一旦）

（2）扎西十分乐于助人，＿＿＿＿＿＿＿＿＿＿＿＿＿＿＿。（毫不）

（3）上课的时候他一直看着窗户外边，＿＿＿＿＿＿＿＿＿。（根本）

（4）卓玛的脸蛋红红的，＿＿＿＿＿＿＿＿＿＿＿＿＿＿＿。（好似）

Q5：请根据课文内容，说一说哪一句话表现了德国人屋子里养花跟我们是不一样的（在你认为正确的选项"〇"内打"√"）。

〇走过任何一条街，抬头向上看，家家的窗子前都是花团锦簇，姹紫嫣红。

〇家家户户都在养花，他们是把花都栽种在临街窗户外边。花朵都朝外开，在屋子里只能看见花的脊梁。

〇人人为我，我为人人。我觉得这一种境界是颇耐人寻味的。

〇多么奇丽的景色！多么奇特的民族！

Q6：请根据课文内容，说一说哪一句话表现了德国人街道上的景象跟我们是不一样的（在你认为正确的选项前"〇"内打"√"）。

〇走过任何一条街，抬头向上看，家家的窗子前都是花团锦簇，姹紫嫣红。

〇家家户户都在养花，他们是把花都栽种在临街窗户外边。花朵都朝外开，在屋子里只能看见花的脊梁。

〇人人为我，我为人人。我觉得这一种境界是颇耐人寻味的。

〇多么奇丽的景色！多么奇特的民族！

Q7：请你说说看"变化是有的，但是美丽没有变"，这里的"变化"是指什么？"美丽"指什么？

Q8：请用自己的话来总结一下这篇课文的主要内容。

Q9：这篇课文告诉了我们一个什么道理？请用自己的话说一说你的感受。

Q10：还记得之前两次《小溪流的歌》和《珍贵的教科书》最后的那张图吗？你能不能也用画图的方式来描绘《在德国——自己的花是让别人看的》这篇课文的内容呢？

参考文献
■■References

〔法〕维克多埃克.文化的概念〔M〕.康新文，晓文译.上海：上海人民大学出版社，1988.

〔荷兰〕吉尔特·霍夫斯泰德（Geert Hofstede），〔荷兰〕格特·扬·霍夫斯泰德（Gert Jan Hofstede）.文化与组织——心理软件的力量（第二版）〔M〕.李原，孙健敏译.北京：中国人民大学出版社，2010.

〔加〕赫伯特·马歇尔·麦克卢汉（Herbert Marshall Mcluhan）.理解媒介——论人的延伸〔M〕.何道宽译.北京：商务印书馆，2000.

〔美〕Bill VanPatten.从输入到输出：第二语言习得教师手册（*From Input to Output：A Teacher's Guide to Second Language Acquistion*）〔M〕.王建勤导读.北京：世界图书出版公司，2007.

〔美〕J.Michael Spector 等主编.教育传播与技术研究手册（*Handbook of Research on Educational Communications and Technology*）〔M〕.任友群等主译.上海：华东师范大学出版社，2012.

〔美〕J.莱夫（Jean Lave），〔美〕E.温格（Etienne Wenger）.情景学习：合法的边缘性参与（*Situated Learning：Legitimate Peripheral Participation*）〔M〕.王文静译.上海：华东师范大学出版社，2004.

〔美〕James A. Banks.文化多样性与教育：基本原理、课程与教学（第五版）〔M〕.荀渊等译.上海：华东师范大学出版社，2010：231.

〔美〕Leigh Chiarelott.情境中的课程：课程与教学设计〔M〕.杨明全译.北京：中国轻工业出版社，2007.

〔美〕埃里克·坎德尔.追寻记忆的痕迹〔M〕.罗跃嘉译.北京：北京轻工业出版社，2007.

〔美〕查尔斯·M.赖格卢斯主编.教学设计的理论与模型（第2卷）〔M〕.裴新宁，郑太年，赵建主译.北京：教育科学出版社，2011.

〔美〕戴维·乔纳森（David H. Jonassen）等.学会用技术解决问题：一个建构主义者的视角（*Learning to Solve Problems with Technology：A Constructivist Perspective*）〔M〕任友群，李妍，施彬飞译.北京：教育科学出版社，2007.

〔美〕格兰特·威金斯（Grant Wiggins），〔美〕杰伊·麦克泰（Jay McTighe）.理解力培养与课程设计：一种教学和评价的新实践［M］.么加利译.北京：中国轻工业出版社，2003.

〔美〕国家研究理事会，杰瑞·P.戈勒博，梅丽尔·W.伯坦索尔等编.学习与理解：改进美国高中的数学与科学先修学习［M］.陈家刚，邓妍妍，王美译.北京：教育科学出版社，2008.

〔美〕拉里·A.萨默瓦（Larry A. Samovar），〔美〕理查德·E.波特（Richard E. Porter）.跨文化传播（*Communication Between Cultures*）［M］.闵惠泉等译.北京：中国人民大学出版社，2010.

〔美〕琳达达林 – 哈蒙德（Linda Darling–Hammond）等著.高效学习：我们所知道的理解性教学［M］.冯锐等译.上海：华东师范大学出版社，2010.

〔美〕全美教师教育学院协会创新与技术委员会主编.整合技术的学科教学知识：教育者手册［*Handbook of Technological Pedagogical Content Knowledge（TPCK）for Educators*］［M］.任友群，詹艺主译.北京：教育科学出版社，2011.

〔美〕威廉·威伦（William Wilen），〔美〕贾尼丝·哈奇森（Janice Hutchison），〔美〕玛格丽特·伊什勒·博斯（Margaret Lshler Bosse）.有效教学决策（*Dynamics of Effective Secondary Teaching*）［M］.李森，王纬虹主译.北京：教育科学出版社，2009.

〔新加坡〕林建才，董艳，郭巧云.思维导图在新加坡小学华文教学中的实验研究［J］.中国电化教育，2007，（10）：65–69.

〔英〕Diane Larsen-Freeman，〔英〕Michael H. Long.第二语言习得研究概况（*An Introduction to Second Language Acquisition Research*）［M］.蒋祖康导读.北京：外语教学与研究出版社，2000.

〔英〕东尼·博赞（Tony Buzan），〔英〕巴利·博赞（Barry Buzan）.思维导图［M］.叶刚译.北京：中信出版社，2004.

安德源.少数民族大学生汉语词典使用策略实证研究［J］.民族教育研究，2009，（2）：33–37.

敖登高娃."对外汉语教学"的若干做法对少数民族汉语文教学的启示［J］.内蒙古师大学报（哲学社会科学版），1998，（8）：92–94.

白丽娟.如何培养民族学生的汉语阅读能力［J］.中国民族教育，2011，（8）：42–43.

北京西藏中学教科研小组.内地西藏班（校）高中生学习动机调查报告［J］.民族教育研究，2008，（2）：62–68.

曾理.在 e 时代开拓练习口语的新天地［J］.现代教育技术，2008，（13）：90–91.

曾庆，莫雷，冷英.文本阅读中简单推理情境下的信息整合［J］.应用心理学，2003，（12）：49–53.

陈光磊.语言教学中的文化导入［J］.语言教学与研究,1992，（9）：19–30.

陈红梅.TfU 网络课程在上海实施状况分析即对策研究［D］.长春：吉林大学硕士学位论文，

2010.

陈家刚.认知学徒制研究［D］.上海：华东师范大学博士学位论文，2009.

陈明选，陈艳.网络教育呼唤理解性教学［J］.现代教育技术，2008，（10）：18-21.

陈贤纯.外语阅读教学与心理学［M］.北京：北京语言大学出版社，2008.

陈向明.质的研究方法与社会科学研究［M］.北京：教育科学出版社，2000.

陈瑜之.视频和字幕对第二语言听力理解的影响［D］.无锡：江南大学硕士学位论文，2012.

迟毓凯，莫雷.论文本阅读认知研究的演变［J］.陕西师范大学学报（哲学社会科学版），
　　2005，（5）：123-127.

崔永华.对外汉语教学的教学研究［M］.北京：外语教学与研究出版社，2005.

戴炜栋，束定芳.试论影响外语习得的若干重要因素［J］.外国语，1999，（4）：1-11.

刁静，何玮.我国教育技术在汉字教学方面的研究概况［J］.现代教育技术，2010，（7）：
　　85-87.

丁炜.全语言研究［D］.上海：华东师范大学博士学位论文，2009.

段海凤.藏语安多方言词重音对汉语普通话声调习得的影响［D］.北京：中央民族大学博士
　　学位论文，2012.

段晓英.信息技术支持下的数学理解性教学研究［D］.大连：辽宁师范大学硕士学位论文，
　　2011.

风笑天.社会性研究方法［M］.北京：中国人民大学出版社,2009.

付安权.东乡族小学生汉语文学习困难与教学对策研究［D］.兰州：西北师范大学硕士学位
　　论文，2002.

高红军.使用多媒体电脑技术辅助外语教学可行性研究［D］.大连：辽宁师范大学硕士学位
　　论文，2005.

高清辉.应用数字技术推进对外汉语教学［J］.现代远距离教育，2008，（6）：31-32.

高文.教学模式论［M］.上海：上海教育出版社，2002.

高文，王海燕.抛锚式教学模式（一）［J］.外国教育资料，1998，（3）：68-71.

高文等编著.学习科学的关键词［M］.上海：华东师范大学出版社，2009.

顾英华.少数民族学生作文中的汉语偏误分析及思考［J］.中南民族大学学报（人文社会科学
　　版），2005，（5）：378-380.

郭纯洁.有声思维法［M］.北京：外语教学与研究出版社，2007.

郭淑斌.文本阅读中因果性预期推理构建过程的实验研究［D］.广东：华南师范大学博士学
　　位论文，2002.

郭晓娜.理解性学习论［D］.上海：华东师范大学博士学位论文，2010.

哈琴.少数民族学生汉字笔顺错误及对策探究［J］.教育教学论坛，2012，（12）：194.

汉语课程标准研制组编写.全日制民族中小学汉语课程标准（试行）［M］.北京：人民教育出
　　版社，2007.

郝英英.视频资源在对外汉语教学中的应用分析与探索［D］.长春：吉林大学硕士学位论文，2012.

何克抗主编.教学系统设计［M］.北京：北京师范大学出版社，2002.

何克抗.TPACK——美国"信息技术与课程整合"途径与方法研究的新发展（上）［J］.电化教育研究，2012，（5）：47-56.

何克抗，郑永柏，谢幼如编著.教学系统设计［M］.北京：北京师范大学出版社，2002.

何晔，盛群力.理解的维度之探讨［J］.开放教育研究，2006，（6）：28-34.

胡婧.基于理解的初中信息技术课堂教学设计研究［D］.无锡：江南大学硕士学位论文，2011.

黄继玲.论理解性教学［D］.重庆：西南大学硕士学位论文，2006.

黄锦章，刘众.对外汉语教学中的理论与方法［M］.北京：北京大学出版社，2005.

黄龙翔，陈之权，詹明峰.以移动技术为中介——建立一个无缝语文学习框架［J］.中国电化教育，2011，（12）：1-7.

黄晓英.运用情境教学进行现代散文阅读教学的研究［D］.南昌：江西师范大学硕士学位论文，2003.

江新.汉语作为第二语言学习策略初探［J］.语言教学与研究，2000，（1）：61-68.

蒋苏琴.二语习得理论视角下的多媒体辅助英语听力教学研究［D］.长沙：湖南师范大学硕士学位论文，2006.

课程教材研究所少数民族汉语课程教材研究开发中心编著.汉语（藏族地区专用）［M］.北京：人民教育出版社，2009.

匡小文.多媒体环境下提高英语课程教材研究开发中心编著［D］.长沙：湖南大学硕士学位论文，2001.

黎劲松.多媒体网络辅助下的初中英语情景教学的研究［D］.武汉：华中师范大学硕士学位论文，2007.

李春玲.培养少数民族学生汉语语感的有效途径［J］.中国民族教育，2007，（5）：27-29.

李吉林."情境教育"的探索与思考［J］.教育研究，1994，（1）：51-58.

李克东.教育技术学研究方法［M］.北京：北京师范大学出版社，2003.

李莉.克拉申第二语言习得理论述评［J］.郑州大学学报（哲学社会科学版），1997，（7）：118-123.

李芒.技术与学习——论信息化学习方式［M］.北京：科学出版社，2007.

李彭曦.多媒体字源识字教学系统在藏汉双语教学中的应用研究［D］.重庆：西南大学硕士学位论文，2008.

梁伟.谈如何培养少数民族学生的汉语听力能力［J］.民族教育研究，2001，（3）：79-82.

廖暑业.利用多媒体促进语言输出［J］.云南师范大学学报，2005，（9）：21-25.

林建才，董艳，郭巧云.思维导图在新加坡小学华文教学中的实验研究［J］.中国电化教育，

2007,（10）：65-68.

林丽.多媒体在小学英语教学中应用现状的研究［D］.上海：华东师范大学硕士学位论文，2010.

林秀艳.西藏中小学汉语教学的理论与实践研究［D］.北京：中央民族大学博士学位论文，2010.

刘程，安然.国外远程交互式教学研究及其在对外汉语教学中的应用综述［J］.中国远程教育，2011，（12）：35-40.

刘红梅.多媒体和网络技术下的"自然语言环境"和英语教学改革研究［J］.教学研究，2006，（9）：445-448.

刘文雯.多媒体课件在对外汉语综合课教学中的运用策略研究［D］.长春：东北师范大学硕士学位论文，2011.

刘欣.多媒体在对外汉语语法教学中的应用初探［J］.云南科技管理，2007，（2）：77-80.

刘宇.运用多媒体技术辅助高中英语阅读教学的研究［D］.大连：辽宁师范大学硕士学位论文，2010.

吕军，曹效英.基于语音识别的汉语发音自动评分系统的初步设计［J］.现代教育技术，2006，（3）：51-54.

吕林海.数学理解性学习与教学研究［D］.上海：华东师范大学博士学位论文，2005.

吕林海，王爱芬.理解性学习与教学的思想源起与内涵论争［J］.教育理论与实践，2008，（3）：53-57.

吕晓娟.藏族小学汉语文教学之行动研究［D］.兰州：西北师范大学硕士学位论文，2003.

马春秀.德宏傣族景颇族自治州双语教学的必要性和可行性研究［D］.昆明：云南师范大学硕士学位论文，2006.

马金海.大学英语学生英语阅读理解障碍及教学对策研究［J］.兰州：西北师范大学硕士学位论文，2003.

马明胜.互惠教学简论［J］.天津市教科院学报，2006，（6）：44-46.

马勇.论理解性教学［D］.桂林：广西师范大学硕士学位论文，2004.

缪丽.多媒体辅助中学外语教学及其设计之研究［D］.上海：华东师范大学硕士学位论文，2005.

莫雷.小学六年级语文阅读水平量表编制报告［J］.华南师范大学学报（社会科学版），1988，（1）：32-40.

乃孜兰.浅谈汉语教学中如何提高少数民族学生的语言表达能力［J］.新疆广播电视大学学报，2007，（2）：42-44.

南国农.信息化教育概论（第二版）［M］.北京：高等教育出版社，2011.

南国农，李运林主编.教育传播学（第二版）［M］.北京：高等教育出版社，2005.

欧小玲.多媒体在对外汉语词汇教学中的应用［D］.桂林：广西师范大学硕士学位论文，

2012.

裴娣娜主编.现代教学论［M］.北京：人民教育出版社，2005.

裴新宁.学习究竟是什么—焦尔当·安德烈教授访谈录［J］.全球教育展望，2008，（1）：13-20.

彭志峰.基于P2P技术的对外汉语教学资源平台构建研究［J］.现代教育技术，2007，（5）：75-78.

皮连生主编.知识分类与目标导向教学—理论与实践［M］.上海：华东师范大学出版社，1998.

皮连生.教育心理学（第四版）［M］.上海：上海教育出版社，2011.

皮连生，王敬美.以智慧技能为主要目标的教学设计［J］.湖南教育，1995，（6）：8.

齐彬.国外双语教育理论对我国高校双语教育的启示［J］.中国校外教育，2010，（8）：37-40.

瞿霭堂，劲松.汉藏语言研究的理论和方法［M］.北京：中国藏学出版社，2000.

任顺元.关于理解与理解教育的质性思考［J］.杭州师范学院学报（社会科学版），2003，（5）：113-116.

沙平.论第二语言教学的文化导入［J］.福建师范大学学报（哲学社会科学版），1999，（1）：96-101.

盛国玉.初中语文理解性阅读教学探索［D］.济南：山东师范大学硕士学位论文，2010.

石雪梅.数学理解性教学的研究［D］.西安：陕西师范大学硕士学位论文，2011.

时丽莉."弗兰德互动分析系统"在课堂教学中的应用［J］.首都师范大学学报（社会科学版），2004，（12）：163-165.

宋丽霞.论蒙汉双语教学初中汉语文教材的重构［D］.呼和浩特：内蒙古师范大学硕士学位论文，2005.

苏宝华.信息技术环境下目标导向情境化学习的效果研究——以汉语听说课为例［J］.电化教育研究，2008，（10）：78-84.

孙方华.小学信息技术课程教学的情境设计［D］.长春：东北师范大学硕士学位论文，2009.

孙红.新课改条件下朝鲜族高中词汇教学的现状及思考［D］.大连：辽宁师范大学硕士学位论文，2008.

孙沛华.基于专家教师教学技艺的信息技术应用教学功效研究［D］.兰州：西北师范大学硕士学位论文，2007.

孙艳，王大伟.输入与输出对口语发展的影响——两者教学效果的对照与研究［J］.外语界，2003，（3）：31-35.

孙燕青，董奇.多媒体语境条件下的第二语言词汇学习［J］.心理科学进展，2003，（11）：147-152.

孙众，徐敏，吴敏华.娱乐化学习：技术促进语言学习的设计与实现［J］.中国远程教育，

2012，（7）：62–66.

唐德海，马勇.理解性教学理论的发生根源与逻辑起点［J］.桂林：广西师范大学学报（哲学
社会科学版），2003，（7）：85–88.

陶炳增，孙爱萍.论威特罗克的生成性学习理论的教学含义［J］.开放教育研究，2004，（6）：
61–64.

滕青.传播中华文明发展远程对外汉语教学［J］.中国远程教育，2001，（11）：46–48.

涂涛.天地化生——汉字字源语境多媒体再现之教育研究［M］.桂林：广西师范大学出版社，
2006.

涂涛.原生语境再现：多媒体字源识字教学研究［J］.电化教育研究，2006，（11）：52 — 54.

涂涛，李彭曦.少数民族地区双语教学新途径——藏区双语多媒体字源识字汉字教学研究
［J］.中国电化教育，2012，（3）：22–25.

万茗.交互式电子白板应用于多元文化背景下的汉语教学研究［D］.上海：华东师范大学硕
士学位论文，2010.

万小燕.知识分类学说在古诗词教学中的应用研究［D］.上海：华东师范大学硕士学位论文，
2009.

汪缤.多媒体网络环境下外语教学的互动思路［J］.宁波工程学院学报，2012，（1）：67–70.

汪甜甜.多媒体教学在对外汉语教学中的应用［D］.武汉：华中科技大学硕士学位论文，
2011.

王朝云，刘玉龙.知识可视化的理论与应用［J］.现代教育技术，2007，（6）：18–20.

王大欢.浅析克拉申的输入假说［J］.海外英语，2012，（2）：264–265.

王光明，王建蓉.数学教学中促进学生认知理解需要注意的几个问题［J］.教学与管理，
2004，（4）：46–48.

王寰.TfU 教学模式应用于国内基础教育的个案研究［D］.上海：上海外国语大学硕士学位论
文，2008.

王建勤.汉语作为第二语言的学习者习得过程研究［M］.北京：商务印书馆，2006.

王健，陈明选.理解性教学设计的基本模式［J］.教育评论，2007，（5）：60–63.

王健，陈明选.走向“理解性教学”——网络环境下教学转型的理性构想［J］.电化教育研究，
2007，（11）：52–55.

王鉴.民族教育学［M］.兰州：甘肃教育出版社，2002.

王鉴.课堂研究概论［M］.北京：人民教育出版社，2007.

王鉴，万明刚主编.多元文化教育比较研究［M］.北京：民族教育出版社，2006.

王均霞.高校“理解性”教学实施现状调查——以江南大学为例［J］.教育与职业，2011，
（9）：44–46.

王陆，刘菁等著.信息化教育科研方法［M］.北京：教育科学出版社，2008.

王清霞.解释学视野下课堂教学过程研究［D］.重庆：西南大学硕士学位论文，2011.

王荣.论中学英语阅读教学中多媒体的应用［D］.大连：辽宁师范大学硕士学位论文，2007.

王薇.少数民族学生汉语学习的焦虑及其消解策略［J］.东北师大学报（哲学社会科学版），2012，（6）：140-143.

王文静.基于情境认知与学习的教学模式研究［D］.上海：华东师范大学博士学位论文，2002.

王妍莉."农远工程"环境下民族地区双语教学资源建设与应用策略研究——以甘南藏族自治州为例［D］.兰州：西北师范大学硕士学位论文，2010.

王妍莉，马志强，杨改学.农村中小学现代远程教育工程模式三环境下藏语数字资源应用现状分析［J］.中国远程教育，2009，（2）：54-60.

魏艳春.后现代主义视野下的理解性教学评价［J］.基础教育，2010，（9）：14-18.

吴一鸣.利用概念图工具促进小学生概括文章主题能力的实验研究［D］.北京：北京师范大学硕士学位论文，2008.

吴勇毅.不同环境下的外国人汉语学习策略研究［D］.上海：上海师范大学博士学位论文，2007.

武慧捷.多媒体辅助教学手段在高中英语情景教学中的应用［D］.长春：东北师范大学硕士学位论文，2009.

夏承焘，吴熊和.读词常识［M］.北京：中华书局，1981.

夏征农主编.辞海［M］.上海：上海辞书出版社，2000.

鲜红林.汉维元音对比对汉语教学的启示［J］.才智，2011，（3）：129.

肖英.近十年国外第二语习得中输入与输出研究述评［J］.南通工学院学报（社会科学版），2002，（12）：101-103.

熊霄.基于网络环境下的对外汉语教学模式研究［D］.上海：华东师范大学硕士学位论文，2011.

徐丁.PPT课件在外语教学中的制作研究［D］.上海：上海外国语大学硕士学位论文，2009.

徐彦辉.数学理解的理论探讨与实证研究［D］.上海：华东师范大学博士学位论文，2009.

徐银碧.论理解性教学：对知识意义的追寻［D］.南昌：江西师范大学硕士学位论文，2008.

许娇娇.小学一年级英语课程多媒体课件使用现状的调查研究［D］.上海：华东师范大学硕士学位论文，2011.

严大虎，陈明选.注重理解的信息技术课堂教学策略［J］.中国电化教育，2011，（12）：107-109.

阎赫允.第二语言教学中切莫忽视朗读［J］.牡丹江师范学院学报（哲学社会科学版），2002，（4）：50-51.

杨改学.农村中小学现代远程教育在西部实施后的思考［J］.中国电化教育，2008，（7）：45-47.

杨改学.创生感知超越——我的电化教育探索［M］.南京：南京师范大学出版社，2010.

杨改学.远程教育［M］.北京：高等教育出版社，2012.

杨开城.教育技术学之我见.北京师范大学教育技术学院学术委员会编著.教育技术研究新进展［C］.北京：北京师范大学出版社，2010.

杨哲萍.网络聊天机器人在少数民族汉语教学中的关键技术研究［D］.北京：中央民族大学硕士学位论文，2012.

姚晓慧.深度参与：理解型教学设计的学生视角［J］.现代教育技术，2010，（7）：24-26.

余勇刚.基于理解的高中语文课堂教学研究［D］.无锡：江南大学硕士学位论文，2011.

袁华莉.课堂网络环境下语文阅读教学层级模型及深度阅读教学策略研究——以小学中高年级为例［D］.北京：北京师范大学博士学位论文，2010.

袁薇薇.互惠教学中的阅读策略与背景知识的互动研究［D］.上海：华东师范大学硕士学位论文，2004.

袁伟，黄彦铭.基于网络的对韩“观光汉语”教学模型设计实证研究［J］.电化教育研究，2011，（3）：97-101.

张大均，余林.文章结构分析训练对阅读理解水平分析的实验研究［J］.心理科学，1998，21（2）：136-139.

张桂凤.把握散文特点　教出散文精彩——小学散文教学策略刍议［J］.儿童发展研究，2012，（2）：41-45.

张妮，张屹，张魁元.对外汉语游戏型互动教学模式探析［J］.现代教育技术，2009，（5）：58-61.

张平.基于多媒体技术的情境教学研究［D］.重庆：西南师范大学硕士学位论文，2004.

张小峰.概念图辅助下对外汉语词汇教学可视化设计探析［J］.电化教育研究，2009，（11）：94-97.

张小峰.视觉表征在对外汉语教学设计中的应用［J］.现代远距离教育，2012，（3）：55-60.

召那苏图，陈梅，乌云其木格等.信息技术教学手段在蒙古族学生学习汉语言中的应用研究［J］.民族教育研究，2004，（4）：87-90.

赵国庆，黄荣怀，陆志坚.知识可视化的理论与方法［J］.开放教育研究，2005，（1）：23-27.

赵国庆，陆志坚.“概念图”与“思维导图”辨析［J］.中国电化教育，2004，（8）：42-45.

赵兴龙，王冰洁，张俊.技术促进语言运用的五个假设［J］.中国电化教育，2011，（4）：13-20.

赵运昌.与古诗词语言特点相关的漏注误注词语［J］.语文教学通讯，1996，（10）：6-7.

郑继伟.再论准实验［J］.教育研究与实验，1990，（4）：38-41.

郑金洲.多元文化教育［M］.天津：天津教育出版社，2004.

志伟著.多元文化课程开发［M］.合肥：安徽教育出版社，2008.

中国少数民族双语教学研究会.中国少数民族双语使用和双语教学备忘录［J］.中国民族，

2002，（10）：9-13.

钟国荣.汉语作为第二语言的阅读理解测试的新加坡模式［J］.世界汉语教学，2010，24（3）：415-422.

钟志贤.信息化教学模式［M］.北京：北京师范大学出版社，2006.

周黎.外语教学中多媒体的应用及理论指导［J］.牡丹江大学学报，2010，（2）：141-143.

朱建国，张怡主编.促进学生理解的50种方法［M］.上海：华东师范大学出版社，2009.

朱建国，张怡，吴为民主编.培养学生理解力的课堂教学实践与研究［M］.上海：华东师范大学出版社，2010.

朱伟，于凤姣.国际阅读评价研究对我国阅读教学的启示——以PIRLS2011和PISA2009为例［J］.考试与评价，2012，（4）：52-55.

祝新华.六层次阅读能力系统及其在评估与教学领域中的运用［J.小学语文，2008，（4）：16-23.

祝智庭主编，王天蓉，徐谊编著.有效学习设计——问题化、图示化、信息化［M］.北京：教育科学出版社，2010.

庄木齐，卜友红.基于二语习得理论及媒体技术的英语语音研究［J］.兰州学刊，2012，（2）：213-215.

Broom C. Second-language learning through imaginative theory［J］. *Tesl Canada Journal/Revue Tesl Du Canada*，2011，28（2）：1-10.

Chen H-Y，Liu K-Y. Web-based synchronized multimedia lecture system design for teaching/learning Chinese as second language［J］. *Computers & Education*，2008，50（3）：693-702.

Cognition and Technology Group at Vanderbilt. Anchored instruction and its relationship to situated cognition［J］. *Educational Researcher*，1990，19（5）：2-10.

Donovan M S，Bransford J D. *How Students Learn：Science in the Classroom*［M］.Washington，DC：National Academies Press，2005.

Dreyer C，Nel C. Teaching reading strategies and reading comprehension within a technology-enhanced learning environment［J］. *System*，2003，31（3）：349-365.

Eppler M J，Burkard R A. *Knowledge Visualization：Towards a New Discipline and its Fields of Application*［R］. ICA Working Paper 2004，University of Lugano，Lugano，2004，（7）：3.

Ericcson K A，Simon H A. *Protocol Analysis：Verbal as Data*［M］.Cambridge，MA：MIT Press，1984.

Glaser B G，Strauss A L. 1967. *The Discovery of Grounded Theory：Strategies for Qualitative Research*［M］. Chicago：Aldine.

Goldenberg C. Instructional conversation：promoting comprehension through discussion［J］. *Reading Teacher*，1993，46（4）：36-326.

Graesser A C，Singer M，Trabasso T. Construction inferences during narrative text comprehension

［J］．*Psychological Review*，1994，101（3）：371-395.

Greertz L. *The Interpretation of Culture*［M］．New York：Basic Books，1973.

Hall E T. *The Interpretation of Culture*［M］．New York：Doubleday，1966.

Hofstede G，Bond M H. The confucius connection：From cultural roots to economic growth［J］．*Organizational Dynamics*，1988：5-21.

Hofstede G. Cultural differences in teaching and learning［J］．*International Journal of Intercultural Relations*，1986：301-320.

Krashen S. *Principles and Practice in second language Acquisition*［M］．Oxford：Pergamon Press Ltd.，1982.

Lesh R，Doerr H M. *Foundation of a Models and Modeling Perspective on Mathematics Teaching□ Learning□and Problem Solving*［M］．Mahwah，NJ：Lawrence Erlbaum，2003.

Mayer R E. Models for understanding［J］．*Review of Educational Research*，1989，59（1）：43-64.

Mullis I V S，Martin M O，Kennedy A M，et al. *PIRLS 2011 Assessment Framework*［R］．Boston：International Study Center，Lynch School of Education，Boston College，2009.

OECD. PISA *2009 Assessment Framework Key Competencies in Reading：Mathematics and Science*［M］．Paris：Author，2010.

Osborne R J，Wittrock M C. Learning science：a generative process［J］．*Science Education*，1983，67（4）：489-508.

Oxford R. Use of language learning strategies：a synthesis of studies with implications for teacher training［J］．*System*，1989（17）：235-47.

Palincsar A S，Brown A L. Reciprocal teaching of comprehension fostering and comprehension-monitoring activities［J］．*Cognition and Instruction*，1984，（1）：117-175.

Perkins D. Teaching for understanding［J］．*American Educator：the Professional Journal of the American Federation of Teachers*，1993，17（3）：28-35.

Perkins D，Blythe T. Putting understanding up front［J］．*Educational Leadership*，1994，51（2）：4-7.

Perkins D N，Simmons R. Patterns of misunderstanding：an integrative model for science，math，and programming［J］．*Review of Educational Research*，1988，58（3）：303-326.

Ritchhart R，Perkins D. Making thinking visible［J］．*Educational Leadership*，2008，（7）：57-61.

Seliger H. Does practice makes perfect? A study of the interaction pattems and L2 competence［J］．*Language Learning*，1977，（27）：263-278.

Shen H H. The interconnections of reading text based writing and reading comprehension among college intermediate learners of Chinese as a foreign language［J］．*Modern Language Journal*，1996，

80（3）：340–350.

Shulman L S. Those who understand：knowledge growth in teaching［J］. *Educational Researcher*, 1986,（15）：4–14.

Shulman L S. Knowledge and teaching：foundations of the new reform［J］. *Harvard Educational Review*, 1987,（57）：1–22.

Williams J P. Using the theme to improve story comprehension［A］. In Block C C, Pressley M. *Comprehension Instruction：Research-Based Best Practices. Solving Problems in the Teaching of Literacy*［C］. New York, London：The Guilford Press, 2002：126–139.

Wiske M S, Sick M, Wirsig S. New technologies to support teaching for understanding［J］. *International Journal of Educational Research*, 2001, 35（5）：483–501.

Wittrock M C. Generative process of comprehension［J］. *Educational Psychologist*, 1990, 24（4）：345–376.

Wittrock M C. Generative learning processes of the brain［J］. *Educational Psychologist*, 1992, 27（4）：531–541.

Yang J. Orthographic effect on word recognition by learning Chinese as a foreign language［J］. *Journal of the Chinese Language Teachers Association*, 2000,（2）：1–17.

Young M F. Instructional design for situated learning［J］. *Educational Technology Research and Development*, 1993, 41（1）：43–58.

Young M F. Assessment of situated learning using computer environments［J］. *Journal of Science Education and Technology*, 1995, 4（1）：89–96.

索 引
Indexes